晉書

四部備要

史部

上海中華書局據武英殿本校刊

桐鄉 陸費逵 總勘
杭縣 高時顯 吳汝霖 輯校
杭縣 丁輔之 監造

晉書目錄

唐　太　宗　文　皇　帝　御　撰

帝紀

晉書卷一

帝紀第一

高祖宣帝 懿

晉書卷二

帝紀第二

世宗景帝 師

志

晉書卷三十二
列傳第二　后妃下

晉書卷三十五

列傳第五

陳騫 子輿　裴秀 子頠 從弟楷 楷子憲

晉書卷三十六

列傳第六

衞瓘 子恆 孫璪 玠　張華 子禕 韙

劉卞

晉書卷三十七

列傳第七　宗室

安平獻王孚 子邕 望子河間平王洪　邕弟義陽成王望

洪弟隨穆王整　洪子威

望弟太原成王輔　整弟竟陵王楙

翼弟下邳獻王晃　輔弟翼

瓌弟高陽元王珪　晃弟太原烈王瓌

衡弟沛順王景　珪弟常山孝王衡

晉書卷三十八

列傳第八 宣五王文六王

晉書卷五十

列傳第二十

晉書卷五十一

列傳第二十一

晉書卷五十二

列傳第二十二

晉書卷五十三

列傳第二十三

晉書卷五十四

列傳第二十四

晉書卷五十五

列傳第二十五

晉書卷七十
列傳第四十
應詹　甘卓鄧騫
卞壼從父兄敦　劉超
鍾雅
晉書卷七十一
列傳第四十一
孫惠　熊遠
王鑒　陳頵
高崧
晉書卷七十二
列傳第四十二
郭璞　葛洪

晉書卷七十六

列傳第四十六

晉書卷七十七

列傳第四十七

晉書卷七十八

列傳第四十八

孔愉 子汪 安國 弟祗 從子坦 嚴 從弟羣 羣子沉

丁潭 張茂 陶回

晉書卷七十九

列傳第四十九

謝尚 謝安 子琰 琰子混 安兄奕 奕子玄 安弟萬 萬弟石 石兄子朗 朗弟子邈

晉書卷八十

列傳第五十

王羲之 子玄之 凝之 徽之 徽之子楨之 弟操之 獻之 許邁

晉書卷八十一

列傳第五十一

王遜 蔡豹

羊鑒 劉胤

晉書卷八十二
列傳第五十二

晉書卷八十三

列傳第五十三

晉書卷八十四

列傳第五十四

晉書卷八十五

列傳第五十五

晉書卷八十九
列傳第五十九　忠義

晉書卷九十

晉書卷九十一
列傳第六十一　儒林

晉書卷九十四
列傳第六十四　隱逸

晉書卷九十五

列傳第六十五　藝術

晉書卷九十六
列傳第六十六　列女

晉書卷九十七

姚弋仲　姚襄
姚萇
晉書卷一百十七
載記第十七　後秦
姚興上
晉書卷一百十八
載記第十八　後秦
姚興下　尹緯
晉書卷一百十九
載記第十九　後秦
姚泓
晉書卷一百二十
載記第二十　後蜀

右晉十二世十五帝一百五十六年
中朝四帝都洛陽五十四年

江左十一帝都建康一百二年

有五涼四燕三秦二趙夏蜀十六國附其書起乙酉盡庚申

晉書目錄

晉書目錄考證

唐太宗文皇帝御撰○貞觀中太宗勑史官房玄齡褚遂良許敬宗等纂錄晉書採取正典與舊說數十餘部及十六國僞史共爲紀志傳記又命李淳風等十三人分掌著述敬播等四人詳加考正太約類例多出於敬播而天文歷律則李淳風爲之今書中宣武紀與陸機王羲之傳乃太宗所御製也

晉書目錄考證

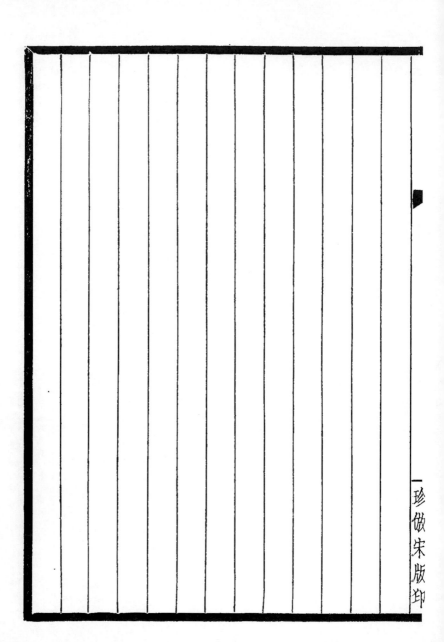

晉書卷一

唐　太　宗　文　皇　帝　御　撰

帝紀第一

宣帝

宣皇帝諱懿字仲達河內溫縣孝敬里人姓司馬氏其先出自帝高陽之子重黎爲夏官祝融歷唐虞夏商世序其職及周以夏官爲司馬其後程伯休父周宣王時以世官克平徐方錫以官族因而爲氏楚漢間司馬卬爲趙將與諸侯伐秦秦亡立爲殷王都河內漢以其地爲郡子孫遂家焉自卬八世生征西將軍鈞字叔平鈞生豫章太守量字公度量生潁川太守儁字元異儁生京兆尹防字建公帝即防之第二子也少有奇節聰朗多大略博學洽聞伏膺儒教漢末大亂常慨然有憂天下心南郡太守同郡楊俊名知人見帝未弱冠以爲非常之器尚書清河崔琰與帝兄朗善亦謂朗曰君弟聰亮明允剛斷英特非子所及也漢建安六年郡舉上計掾魏武帝爲司空聞而辟之帝知漢運方微不

欲屈節曹氏辭以風痹不能起居魏武使人夜往密刺之帝堅臥不動及魏武爲丞相又辟爲文學掾勑行者曰若復盤桓便收之帝懼而就職於是使與太子游處遷黃門侍郎轉議郎丞相東曹屬尋轉主簿從討張魯言於魏武曰劉備以詐力虜劉璋蜀人未附而遠爭江陵此機不可失也今若曜威漢中益州震動進兵臨之勢必瓦解因此之勢易爲功力聖人不能違時亦不失時矣魏武曰人苦無足既得隴右復欲得蜀言竟不從既而從討孫權破之軍還權遣使乞降上表稱臣陳說天命魏武帝曰此兒欲踞吾著爐炭上邪答曰漢運垂終殿下十分天下而有其九以服事之權之稱臣天人之意也虞夏殷周不以謙讓者畏天知命也

魏國既建遷太子中庶子每與大謀輒有奇策爲太子所信重與陳羣吳質朱鑠號曰四友遷爲軍司馬言於魏武曰昔箕子陳謀以食爲首今天下不耕者蓋二十餘萬非經國遠籌也雖戎甲未卷自宜且耕且守魏武納之於是務農積穀國用豐贍帝又言荊州刺史胡脩麤暴南鄉太守傅方驕奢並不可居邊

魏武不之察及蜀將關羽圍曹仁於樊于禁等七軍皆沒倏方果降羽而仁圍甚急焉是時漢帝都許昌魏武以爲近賊欲徙河北帝諫曰禁等爲水所沒非戰守之所失於國家大計未有所損而便遷都既示敵以弱又淮沔之人大不安矣孫權劉備外親內踈羽之得意權所不願也可喻權所令掎其後則樊圍自解魏武從之權果遣將呂蒙西襲羽公安拔之羽遂爲蒙所獲魏武以荊州遺黎及屯田在潁川者逼近南寇皆欲徙之帝曰荊楚輕脫易動難安關羽新破諸爲惡者藏竄觀望今徙其善者既傷其意將令去者不敢復還從之其後諸亡者悉復業及魏武薨於洛陽朝野危懼帝紀綱喪事內外肅然乃奉梓宮還鄴

魏文帝即位封河津亭侯轉丞相長史會孫權帥兵西過朝議以樊襄陽無穀不可以禦寇時曹仁鎮襄陽請召仁還宛帝曰孫權新破關羽此其欲自結之時也必不敢爲患襄陽水陸之衝禦寇要害不可棄也言竟不從仁遂焚棄二城權果不爲寇魏文悔之及魏受漢禪以帝爲尙書頃之轉督軍御史中丞封

安國鄉侯
黃初二年督軍官罷遷侍中尚書右僕射
五年天子南巡觀兵吳疆帝留鎮許昌改封向鄉侯轉撫軍假節領兵五千加
給事中錄尚書事帝固辭天子曰吾於庶事以夜繼晝無須臾寧息此非以爲
榮乃分憂耳
六年天子復大興舟師征吳復命帝居守內鎮百姓外供軍資臨行詔曰吾深
以後事爲念故以委卿曹參雖有戰功而蕭何爲重使吾無西顧之憂不亦可
乎天子自廣陵還洛陽詔帝曰吾東撫軍當總西事吾西撫軍當總東事於是
帝留鎮許昌及天子疾篤帝與曹真陳羣等見於崇華殿之南堂並受顧命輔
政詔太子曰有間此三公者慎勿疑之明帝即位改封舞陽侯及孫權圍江夏
遣其將諸葛瑾張霸幷攻襄陽帝督諸軍討權走之進擊敗瑾斬霸幷首級千
餘還驃騎將軍
太和元年六月天子詔帝屯于宛加督荆豫二州諸軍事初蜀將孟達之降也

魏朝遇之甚厚帝以達言行傾巧不可任驟諫不見聽乃以達領新城太守封侯假節達於是連吳固蜀潛圖中國蜀相諸葛亮惡其反覆又慮其爲患達與太守申儀有隙亮欲促其事乃遣郭模詐降過儀因漏泄其謀達聞其謀漏泄將舉兵帝恐達速發以書喻之曰將軍昔棄劉備託身國家國家委將軍以疆埸之任任將軍以圖蜀之事可謂心貫白日蜀人愚智莫不切齒於將軍諸葛亮欲相破惟苦無路耳模之所言非小事也亮豈輕之而令宣露此殆易知耳達得書大喜猶與不決帝乃潛軍進討諸將言達與二賊交構宜觀望而後動帝曰達無信義此其相疑之時也當及其未定促決之乃倍道兼行八日到其城下吳蜀各遣其將向西城安橋木闌塞以救達帝分諸將以距之初達與亮書曰宛去洛八百里去吾一千二百里聞吾舉事當表上天子比相反覆一月間也則吾城已固諸軍足辦則吾所在深險司馬公必不自來諸將來吾無患矣及兵到達又告亮曰吾舉事八日而兵至城下何其神速也上庸城三面阻水達於城外爲木柵以自固帝渡水破其柵直造城下八道攻之旬有六日達

塲鄧賢將李輔等開門出降斬達首傳京師俘獲萬餘人振旅還於宛乃勸農桑禁浮費南土悅附焉初申儀久在魏興專威疆埸輒承制刻印多所假授達既誅有自疑心時諸郡守以帝新克捷奉禮來賀皆聽之帝使人諷儀儀至問承制狀執之歸于京師又徙孟達餘衆七千餘家于幽州蜀將姚靜鄭他等帥其屬七千餘人來降時邊郡新附多無戶名魏朝欲加隱實屬帝朝于京師天子訪之於帝帝對曰賊以密網束下故下棄之宜弘以大綱則自然安樂又問二虜宜討何者為先對曰吳以中國不習水戰故敢散居東關凡攻敵必扼其喉而椿其心夏口東關賊之心喉若為陸軍以向皖城引權東下為水戰軍向夏口乘其虛而擊之此神兵從天而墜破之必矣天子並然之復命帝屯于宛四年遷大將軍加大都督假黃鉞與曹真伐蜀帝自西城斫山開道水陸並進泝沔而上至于朐䏰拔其新豐縣軍次丹口遇雨班師明年諸葛亮寇天水圍將軍賈嗣魏平於祁山天子曰西方有事非君莫可付者乃使帝西屯長安都督雍梁二州諸軍事統車騎將軍張郃後將軍費曜征蜀護軍戴淩雍州刺史

郭淮等討亮張郃勸帝分軍住雍郿爲後鎮帝曰料前軍獨能當之者將軍言是也若不能當而分爲前後此楚之三軍所以爲黥布禽也遂進軍隃麋亮聞大軍且至乃自帥衆將芟上邽之麥諸將皆懼帝曰亮慮多決少必安營自固然後芟麥吾得二日兼行足矣於是卷甲晨夜赴之亮望塵而遁帝曰吾倍道疲勞此曉兵者之所貪也亮不敢據渭水此易與耳進次漢陽與亮相遇帝列陣以待之使將牛金輕騎餌之兵才接而亮退追至祁山亮屯鹵城據南北二山斷水爲重圍帝攻拔其圍亮宵遁追擊破之俘斬萬計天子使使者勞軍增封邑時軍師杜襲督軍薛悌皆言明年麥熟亮必爲寇隴右無穀宜及冬豫運帝曰亮再出祁山一攻陳倉挫衄而反縱其後出不復攻城當求野戰必在隴東不在西也亮每以糧少爲恨歸必積穀以吾料之非三稔不能動矣於是表徙冀州農夫佃上邽興京兆天水南安監冶

青龍元年穿成國渠築臨晉陂溉田數千頃國以充實

二年亮又帥衆十餘萬出斜谷壘于郿之渭水南原天子憂之遣征蜀護軍秦

朗督步騎二萬受帝節度諸將欲住渭北以待之帝曰百姓積聚皆在渭南此必爭之地也遂引軍而濟背水爲壘因謂諸將曰亮若勇者當出武功依山而東若西上五丈原則諸軍無事矣亮果上原將北渡渭帝遣將軍周當屯陽遂以餌之數日亮不動帝曰亮欲爭原而不向陽遂此意可知也遣將軍胡遵雍州刺史郭淮共備陽遂與亮會于積石臨原而戰亮不得進還于五丈原會有長星墜亮之壘帝知其必敗遣奇兵掎亮之後斬五百餘級獲生口千餘降者六百餘人時朝廷以亮僑軍遠寇利在急戰每命帝持重以候其變亮數挑戰帝不出因遺帝巾幗婦人之飾帝怒表請決戰天子不許乃遣骨鯁臣衞尉辛毗杖節爲軍師以制之後亮復來挑戰帝將出兵以應之毗杖節立軍門帝乃止初蜀將姜維聞毗來謂亮曰辛毗杖節而至賊不復出矣亮曰彼本無戰心所以固請者以示武於其衆耳將在軍君命有所不受苟能制吾豈千里而請戰邪帝弟孚書問軍事帝復書曰亮志大而不見機多謀而少決好兵而無權雖提卒十萬已墮吾畫中破之必矣與之對壘百餘日會亮病卒諸將燒營遁

走百姓奔告帝出兵追之亮長史楊儀反旗鳴鼓若將距帝者帝以窮寇不之
逼於是楊儀結陣而去經日乃行其營壘觀其遺事獲其圖書糧穀甚衆帝審
其必死曰天下奇才也辛毗以爲尚未可知帝曰軍家所重軍書密計兵馬糧
穀今皆棄之豈有人捐其五藏而可以生乎宜急追之關中多蒺藜帝使軍士
二千人著軟材平底木屐前行蒺藜悉著屐然後馬步俱進追到赤岸乃知亮
死審問時百姓爲之諺曰死諸葛走生仲達帝聞而笑曰吾便料生不便料死
故也先是亮使至帝問曰諸葛公起居何如食可幾米對曰三四升次問政事
曰二十罰已上皆自省覽帝既而告人曰諸葛孔明其能久乎竟如其言亮部
將楊儀魏延爭權儀斬延幷其衆帝欲乘隙而進有詔不許
三年遷太尉累增封邑蜀將馬岱入寇帝遣將軍牛金擊走之斬千餘級武都
氐王苻雙強端帥其屬六千餘人來降關東饑帝運長安粟五百萬斛于京師
四年獲白鹿獻之天子曰昔周公旦輔成王有素雉之貢今君受陝西之任有
白鹿之獻豈非忠誠協符千載同契俾乂邦家以永厥休邪及遼東太守公孫

文懿反徵帝詣京師天子曰此不足以勞君事欲必克故以相煩耳君度其行
何計對曰棄城預走上計也據遼水以距大軍次計也坐守襄平此成擒耳天
子曰其計將安出對曰惟明者能深度彼己豫有所棄此非其所及也今懸軍
遠征將謂不能持久必先距遼水而後守此中下計也天子曰往還幾時對曰
往百日還百日攻百日以六十日爲休息一年足矣是時大脩宮室加之以軍
旅百姓飢弊帝將即戎乃諫曰昔周公營洛邑蕭何造未央今宮室未備臣之
責也然自河以北百姓困窮外內有役勢不並興宜假絶內務以救時急
景初二年帥牛金胡遵等步騎四萬發自京都車駕送出西明門詔弟孚子師
送過溫賜以穀帛牛酒敕郡守典農已下皆往會焉見父老故舊讌飲累日帝
歎息悵然有感爲歌曰天地開闢日月重光遭遇際會畢力遐方將掃羣穢還
過故鄉肅清萬里總齊八荒告成歸老待罪舞陽遂進師經孤竹越碣石次于
遼水文懿果遣步騎數萬阻遼隧堅壁而守南北六七十里以距帝帝盛兵多
張旗幟出其南賊盡銳赴之乃泛舟潛濟以出其北與賊營相逼沉舟焚梁傍

遼水作長圍棄賊而向襄平諸將言曰不攻賊而作圍非所以示衆也帝曰賊堅營高壘欲以老吾兵也攻之正入其計此王邑所以恥過昆陽也古人曰敵雖高壘不得不與我戰者攻其所必救也賊大衆在此則巢窟虛矣我直指襄平則人懷內懼懼而求戰破之必矣遂整陣而過賊見兵出其後果邀之帝謂諸將曰所以不攻其營正欲致此不可失也乃縱兵逆擊大破之三戰皆捷賊保襄平進軍圍之初文懿聞魏師之出也請救於孫權權亦出兵遙爲之聲援遺文懿書曰司馬公善用兵變化若神所向無前深爲弟憂之會霖潦大水平地數尺三軍恐欲移營帝令軍中敢有言徙者斬都督令史張靜犯令斬之軍中乃定賊恃水樵牧自若諸將欲取之皆不聽司馬陳珪曰昔攻上庸八部並進晝夜不息故能一旬之半拔堅城斬孟達今者遠來而更安緩愚竊惑焉帝曰孟達衆少而食支一年將士四倍於達而糧不淹月以一月圖一年安可不速以四擊一正令半解猶當爲之是以不計死傷與糧競也今賊衆我寡賊飢我飽水雨乃爾功力不設雖當促之亦何所爲自發京師不憂賊攻但恐賊走

今賊糧垂盡而圍落未合掠其牛馬抄其樵采此故驅之走也夫兵者詭道善
因事變賊憑衆恃雨故雖飢困未肯束手當示無能以安之取小利以驚之非
計也朝廷聞師遇雨咸請召還天子曰司馬公臨危制變計日禽之矣旣而雨
止遂合圍起土山地道楯櫓鉤橦發矢石雨下晝夜攻之時有長星色白有芒
鬣自襄平城西南流于東北墜于梁水城中震慴文懿大懼乃使其所署相國
王建御史大夫柳甫乞降請解圍面縛不許執建等皆斬之檄告文懿曰昔楚
鄭列國而鄭伯猶肉袒牽羊而迎之孤爲王人位則上公而建等欲孤解圍退
舍豈楚鄭之謂邪二人老耄必傳言失旨已相爲斬之若意有未已可更遣年
少有明決者來文懿復遣侍中衛演乞尅日送任帝謂演曰軍事大要有五能
戰當戰不能戰當守不能守當走餘二事惟有降與死耳汝不肯面縛此爲決
就死也不須送任文懿攻南圍突出帝縱兵擊敗之斬于梁水之上星墜之所
旣入城立兩標以別新舊焉男子年十五已上七千餘人皆殺之以爲京觀僞
公卿已下皆伏誅戮其將軍畢盛等二千餘人收戶四萬口三十餘萬初文懿

纂其叔父恭位而囚之及將反將軍綸直賈範等苦諫文懿皆殺之帝乃釋恭之囚封直等之墓顯其遺嗣令曰古之伐國誅其鯨鯢而已諸爲文懿所詿誤者皆原之中國人欲還舊鄉恣聽之時有兵士寒凍乞襦帝弗之與或曰幸多故襦可以賜之帝曰襦者官物人臣無私施也乃奏軍人年六十已上者罷遣千餘人將吏從軍死亡者致喪還家遂班師天子遣使者勞軍于薊增封食昆陽幷前二縣初帝至襄平夢天子枕其膝曰視吾面俛視有異於常心惡之先是詔帝便道鎮關中及次白屋有詔召帝三日之閒詔書五至手詔曰閒側息望到到便直排閤入視吾面帝大遽乃乘追鋒車晝夜兼行自白屋四百餘里一宿而至引入嘉福殿臥內升御牀帝流涕問疾天子執帝手目齊王曰以後事相託死乃復可忍吾忍死待君得相見無所復恨矣與大將軍曹爽並受遺詔輔少主及齊王卽帝位遷侍中持節都督中外諸軍錄尚書事與爽各統兵三千人共執朝政更直殿中乘輿入殿爽欲使尚書奏事先由己乃言於天子徙帝爲大司馬朝議以爲前後大司馬累薨於位乃以帝爲太傅入殿不趨贊

拜不名劍履上殿如漢蕭何故事嫁娶喪葬取給於官以世子師爲散騎常侍
子弟三人爲列侯四人爲騎都尉固讓子弟官不受
魏正始元年春正月東倭重譯納貢焉耆危須諸國弱水以南鮮卑名王皆遣
使來獻天子歸美宰輔又增帝封邑初魏明帝好脩宮室制度靡麗百姓苦之
帝自遼東還役者猶萬餘人雕玩之物動以千計至是皆奏罷之節用務農天
下欣賴焉
二年夏五月吳將全琮寇芍陂朱然孫倫圍樊城諸葛瑾步隲掠柤中帝請自
討之議者咸言賊遠來圍樊不可卒拔挫於堅城之下有自破之勢宜長策以
御之帝曰邊城受敵而安坐廟堂疆埸騷動衆心疑惑是社稷之大憂也六月
乃督諸軍南征車駕送出津陽門帝以南方暑濕不宜持久使輕騎挑之然不
敢動於是休戰士簡精銳募先登申號令示必攻之勢吳軍夜遁走追至三州
口斬獲萬餘人收其舟船軍資而還天子遣侍中常侍勞軍于宛秋七月增封
食郾臨潁并前四縣邑萬戶子弟十一人皆爲列侯帝勳德日盛而謙恭愈甚

以太常常林鄉邑舊齒見之每拜恆戒子弟曰盛滿者道家之所忌四時猶有推移吾何德以堪之損之又損之庶可以免乎

三年春天子追封謚皇考京兆尹爲舞陽成侯三月奏穿廣漕渠引河入汴溉東南諸陂始大佃於淮北先是吳遣將諸葛恪屯皖邊鄙苦之帝欲自擊恪議者多以賊據堅城積穀欲引致官兵今懸軍遠攻其救必至進退不易未見其便帝曰賊之所長者水也今攻其城以觀其變若用其所長棄城奔走此爲廟勝也若敢固守湖水冬淺船不得行勢必棄水相救由其所短亦吾利也

四年秋九月帝督諸軍擊諸葛恪車駕送出津陽門軍次于舒恪焚燒積聚棄城而遁帝以滅賊之要在於積穀乃大興屯守廣開淮陽百尺二渠又修諸陂於潁之南北萬餘頃自是淮北倉庾相望壽陽至于京師農官屯兵連屬焉

五年春正月帝至自淮南天子使持節勞軍尚書鄧颺李勝等欲令曹爽建立功名勸使伐蜀帝止之不可爽果無功而還

六年秋八月曹爽毀中壘中堅營以兵屬其弟中領軍羲帝以先帝舊制禁之

不可冬十二月天子詔帝朝會乘輿升殿
七年春正月吳寇柤中夷夏萬餘家避寇北渡沔帝以沔南近賊若百姓奔還
必復致寇宜權留之曹爽曰今不能修守沔南而留百姓非長策也帝曰不然
凡物致之安地則安危地則危故兵書曰成敗形也安危勢也形勢御衆之要
不可以不審設令賊以二萬人斷沔水三萬人與沔南諸軍相持萬人陸梁柤
中將何以救之爽不從卒令還南賊果襲破柤中所失萬計
八年夏四月夫人張氏薨曹爽用何晏鄧颺丁謐之謀遷太后於永寧宮專擅
朝政兄弟並典禁兵多樹親黨屢改制度帝不能禁於是與爽有隙五月帝稱
疾不與政事時人爲之謠曰何鄧丁亂京城
九年春三月黃門張當私出掖庭才人石英等十一人與曹爽爲伎人爽晏謂
帝疾篤遂有無君之心與當密謀圖危社稷期有日矣帝亦潛爲之備爽之徒
屬亦頗疑帝會河南尹李勝將蒞荊州來候帝帝詐疾篤使兩婢侍持衣衣落
指口言渴婢進粥帝不持杯飲粥皆流出霑胸勝曰衆情謂明公舊風發動何

意尊體乃爾帝使聲氣纔屬說年老枕疾死在旦夕君當屈幷州幷州近胡善
爲之備恐不復相見以子師昭兄弟爲託勝曰當還忝本州非幷州帝乃錯亂
其辭曰君方到幷州勝復曰當忝荊州帝曰年老意荒不解君言今還爲本州
盛德壯烈好建功勳勝退告爽曰司馬公尸居餘氣形神已離不足慮矣他日
又言曰太傅不可復濟令人愴然故爽等不復設備
嘉平元年春正月甲午天子謁高平陵爽兄弟皆從是日太白襲月帝於是奏
永寧太后廢爽兄弟時景帝爲中護軍將兵屯司馬門帝列陣闕下經爽門爽
帳下督嚴世上樓引弩將射帝孫謙止之曰事未可知三注三止皆引其肘不
得發大司農桓範出赴爽蔣濟言於帝曰智囊往矣帝曰爽與範內踈而智不
及駑馬戀棧豆必不能用也於是假司徒高柔節行大將軍事領爽營謂柔曰
君爲周勃矣命太僕王觀行中領軍攝羲營帝親帥太尉蔣濟等勒兵出迎天
子屯於洛水浮橋上奏曰先帝詔陛下秦王及臣升于御床握臣臂曰深以後
事爲念今大將軍爽背棄顧命敗亂國典內則僭擬外專威權羣臣要職皆置

所親宿衞舊人並見斥黜根據槃牙縱恣日甚又以黃門張當爲都監專共交關伺候神器天下洶洶人懷危懼陛下便爲寄坐豈得久安此非先帝詔陛下及臣升御床之本意也臣雖朽邁敢忘前言昔趙高極意秦是以亡呂霍早斷漢祚永延此乃陛下之殷鑒臣授命之秋也公卿羣臣皆以爽有無君之心兄弟不宜典兵宿衞奏皇太后皇太后勑如奏施行臣輒勑主者及黃門令罷爽羲訓吏兵各以本官侯就第若稽留車駕以軍法從事臣輒力疾將兵詣洛水浮橋伺察非常爽不通奏留車駕宿伊水南伐樹爲鹿角發屯兵數千人以守桓範果勸爽奉天子幸許昌移檄徵天下兵爽不能用而夜遣侍中許允尚書陳泰詣帝觀望風旨帝數其過失事止免官泰還以報爽勸之通奏帝又遣爽所信殿中校尉尹大目諭爽指洛水爲誓爽意信之桓範等援引古今諫說萬端終不能從乃曰司馬公正當欲奪吾權耳吾得以侯還第不失爲富家翁範拊膺曰坐卿滅吾族矣遂通帝奏既而有司劾黃門張當并發爽與何晏等反事乃收爽兄弟及其黨與何晏丁謐鄧颺畢軌李勝桓範等誅之蔣濟曰曹真

之勳不可以不祀帝不聽初爽司馬魯芝主簿楊綜斬關奔爽及爽之將歸罪也芝綜泣諫曰公居伊周之任挾天子杖天威孰敢不從舍此而欲就東市豈不痛哉有司奏收芝綜科罪帝赦之曰以勸事君者二月天子以帝爲丞相增封潁川之繁昌鄢陵新汲父城并前八縣邑二萬戸奏事不名固讓丞相冬十二月加九錫之禮朝會不拜固讓九錫

二年春正月天子命帝立廟于洛陽置左右長史增掾屬舍人滿十人歲舉掾屬任御史秀才各一人增官騎百人鼓吹十四人封子肜平樂亭侯倫安樂亭侯帝以久疾不任朝請每有大事天子親幸第以諮訪焉兗州刺史令狐愚太尉王淩貳於帝謀立楚王彪

三年春正月王淩詐言吳人塞涂水請發兵以討之帝潛知其計不聽夏四月帝自帥中軍汎舟沿流九日而到甘城淩計無所出乃迎于武丘面縛水次曰淩若有罪公當折簡召淩何苦自來邪帝曰以君非折簡之客故耳即以淩歸于京師道經賈逵廟淩呼曰賈梁道王淩是大魏之忠臣惟爾有神知之至項

仰鴆而死收其餘黨皆夷三族幷殺彪悉錄魏諸王公置于鄴命有司監察不得交關天子遣侍中韋誕持節勞軍于五池帝至自甘城天子又使兼大鴻臚大僕庾嶷持節策命帝爲相國封安平郡公孫及兄子各一人爲列侯前後食邑五萬戸侯者十九人固讓相國郡公不受六月帝寢疾夢賈逵王淩爲祟甚惡之秋八月戊寅崩于京師時年七十三天子素服臨弔喪葬威儀依霍光故事追贈相國郡公弟孚表陳先志辭郡公及轀輬車九月庚申葬于河陰謚曰文貞後改謚文宣先是預作終制於首陽山爲土藏不墳不樹作顧命三篇斂以時服不設明器後終者不得合葬一如遺命晉國初建追尊曰宣王武帝受禪上尊號曰宣皇帝陵曰高原廟稱高祖帝內忌而外寬猜忌多權變魏武察帝有雄豪志聞有狼顧相欲驗之乃召使前行令反顧面正向後而身不動又嘗夢三馬同食一槽甚惡焉因謂太子丕曰司馬懿非人臣也必預汝家事太子素與帝善每相全佑故免帝於是勤於吏職夜以忘寢至於芻牧之間悉皆臨履由是魏武意遂安及平公孫文懿大行殺戮誅曹爽之際支黨皆夷及三

族男女無少長姑姊妹女子之適人者皆殺之既而竟遷魏鼎云明帝時王導侍坐帝問前世所以得天下導乃陳帝創業之始及文帝末高貴鄉公事明帝以面覆牀曰若如公言晉祚復安得長遠迹其猜忍蓋有符於狼顧也

制曰夫天地之大黎元爲本邦國之貴元首爲先治亂無常興亡有運是故五帝之上居萬乘以爲憂三王已來處其憂而爲樂競智力爭利害大小相吞強弱相襲逺乎魏室三方鼎峙干戈不息氛霧交飛宣皇以天挺之姿應期佐命文以纘治武以稜威用人如在己求賢若不及情深阻而莫測性寬綽而能容和光同塵與時舒卷戢鱗潛翼思屬風雲飾忠於已詐之心延安於將危之命觀其雄略內斷英猷外決殄公孫於百日擒孟達於盈旬自以兵動若神謀無再計矣既而擁衆西舉與諸葛相持抑其甲兵本無鬬志遺其巾幗方發憤心杖節當門雄圖頓屈請戰千里詐欲示威且秦蜀之人勇懦非敵夷阻之路勞逸不同以此爭功其利可見而反閉軍固壘莫敢爭鋒生怯實而未前死疑虛而猶遁良將之道失在斯乎文帝之世輔翼權重許昌同蕭何之委崇華甚霍

光之寄當謂竭誠盡節伊傅可齊及明帝將終棟梁是屬受遺二主佐命三朝既承忍死之託曾無殉生之報天子在外內起甲兵陵土未乾遽相誅戮貞臣之體寧若此乎盡善之方以斯爲惑夫征討之策豈東智而西愚輔佐之心何前忠而後亂故晉明掩面恥欺僞以成功石勒肆言笑姦回以定業古人有云積善三年知之者少爲惡一日聞於天下可不謂然乎雖自隱過當年而終見嗤後代亦猶竊鐘掩耳以衆人爲不聞銳意盜金謂市中爲莫覩故知貪於近者則遺遠溺於利者則傷名若不損己以益人則當禍人而福己順理而舉易爲力背時而動難爲功況以未成之晉基逼有餘之魏祚雖復道格區宇德被蒼生而天未啓時寶位猶阻非可以智競不可以力爭雖則慶流後昆而身終於北面矣

晉書卷一

晉書卷一考證

宣帝紀其先出自帝高陽之子重黎爲夏官祝融○臣人龍按左傳重爲句芒黎爲祝融一出於少昊一出於顓頊是重黎爲二人而史記楚世家及太史公自序竟以重黎爲一人此書及宋書衞瓘云大晉之德始自重黎皆昔人相沿之謬也

圍將軍賈嗣魏平於祁山○臣艮裘按三國志諸葛亮復出祁山賈詡魏平數請戰又亮使魏延等赴拒大破之此云賈嗣不作賈詡又下文亮望塵而遁及追擊破之等語俱與志異

晉書卷一考證

晉書卷二

唐　太　宗　文　皇　帝　御　撰

帝紀第二

景帝

景皇帝諱師字子元宣帝長子也雅有風采沉毅多大略少流美譽與夏侯玄何晏齊名晏常稱曰惟幾也能成天下之務司馬子元是也魏景初中拜散騎常侍累遷中護軍爲選用之法舉不越功吏無私焉宣穆皇后崩居喪以至孝聞宣帝之將誅曹爽深謀祕策獨與帝潛畫文帝弗之知也將發夕乃告之既而使人覘之帝寢如常而文帝不能安席晨會兵司馬門鎭靜內外置陣甚整宣帝曰此子竟可也初帝陰養死士三千散在人間至是一朝而集衆莫知所出也事平以功封長平鄉侯食邑千戶尋加衞將軍及宣帝薨議者咸云伊尹既卒伊陟嗣事天子命帝以撫軍大將軍輔政

魏嘉平四年春正月遷大將軍加侍中持節都督中外諸軍錄尙書事命百官

舉賢才明少長䘏窮獨理廢滯諸葛誕毌丘儉王昶陳泰胡遵都督四方王基
州泰鄧艾石苞典州郡盧毓李豐掌選舉傅嘏虞松參計謀鍾會夏侯玄王肅
陳本孟康趙酆張緝預朝議四海傾注朝野肅然或有請改易制度者帝曰不
識不知順帝之則詩人之美也三祖典制所宜遵奉自非軍事不得妄有改革
五年夏五月吳太傅諸葛恪圍新城朝議慮其分兵以寇淮泗欲戍諸水口帝
曰諸葛恪新得政於吳欲徼一時之利并兵合肥以冀萬一不暇復爲青徐患
也且水口非一多戍則用兵衆少戍則不足以禦寇恪果并力合肥卒如所度
帝於是使鎮東將軍毌丘儉揚州刺史文欽等距之儉欽請戰帝曰恪卷甲深
入投兵死地其鋒未易當且新城小而固攻之未可拔遂命諸將高壘以弊之
相持數月恪攻城力屈死傷太半乃勑欽督銳卒趣合榆要其歸路儉帥諸將
以爲後繼恪懼而遁欽逆擊大破之斬首萬餘級
正元元年春正月天子與中書令李豐后父光祿大夫張緝黃門監蘇鑠永寧
署令樂敦冗從僕射劉寶賢等謀以太常夏侯玄代帝輔政帝密知之使舍人

王羨以車迎豐豐見迫隨羨而至帝數之豐知禍及因肆惡言帝怒遣勇士以
刀鐶築殺之逮捕玄緝等皆夷三族三月乃諷天子廢皇后張氏因下詔曰姦
臣李豐等靖譖庸回陰搆凶慝大將軍糾虔天刑致之誅辟周勃之克呂氏霍
光之擒上官曷以過之其增邑九千戶并前四萬帝讓不受天子以玄緝之誅
深不自安而帝亦慮難作潛謀廢立乃密諷魏永寧太后秋九月甲戌太后下
令曰皇帝春秋已長不親萬機耽淫內寵沉嫚女德日近倡優縱其醜虐迎六
宮家人留止內房毀人倫之敘亂男女之節又爲羣小所迫將危社稷不可承
奉宗廟帝召羣臣會議流涕曰太后令如是諸君其如王室何咸曰伊尹放太
甲以寧殷霍光廢昌邑以安漢權定社稷以清四海二代行之於古明公當之
於今今日之事惟命是從帝曰諸君見望者重安敢避之乃與羣公卿士共奏
太后曰臣聞天子者所以濟育羣生永安萬國皇帝春秋已長未親萬機日使
小優郭懷袁信等裸袒淫戲又於廣望觀下作遼東妖婦道路行人莫不掩目
清商令令狐景諫帝帝燒鐵炙之太后遭合陽君喪帝嬉樂自若清商丞龐熙

諫帝帝勿聽太后還北宮殺張美人帝甚恚望熙諫帝怒復以彈彈熙每文書入帝不省視太后令帝在式乾殿講學帝又不從不可以承天序臣請依昔漢霍光故事收皇帝璽綬以齊王歸藩奏可於是有司以太牢策告宗廟王就乘輿副車羣臣從至西掖門帝泣曰先臣受歷世殊遇先帝臨崩託以遺詔臣復忝重任不能獻可替否羣公卿士遠惟舊典爲社稷深計寧負聖躬使宗廟血食於是使使者持節衞送舍河內之重門誅郭懷袁信等是日與羣臣議所立帝曰方今宇宙未清二虜爭衡四海之主惟在賢哲彭城王據太祖之子以賢則仁聖明允以年則皇室之長天位至重不得其才不足以寧濟六合乃與羣公奏太后太后以彭城王先帝諸父於昭穆之序爲不次則烈祖之世永無承嗣東海定王明帝之弟欲立其子高貴鄉公髦帝固爭不獲乃從太后令遣使迎高貴鄉公於元城而立之改元曰正元天子受璽惰舉趾高帝聞而憂之及將大會帝訓於天子曰夫聖王重始正本敬初古人所慎也明當大會萬衆瞻穆穆之容公卿聽玉振之音詩云示人不佻是則是效易曰出其言善則千里

之外應之雖禮儀周備猶宜加之以衹恪以副四海顒顒式仰癸巳天子詔曰
朕聞創業之君必須股肱之臣守文之主亦賴匡佐之輔是故文武以呂召彰
受命之功宣王倚山甫享中興之業大將軍世載明德應期作輔遭天降險帝
室多難齊王莅政不迪率典公履義執忠以寧區夏式是百辟總齊庶事內摧
寇虐外靜姦宄日昃憂勤劬勞夙夜德聲光于上下勳烈施于四方深惟大議
首建明策權定社稷援立朕躬宗廟獲安億兆慶賴伊摯之保乂殷邦公旦之
綏寧周室蔑以尚焉朕甚嘉之夫德茂者位尊庸大者祿厚古今之通義也其
登位相國增邑九千幷前四萬戶進號大都督假黃鉞入朝不趨奏事不名劍
履上殿賜錢五百萬帛五千匹以彰元勳帝固辭相國又上書訓于天子曰荆
山之璞雖美不琢不成其寶顏冉之才雖茂不學不弘其量仲尼有云予非生
而知之者好古敏以求之者也仰觀黃軒五代之主莫不有所稟則顓頊受學
於綠圖高辛問道於柏招逮至周成旦望作輔故能離經辯志安道樂業夫然
故君道明於上兆庶順於下刑措之隆實由於此宜遵先王下問之義使講誦

之業屢聞於聽典謨之言日陳於側也時天子頗修華飾帝又諫曰履端初政
宜崇玄樸並敬納焉十一月有白氣經天
二年春正月有彗星見于吳楚之分西北竟天鎮東大將軍毌丘儉揚州刺史
文欽舉兵作亂矯太后令移檄郡國爲壇盟于西門之外各遣子四人質于吳
以請救二月儉欽帥衆六萬渡淮而西帝會公卿謀征討計朝議多謂可遣諸
將擊之王肅及尚書傅嘏中書侍郎鍾會勸帝自行戊午帝統中軍步騎十餘
萬以征之倍道兼行召三方兵大會于陳許之郊甲申次于濼橋儉將史招李
續相次來降儉欽移入項城帝遣荊州刺史王基進據南頓以逼儉帝深壁高
壘以待東軍之集諸將請進軍攻其城帝曰諸君得其一未知其二淮南將士
本無反志且儉欽欲蹈縱橫之迹習儀秦之說謂遠近必應而事起之日淮北
不從史招李續前後瓦解內乖外叛自知必敗困獸思鬬速戰更合其志雖云
必克傷人亦多且儉等欺誑將士詭變萬端小與持久詐情自露此不戰而克
之也乃遣諸葛誕督豫州諸軍自安風向壽春征東將軍胡遵督青徐諸軍出

譙宋之間絕其歸路帝屯汝陽遣兗州刺史鄧艾督太山諸軍進屯樂嘉示弱以誘之欽進軍將攻艾帝潛軍銜枚徑造樂嘉與欽相遇欽子鴦年十八勇冠三軍謂欽曰及其未定請登城鼓譟擊之可破也既謀而行三譟而欽不能應鴦退相與引而東帝謂諸將曰欽走矣命發銳軍以追之諸將皆曰欽舊將鴦少而銳引軍內入未有失利必不走也帝曰一鼓作氣再而衰三而竭鴦三鼓欽不應其勢已屈不走何待欽將遁鴦曰不先折其勢不得去也乃與驍騎十餘摧鋒陷陣所向皆披靡遂引去帝遣左長史司馬璉督驍騎八千翼而追之使將軍樂綝等督步兵繼其後比至沙陽頻陷欽陣弩矢雨下欽蒙楯而馳大破其軍眾皆投戈而降欽父子與麾下走保項儉聞欽敗棄眾宵遁淮南安風津都尉追儉斬之傳首京都欽遂奔吳淮南平初帝目有瘤疾使醫割之鴦之來攻也驚而目出懼六軍之恐蒙之以被痛甚嚙被敗而左右莫知焉閏月疾篤使文帝總統諸軍辛亥崩于許昌時年四十八二月帝之喪至自許昌天子素服臨弔詔曰公有濟世寧國之勳克定禍亂之功重之以死王事宜加殊禮

其令公卿議制有司議以爲忠安社稷功濟宇內宜依霍光故事追加大司馬之號以冠軍大將軍增邑五萬戶諡曰武公文帝表讓曰臣亡父不敢受丞相相國九命之禮亡兄不敢受相國之位誠以太祖常所階歷也今諡與二祖同必所祗懼昔蕭何張良霍光咸有匡佐之功何諡文終良諡文成光諡宣成必以文武爲諡請依何等就加詔許之諡曰忠武晉國既建追尊曰景王武帝受禪上尊號曰景皇帝陵曰峻平廟稱世宗

文帝

文皇帝諱昭字子上景帝之母弟也魏景初二年封新城鄉侯正始初爲洛陽典農中郎將值魏明奢侈之後帝蠲除苛碎不奪農時百姓大悅轉散騎常侍大將軍曹爽之伐蜀也以帝爲征蜀將軍副夏侯玄出駱谷次于興勢蜀將王林夜襲帝營帝堅臥不動林退帝謂玄曰費禕以據險距守進不獲戰攻之不可宜亟旋軍以爲後圖爽等引旋禕果馳兵趣三嶺爭險乃得過遂還拜議郎及誅曹爽帥衆衞二宮以功增邑千戶蜀將姜維之寇隴右也征西將軍郭淮

自長安距之進帝位安西將軍持節屯關中爲諸軍節度淮攻維別將句安於麴久而不決帝乃進據長城南趣駱谷以疑之維懼退保南鄭安軍絕援帥衆來降轉安東將軍持節鎮許昌及大軍討王淩帝督淮北諸軍事帥師會于項增邑三百戶假金印紫綬尋進號都督統征東將軍胡遵鎮東將軍諸葛誕伐吳戰于東關二軍敗績坐失侯蜀將姜維又寇隴右揚聲欲攻狄道以帝行征西將軍次長安雍州刺史陳泰欲先賊據狄道帝曰姜維攻羌收其質任聚穀作邸閣訖而復轉行至此正欲了塞外諸羌爲後年之資耳若實向狄道安肯宣露令外人知今揚聲言出此欲歸也維果燒營而去會新平羌胡叛帝擊破之遂耀兵靈州北虜震讋叛者悉降以功復封新城鄉侯高貴鄉公之立也以參定策進封高都侯增封二千戶毌丘儉文欽之亂大軍東征帝兼中領軍留鎮洛陽及景帝疾篤帝自京都省疾拜衛將軍景帝崩天子命帝鎮許昌尚書傅嘏帥六軍還京師帝用嘏及鍾會策自帥軍而還至洛陽進位大將軍加侍中都督中外諸軍錄尚書事輔政劍履上殿帝固辭不受

甘露元年春正月加大都督奏事不名夏六月進封高都公地方七百里加之九錫假斧鉞進號大都督劍履上殿又固辭不受秋八月庚申加假黃鉞增封三縣

二年夏五月辛未鎮東大將軍諸葛誕殺揚州刺史樂綝以淮南作亂遣子靚爲質於吳以請救議者請速伐之帝曰誕以毌丘儉輕疾傾覆今必外連吳寇此爲變大而遲吾當與四方同力以全勝制之乃表曰昔黥布叛逆漢祖親征隗囂違戾光武西伐烈祖明皇帝乘輿仍出皆所以奮揚赫斯震耀威武也陛下宜暫臨戎使將士得憑天威今諸軍可五十萬以衆擊寡蔑不剋矣秋七月奉天子及皇太后東征徵兵青徐荊豫分取關中遊軍皆會淮北師次于項假廷尉何楨節使淮南宣慰將士申明逆順示以誅賞甲戌帝進軍丘頭吳使文欽唐咨全端全懌等三萬餘人來救誕諸將逆擊不能禦將軍李廣臨敵不進泰山太守常時稱疾不出並斬之以徇八月吳將朱異帥兵萬餘人留輜重於都陸輕兵至黎漿監軍石苞兗州刺史州泰禦之異退泰山太守胡烈以奇兵

襲都陸焚其糧運苞泰復進擊異大破之異之餘卒餒甚食葛葉而遁吳人殺異帝曰異不得至壽春非其罪也而吳人殺之適以謝壽春而堅誕意使其猶望救耳若其不爾彼當突圍決一旦之命或謂大軍不能久省食減口冀有他變料賊之情不出此三者今當多方以亂之備其越逸此勝計也因命合圍分遣羸疾就穀淮北廩軍士大豆人三升欽聞之果喜帝愈羸形以示之多縱反間揚言吳救方至誕等益寬恣食俄而城中乏糧石苞王基並請攻之帝曰誕之逆謀非一朝一夕也聚糧完守外結吳人自謂足據淮南欽既同惡相濟必不便走今若急攻之損游軍之力外寇卒至表裏受敵此危道也今三叛相聚於孤城之中天其或者將使同戮吾當以長策縻之但堅守三面若賊陸道而來軍糧必少吾以游兵輕騎絕其轉輸可不戰而破外賊外賊破欽等必成擒矣全懌母孫權女也得罪於吳全端兄子禕及儀奉其母來奔儀兄靜時在壽春用鍾會計作禕儀書以譎靜靜兄弟五人帥其衆來降城中大駭

三年春正月壬寅誕欽等出攻長圍諸軍逆擊走之初誕欽內不相協及至窮

釁轉相疑貳會欽計事與誕忤誕手刃殺欽欽子鴦攻誕不克踰城降以爲將
軍封侯使鴦巡城而呼帝見城上持弓者不發謂諸將曰可攻矣二月乙酉攻
而拔之斬誕夷三族吳將唐咨孫曼孫彌徐韶等帥其屬皆降表加爵位廩其
餒疾或言吳兵必不爲用請坑之帝曰就令亡還適見中國之弘耳於是徙之
三河夏四月歸于京師魏帝命改丘頭曰武丘以旌武功五月天子以并州之
太原上黨西河樂平新興鴈門司州之河東平陽八郡地方七百里封帝爲晉
公加九錫進位相國晉國置官司焉九讓乃止於是增邑萬戶食三縣諸子之
無爵者皆封列侯秋七月奏錄先世名臣元功大勳之子孫隨才敘用
四年夏六月分荆州置二都督王基鎮新野州泰鎮襄陽使石苞都督揚州陳
騫都督豫州鍾毓都督徐州宋鈞監青州諸軍事
景元元年夏四月天子復命帝爵秩如前又讓不受天子既以帝三世宰輔政
非己出情不能安又慮廢辱將臨軒召百寮而行放黜五月戊子夜使冗從僕
射李昭等發甲於陵雲臺召侍中王沉散騎常侍王業尚書王經出懷中黃素

詔示之戒嚴俟旦沉業馳告于帝帝召護軍賈充等爲之備天子知事泄帥左
右攻相府稱有所討敢有動者族誅相府兵將止不敢戰賈充叱諸將曰公畜
養汝輩正謂今日耳太子舍人成濟抽戈犯蹕刺之刃出於背天子崩于車中
帝召百寮謀其故僕射陳泰不至帝遣其舅荀顗輿致之延于曲室謂曰玄伯
天下其如我何泰曰惟腰斬賈充微以謝天下帝曰卿更思其次泰曰但見其
上不見其次於是歸罪成濟而斬之太后令曰昔漢昌邑王以罪廢爲庶人此
兒亦宜以庶人禮葬之使內外咸知其所行也殺尚書王經貳於我也庚寅帝
奏曰故高貴鄉公帥從駕人兵拔刃鳴鼓向臣所臣懼兵刃相接卽勅將士不
得有所傷害違令者以軍法從事騎督成倅弟太子舍人濟入兵陣傷公至隕
臣聞人臣之節有死無貳事上之義不敢逃難前者變故卒至禍同發機誠欲
委身守死惟命所裁然惟本謀乃欲上危皇太后傾覆宗廟臣忝當元輔義在
安國卽駱驛申勅不得迫近輿輦而濟妄入陣間以致大變哀怛痛恨五內摧
裂濟干國亂紀罪不容誅輒收濟家屬付廷尉太后從之夷濟三族與公卿議

立燕王宇之子常道鄉公璜爲帝六月改元景辰天子進帝爲相國封晉公增
十郡加九錫如初羣從子弟未侯者封亭侯賜錢千萬帛萬匹固讓乃止冬十
一月吳吉陽督蕭慎以書詣鎮東將軍石苞僞降求迎帝知其詐也使苞外示
迎之而內爲之備
二年秋八月甲寅天子使太尉高柔授帝相國印綬司空鄭冲致晉公茅土九
錫固辭
三年夏四月肅慎來獻楛矢石砮弓甲貂皮等天子命歸於大將軍府
四年春二月丁丑天子復命帝如前又固讓三月詔大將軍府增置司馬一人
從事中郎二人舍人十人夏帝將伐蜀乃謀衆曰自定壽春已來息役六年治
兵繕甲以擬二虜略計取吳作戰船通水道當用千餘萬功此十萬人百數十
日事也又南土下溼必生疾疫今宜先取蜀三年之後因巴蜀順流之勢水陸
並進此滅虞定虢吞韓幷魏之勢也計蜀戰士九萬居守成都及備他郡不下
四萬然則餘衆不過五萬今絆姜維於沓中使不得東顧直指駱谷出其空虛

之地以襲漢中彼若嬰城守險兵勢必散首尾離絕舉大衆以屠城散銳卒以略野劍閣不暇守險關頭不能自存以劉禪之闇而邊城外破士女內震其亡可知也征西將軍鄧艾以爲未有釁屢陳異議帝患之使主簿師纂爲艾司馬以喻之艾乃奉命於是徵四方之兵十八萬使鄧艾自狄道攻姜維於沓中雍州刺史諸葛緒自祁山軍于武街絕維歸路鎮西將軍鍾會帥前將軍李輔征蜀護軍胡烈等自駱谷襲漢中秋八月軍發洛陽大賚將士陳師誓衆將軍鄧敦謂蜀未可討帝斬以徇九月又使天水太守王頎攻維營隴西太守牽弘邀其前金城太守楊頎趣甘松鍾會分爲二隊入自斜谷使李輔圍王含於樂城又使步將易愷攻蔣斌於漢城會直指陽安護軍胡烈攻陷關城姜維聞之引還王頎追敗維於彊川維與張翼廖化合軍守劍閣鍾會攻之冬十月天子以諸侯獻捷交至乃申前命曰朕以寡德獲承天序嗣我祖宗之洪烈遭家多難不明于訓曩者奸逆屢興方寇內侮大懼淪喪四海以墮三祖之弘業惟公經德履哲明允廣深迪宣武文世作保傅以輔乂皇家櫛風沐雨周旋征伐劬勞

王室二十有餘載毗翼前人乃斷大政克厭不端維安社稷暨儉欽之亂公綏援有衆分命與師統紀有方用緝寧淮浦其後巴蜀屢侵西土不靖公奇畫指授制勝千里是以段谷之戰乘釁大捷斬將搴旗效首萬計孫峻猾夏致寇徐方戎車首路威靈先邁黃鉞未啓鯨鯢竄迹孫壹搆隙自相疑阻幽鑒遠照奇策洞微遠人歸命作藩南夏爰授銳卒畢力戎行暨諸葛誕滔天作逆稱兵揚楚欽咨逋罪同惡相濟帥其蝥賊以入壽春憑阻淮山敢距王命公躬擐甲冑龔行天罰玄謀廟算遵養時晦奇兵震擊而朱異摧破神變應機而全琮稽服取亂攻昧而高墉不守兼九伐之弘略究五兵之正度用能戰不窮武而大敵殲潰旗不再麾而元憝授首收勍吳之雋臣係亡命之逋虜交臂屈膝委命下吏俘馘十萬積尸成京雪宗廟之滯恥拯兆庶之艱難掃平區域信威吳會遂戢干戈靖我疆土天地鬼神罔不獲乂乃者王室之難變起蕭牆賴公之靈弘濟艱險宗廟危而獲安社稷墜而復寧忠格皇天功濟六合是用疇咨古訓稽諸典籍命公崇位相國加于羣后啓土參墟封以晉域所以方軌齊魯翰屏帝

室而公遠蹈謙損深履沖讓固辭策命至于八九朕重違讓德抑禮虧制以彰公志于今四載上闕在昔建侯之典下違兆庶具瞻之望惟公嚴虔王度闡濟大猷敦尚純樸省繇節用務穡勸分九野康乂耆叟荷崇養之德鰥寡蒙矜卹之施仁風興於中夏流澤布於遐荒是以東夷西戎南蠻北狄狂狡貪悍世爲寇讎者皆感義懷惠款塞內附或委命納貢或求置官司九服之外絕域之氓曠世所希至者咸浮海來享鼓舞王德前後至者八百七十餘萬口海隅幽裔無思不服雖西旅遠貢越裳九譯義無以踰維翼朕躬下匡萬國思靖殊方寧濟八極以庸蜀未賓蠻荊作猾潛謀獨斷整軍經武簡練將帥授以成策始踐賊境應時摧陷狂狡奔北首尾震潰禽其戎帥屠其城邑巴漢震疊江源雲徹地平天成誠在斯舉公有濟六合之勳加以茂德實總百揆允釐庶政敦五品以崇仁恢六典以敷訓而靖恭夙夜勞謙昧旦雖尚父之左右文武周公之勤勞王家罔以加焉昔先王選建明德光啓諸侯體國經野方制五等所以藩翼王畿垂祚百世也故齊魯之封於周爲弘山川土田邦畿七百官司典策制殊

羣后惠襄之難桓文以翼戴之勞猶受錫命之禮咸用光疇大德作範于後惟公功邁於前烈而賞闕於舊式百辟於邑人神同恨焉豈可以公謙沖而久淹弘典哉今以幷州之太原上黨西河樂平新興鴈門司州之河東平陽弘農雍州之馮翊凡十郡南至於華北至于陘東至于壺口西踰于河提封之數方七百里皆晉之故壤唐叔受之世作盟主實紀綱諸夏用率舊職爰胙玆土封公爲晉公命使持節兼司徒司隸校尉陔即授印綬策書金獸符第一至第五竹使符第一至第十錫玆玄土苴以白茅建爾國家以永藩魏室昔在周召並以公侯入作保傅其在近代酇侯蕭何實以相國光尹漢朝隨時之制禮亦宜之今進公位爲相國加綠綟綬又加公九錫其敬聽後命以公思弘大猷崇正典禮儀刑作範旁訓四方是用錫公大輅戎輅各一玄牡二駟公道和陰陽敬授人時嗇夫反本農殖維豐是用錫公袞冕之服赤舄副焉公光敷顯德惠下以和敬信思順庶尹允諧是用錫公軒懸之樂六佾之舞公鎮靖宇宙翼播聲教海外懷服荒裔款附殊方馳義諸夏順軌是用錫公朱戶以居公簡賢料材營

求俊逸爰升多士寘彼周行是用錫公納陛以登公嚴恭寅畏底平四國式遏寇虐苛厲不作是用錫公武賁之士三百人公明慎用刑簡恤大中章厥天威以糾不虔是用錫公鈇鉞各一公爰整六軍典司征伐犯命凌正乃維誅殛是用錫公彤弓一彤矢百玈弓十玈矢千公饗祀蒸蒸孝思維則篤誠之至通于神明是用錫公秬鬯一卣珪瓚副焉晉國置官司以下率由舊式往欽哉祗服朕命弘敷訓典光澤庶方永終爾明德丕顯余一人之休命公卿將校皆詣府喻旨帝以禮辭讓司空鄭沖率羣官勸進曰伏見嘉命顯至竊聞明公固讓沖等眷眷實有愚心以爲聖王作制百代同風褒德賞功有自來矣昔伊尹有莘氏之媵臣耳一佐成湯遂荷阿衡之號周公藉已成之勢據既安之業光宅曲阜奄有龜蒙呂尚磻溪之漁者也一朝指麾乃封營丘自是以來功薄而賞厚者不可勝數然賢哲之士猶以爲美談況自先相國以來世有明德翼輔魏室以綏天下朝無粃政人無謗言前者明公西征靈州北臨沙漠榆中以西望風震服羌戎來馳回首內向東誅叛逆全軍獨克禽闔閭之將虜輕銳之卒以萬

萬計威加南海名懾三越宇內康寧苛慝不作是以時俗畏懷東夷獻舞故聖
上覽乃昔以來禮典舊章開國光宅顯茲太原明公宜承奉聖旨受茲介福允
當天人元功盛勳光光如彼國土嘉祚巍巍如此內外協同靡愆靡違由斯征
伐則可朝服濟江掃除吳會西塞江源望祀岷山迴戈弭節以麾天下遠無不
服邇無不肅令大魏之德光于唐虞明公盛勳超於桓文然後臨滄海而謝支
伯登箕山而揖許由豈不盛乎至公至平誰與為鄰何必勤勤小讓也哉帝乃
受命十一月鄧艾帥萬餘人自陰平踰絕險至江油破蜀將諸葛瞻於綿竹斬
瞻傳首進軍雒縣劉禪降天子命晉公以相國總百揆於是上節傳去侍中大
都督錄尚書之號焉表鄧艾為太尉鍾會為司徒會潛謀叛逆因密使譖艾
咸熙元年春正月檻車徵艾乙丑帝奉天子西征次于長安是時魏諸王侯悉
在鄴城命從事中郎山濤行軍司事鎮於鄴遣護軍賈充持節督諸軍據漢中
鍾會遂反於蜀監軍衛瓘右將軍胡烈攻會斬之初會之伐蜀也西曹屬邵悌
言於帝曰鍾會難信不可令行帝笑曰取蜀如指掌而眾人皆言不可唯會與

吾意同滅蜀之後中國將士人自思歸蜀之遺黎猶懷震恐縱有異志無能爲也卒如所量景辰帝至自長安三月己卯進帝爵爲王增封幷前二十郡夏五月癸未天子追加舞陽宣文侯爲晉宣王舞陽忠武侯爲晉景王秋七月帝奏司空荀顗定禮儀中護軍賈充正法律尙書僕射裴秀議官制大保鄭沖總而裁焉始建五等爵冬十月丁亥奏遣吳人相國參軍徐劭散騎常侍水曹屬孫彧使吳喻孫皓以平蜀之事致馬錦等物以示威懷景午天子命中撫軍新昌鄉侯炎爲晉世子

二年春二月甲辰朐䏰縣獻靈龜歸於相府夏四月孫皓使紀陟來聘且獻方物五月天子命帝冕十有二旒建天子旌旗出警入蹕乘金根車駕六馬備五時副車置旄頭雲罕樂舞八佾設鍾虡宮懸位在燕王上進王妃爲王后世子爲太子王女王孫爵命之號皆如帝者之儀諸禁網煩苛及法式不便於時者帝皆奏除之晉國置御史大夫侍中常侍尙書中領軍衞將軍官秋八月辛卯帝崩于露寢時年五十五九月癸酉葬崇陽陵謚曰文王武帝受禪追尊號曰

文皇帝廟稱太祖

史臣曰世宗以叡略創基太祖以雄才成務事殷之跡空存翦商之志彌遠三分天下功業在焉及踰劒銷氛浮淮靜亂桐宮胥怨或所不堪若乃體以名臣格之端揆周公流連於此歲魏武得意於茲日軒懸之樂大啓南陽師摯之圖於焉北面壯矣哉包舉天人者也爲帝之主不亦難乎

贊曰世宗繼文邦權未分三千之士其從如雲世祖無外靈關靜氛反雖討賊終爲弑君

晉書卷二

晉書卷三

唐　太　宗　文　皇　帝　御　撰

帝紀第三

武帝

武皇帝諱炎字安世文帝長子也寬惠仁厚沉深有度量魏嘉平中封北平亭侯歷給事中奉車都尉中壘將軍加散騎常侍累遷中護軍假節迎常道鄉公於東武陽遷中撫軍進封新昌鄉侯及晉國建立爲世子拜撫軍大將軍開府副貳相國初文帝以景帝既宣帝之嫡早世無後以帝弟攸爲嗣特加愛異自謂攝居相位百年之後大業宜歸攸每曰此景王之天下也吾何與焉將議立世子屬意於攸何曾等固爭曰中撫軍聰明神武有超世之才髮委地手過膝此非人臣之相也由是遂定

咸熙二年五月立爲晉王太子八月辛卯文帝崩太子嗣相國晉王位下令寬刑宥罪撫衆息役國內行服三日是月長人見於襄武長三丈告縣人王始曰

今當太平九月戊午以魏司徒何曾爲丞相鎭南將軍王沉爲御史大夫中護軍賈充爲衞將軍議郎裴秀爲尙書令光祿大夫皆開府十一月初置四護軍以統城外諸軍乙未令諸郡中正以六條舉淹滯一曰忠恪匪躬二曰孝敬盡禮三曰友于兄弟四曰潔身勞謙五曰信義可復六曰學以爲己是時晉德既洽四海宅心於是天子知歷數有在乃使太保鄭沖奉策曰咨爾晉王我皇祖有虞氏誕膺靈運受終于陶唐亦以命于有夏惟三后陟配于天而咸用光敷聖德自兹厥後天又輯大命于漢火德既衰乃眷命我高祖方軌虞夏四代之明顯我不敢知惟王乃祖乃父服膺明哲輔亮我皇家勳德光于四海格爾上下神祇罔不克順地平天成萬邦以乂應受上帝之命協皇極之中肆予一人祗承天序以敬授爾位歷數實在爾躬允執其中天祿永終於戲王其欽順天命率循訓典底綏四國用保天休無替我二皇之弘烈帝初以禮讓魏朝公卿何曾王沉等固請乃從之

泰始元年冬十二月景寅設壇于南郊百僚在位及匈奴南單于四夷會者數

萬人柴燎告類于上帝曰皇帝臣炎敢用玄牡明告于皇皇后帝魏帝稽協皇運紹天明命以命炎昔者唐堯熙隆大道禪位虞舜舜又以禪禹邁德垂訓多歷年載暨漢德既衰太祖武皇帝撥亂濟時扶翼劉氏又用受命于漢粤在魏室仍世多故幾於顛墜實賴有晉匡拯之德用獲保厥肆祀弘濟于艱難此則晉之有大造于魏也誕惟四方罔不祗順廓清梁岷包懷揚越八紘同軌祥瑞屢臻天人協應無思不服肆予憲章三后用集大命于茲炎維德不嗣辭不獲命於是羣公卿士百辟庶僚黎獻陪隸暨于百蠻君長僉曰皇天鑒下求人之瘼既有成命固非克讓所得距違天序不可以無統人神不可以曠主炎虔奉皇運寅畏天威敬簡元辰升壇受禪告類上帝永荅衆望禮畢即洛陽宮幸太極前殿詔曰昔朕皇祖宣王聖哲欽明誕應期運熙帝之載肇啓洪基伯考景王履道宣猷緝熙諸夏至于皇考文王叡哲光遠允協靈祇應天順時受茲明命仁濟于宇宙功格于上下肆魏氏弘鑒于古訓儀刑于唐虞疇咨羣后爰輯大命于朕身予一人畏天之命用不敢違惟朕寡德負荷洪烈託于王公之上

以君臨四海惴惴惟懼罔知所濟惟爾股肱爪牙之佐文武不貳之臣乃祖乃父實左右我先王光隆我大業思與萬國共饗休祚於是大赦改元賜天下爵人五級鰥寡孤獨不能自存者穀人五斛復天下租賦及關市之稅一年逋債宿負皆勿收除舊嫌解禁錮亡官失爵者悉復之丁卯遣太僕劉原告于太廟封魏帝爲陳留王邑萬戶居于鄴宮魏氏諸王皆爲縣侯追尊宣王爲宣皇帝景王爲景皇帝文王爲文皇帝宣王妃張氏爲宣穆皇后尊太妃王氏曰皇太后宮曰崇化封皇叔祖父孚爲安平王皇叔父幹爲平原王亮爲扶風王伷爲東莞王駿爲汝陰王肜爲梁王倫爲瑯邪王皇弟攸爲齊王鑒爲樂安王幾爲燕王皇從伯父望爲義陽王皇從叔父輔爲渤海王晃爲下邳王瓌爲太原王珪爲高陽王衡爲常山王子文爲沛王泰爲隴西王權爲彭城王綏爲范陽王遂爲濟南王遜爲譙王睦爲中山王淩爲北海王斌爲陳王皇從父兄洪爲河閒王皇從父弟楙爲東平王以驃騎將軍石苞爲大司馬封樂陵公車騎將軍陳騫爲高平公衛將軍賈充爲車騎將軍魯公尚書令裴秀爲鉅鹿公侍中荀

勖爲濟北公太保鄭沖爲太傅壽光公太尉王祥爲太保睢陵公丞相何曾爲太尉朗陵公御史大夫王沉爲驃騎將軍博陵公司空荀顗爲臨淮公鎭北大將軍衞瓘爲菑陽公其餘增封進爵各有差文武普增位二等改景初歷爲太始歷臘以酉社以丑戊辰下詔大弘儉約出御府珠玉玩好之物頒賜王公以下各有差置中軍將軍以統宿衞七軍己巳詔陳留王載天子旌旗備五時副車行魏正朔郊祀天地禮樂制度皆如魏舊上書不稱臣賜山陽公劉康安樂公劉禪子弟一人爲駙馬都尉乙亥以安平王孚爲太宰假黃鉞大都督中外諸軍事詔曰昔王淩謀廢齊王而王竟不足以守位鄧艾雖矜功失節然束手受罪今大赦其家還使立後興滅繼絕約法省刑除魏氏宗室禁錮諸將吏遭三年喪者遣寧終喪百姓復其徭役罷部曲將吏長以下質任省郡國御調禁樂府靡麗百戲之技及雕文游畋之具開直言之路置諫官以掌之是月鳳皇六青龍三白龍二騏麟各一見于郡國

二年春正月景戌遣兼侍中侯史光等持節四方循省風俗除禳祝之不在祀

典者丁亥有司請建七廟帝重其役不許庚寅罷雞鳴鼓辛丑尊景皇帝夫人羊氏曰景皇后宮曰弘訓景午立皇后楊氏二月除漢宗室禁錮己未常山王衡薨詔曰五等之封皆錄舊勳本爲縣侯者傳封次子爲亭侯爲鄉侯爲關內侯亭侯爲關中侯皆食本戶十分之一丁丑郊祀宣皇帝以配天宗祀文皇帝於明堂以配上帝庚午詔曰古者百官官箴王闕然保氏特以諫諍爲職今之侍中常侍實處此位擇其能正色弼違匡救不逮者以兼此選三月戊戌吳人來弔祭有司奏爲答詔帝曰昔漢文光武懷撫尉佗公孫述皆未正君臣之儀所以羈縻未賓也皓遣使之始未知國慶但以書答之夏五月戊辰詔曰陳留王操尙謙沖每事輒表非所以優崇之也主者喻意非大事皆使王官表上之壬子驃騎將軍博陵公王沉卒六月壬申濟南王遂薨秋七月辛巳營太廟致荊山之木采華山之石鑄銅柱十二塗以黃金鏤以百物綴以明珠戊戌譙王遜薨景午晦日有食之八月景辰省右將軍官初帝雖從漢魏之制既葬除服而深衣素冠降席撤膳哀敬如喪者戊辰有司奏改服進膳不許遂禮終而後

復吉及太后之喪亦如之九月乙未散騎常侍皇甫陶傅玄領諫官上書諫諍有司奏請寢之詔曰凡關言人主人臣所至難而苦不能聽納自古忠臣直士之所慷慨也每陳事出付主者多從深刻乃云恩貸當由主上是何言乎其詳評議戊戌有司奏大晉繼三皇之蹤蹈舜禹之跡應天順時受禪有魏宜一用前代正朔服色皆如虞遵唐故事奏可冬十月景午朔日有食之丁未詔曰昔舜葬蒼梧農不易畝禹葬成紀市不改肆上惟祖考清簡之旨所徙陵十里內居人動爲煩擾一切停之十一月己卯倭人來獻方物幷圜丘方丘於南北郊二至之祀合於二郊罷山陽公國督軍除其禁制己丑追尊景帝夫人夏侯氏爲景懷皇后辛卯遷祖禰神主于太廟十二月罷農官爲郡縣是歲鳳皇六青龍十黃龍九麒麟各一見于郡國

三年春正月癸丑白龍二見于弘農澠池丁卯立皇子衷爲皇太子詔曰朕以不德託于四海之上兢兢祇畏懼無以康濟寓內思與天下式明王度正本清源於置胤樹嫡非所先務又近世每建太子寬宥施惠之事間不獲已順從王

公卿士之議耳方今世運垂平將陳之以德義示之以好惡使百姓蠲多幸之
慮篤終始之行曲惠小仁故無取焉咸使知聞三月戊寅初令二千石得終三
年喪丁未晝昏罷武衛將軍官以李憙爲太子太傅太山石崩夏四月戊午張
掖太守焦勝上言氐池縣大柳谷口有玄石一所白畫成文實大晉之休祥圖
之以獻詔以制幣告于太廟藏之天府秋八月罷都護將軍以其五署還光祿
勳九月甲申詔曰古者以德詔爵以庸制祿雖下士猶食上農外足以奉公忘
私內足以養親施惠今在位者祿不代耕非所以崇化之本也其議增吏俸賜
王公以下帛各有差以太尉何曾爲太保義陽王望爲太尉司空荀顗爲司徒
冬十月聽士卒遭父母喪者非在疆埸皆得奔赴十二月徙宗聖侯孔震爲奉
聖亭侯山陽公劉康來朝禁星氣讖緯之學

四年春正月辛未以尚書令裴秀爲司空景戌律令成封爵賜帛各有差有星
孛于軫丁亥帝耕于藉田戊子詔曰古設象刑而衆不犯今雖參夷而姦不絕
何德刑相去之遠哉先帝深愍黎元哀矜庶獄乃命羣后考正典刑朕守遺業

永惟保乂皇基思與萬國以無爲爲政方今陽春養物東作始興朕親率王公
卿士耕藉田千畝又律令既就班之天下將以簡法務本惠育海內宜寬有罪
使得自新其大赦天下長吏郡丞長史各賜馬一匹二月庚子增置山陽公國
相郎中令陵令雜工宰人鼓吹車馬各有差罷中軍將軍置北軍中候官甲寅
以東海劉儉有至行拜爲郎以中軍將軍羊祜爲尚書左僕射東莞王伷爲尚
書右僕射三月戊子皇太后王氏崩夏四月戊戌太保睢陵公王祥薨己亥祔
葬文明皇后王氏於崇陽陵罷振威揚威護軍官置左右積弩將軍六月甲申
朔詔曰郡國守相三載一巡行屬縣必以春此古者所以述職宣風展義也見
長吏觀風俗協禮律考度量存問耆老親見百年錄囚徒理冤枉詳察政刑得
失知百姓所患苦無有遠近便若朕親臨之敦喻五教勸務農功勉勵學者思
勤正典無爲百家庸末致遠必泥士庶有好學篤道孝弟忠信清白異行者舉
而進之有不孝敬於父母不長悌於族黨悖禮棄常不率法令者糾而罪之田
疇闢生業修禮教設禁令行則長吏之能也人窮匱農事荒姦盜起刑獄煩下

陵上替禮義不興斯長吏之否也若長吏在官公廉慮不及私正色直節不飾名譽者及身行貪穢諂黷求容公節不立而私門日富者並謹察之揚清激濁舉善彈違此朕所以垂拱總綱責成於良二千石也於戲戒哉秋七月太山石崩衆星西流戊午遣使者侯史光循行天下己卯謁崇陽陵九月青徐兖豫四州大水伊洛溢合於河開倉以振之詔曰雖詔有所欲及奏得可而於事不便者皆不可隱情冬十月吳將施績入江夏萬郁寇襄陽遣太尉義陽王望屯龍陂荊州刺史胡烈擊敗郁吳將顧容寇鬱林太守毛炅大破之斬其交州刺史劉俊將軍修則十一月吳將丁奉等出芍陂安東將軍汝陰王駿與義陽王望擊走之己未詔王公卿尹及郡國守相舉賢良方正直言之士十二月班五條詔書於郡國一曰正身二曰勤百姓三曰撫孤寡四曰敦本息末五曰去人事庚寅帝臨聽訟觀錄廷尉洛陽獄囚親平決焉扶南林邑各遣使來獻

五年春正月癸巳申戒郡國計吏守相令長務盡地利禁游食商販景申帝臨聽訟觀錄囚徒多所原遣青龍二見於滎陽二月以雍州隴右五郡及涼州之

金城梁州之陽平置秦州辛巳白龍二見於趙國青徐兗三州水遣使振恤之
壬寅以尚書左僕射羊祜都督荊州諸軍事征東大將軍衞瓘都督青州諸軍
事東莞王伷爲鎮東大將軍都督徐州諸軍事丁亥詔曰古者歲書羣吏之能
否三年而誅賞之諸令史前後但簡遺疎劣而無有勸進非黜陟之謂也其條
勤能有稱尤異者歲以爲常吾將議其功勞己未詔蜀相諸葛亮孫京隨才署
吏夏四月地震五月辛卯朔鳳皇見于趙國曲赦交趾九真日南五歲刑六月
鄴奚官督郭廙上疏陳五事以諫言甚切直擢爲屯留令西平人麴路伐登聞
鼓言多祆謗有司奏棄市帝曰朕之過也捨而不問罷鎮軍將軍復置左右將
軍官秋七月延羣公詢讜言九月有星孛于紫宮冬十月景子以汲郡太守王
宏有政績賜穀千斛十一月追封謚皇弟兆爲城陽哀王以皇子景度嗣十二
月詔州郡舉勇猛秀異之才

六年春正月丁亥朔帝臨軒不設樂吳將丁奉入渦口揚州刺史牽弘擊走之
三月赦五歲刑已下夏四月白龍二見於東莞五月立壽安亭侯承爲南宮王

六月戊午秦州刺史胡烈擊叛虜於萬斛堆力戰死之詔遣尚書石鑒行安西將軍都督秦州諸軍事與奮威護軍田章討之秋七月丁酉復隴右五郡遇寇害者租賦不能自存者廩貸之乙巳城陽王景度薨詔曰自泰始以來大事皆撰錄秘書寫副後有其事輒宜綴集以爲常丁未以汝陰王駿爲鎭西大將軍都督雍涼二州諸軍事九月大宛獻汗血馬焉耆來貢方物冬十一月幸辟雍行鄉飲酒之禮賜太常博士帛牛酒各有差立皇子柬爲汝南王十二月吳夏口督前將軍孫秀帥衆來奔拜驃騎將軍開府儀同三司封會稽公戊辰復置

鎭軍官

七年春正月景子皇太子冠賜王公以下帛各有差匈奴帥劉猛叛出塞二月孫皓帥衆趨壽陽遣大司馬望屯淮北以距之三月景戌司空鉅鹿公裴秀薨癸巳以中護軍王業爲尚書左僕射高陽王珪爲尚書右僕射孫秀部將何崇帥衆五千人來降夏四月九真太守董元爲吳將虞汜所攻軍敗死之北地胡寇金城涼州刺史牽弘討之羣虜內叛圍弘於青山弘軍敗死之五月立皇子

憲爲城陽王雍涼秦三州饑赦其境內殊死以下閏月大雩大官減膳詔交阯
三郡南中諸郡無出今年戶調六月詔公卿以下舉將帥各一人辛丑大司馬
義陽王望薨大雨霖伊洛河溢流居人四千餘家殺三百餘人有詔振貸給棺
秋七月癸酉以車騎將軍賈充爲都督秦涼二州諸軍事吳將陶璜等圍交阯
太守楊稷與鬱林太守毛炅及日南等三郡降於吳八月景戌以征東大將軍
衞瓘爲征北大將軍都督幽州諸軍事景申城陽王憲薨分益州之南中四郡
置寧州曲赦四郡殊死已下冬十月丁丑日有食之十一月丁巳衞公姬署薨
十二月大雪罷中領軍并北軍中侯以光祿大夫鄭袤爲司空
八年春正月監軍何楨討匈奴劉猛屢破之左部帥李恪殺猛而降癸亥帝耕
于耤田二月乙亥禁彫文綺組非法之物壬辰太宰安平王孚薨詔內外羣官
舉任邊郡者各三人帝與右將軍皇甫陶論事陶與帝爭言散騎常侍鄭徽表
請罪之帝曰讜言謇諤所望於左右也人主常以阿媚爲患豈以爭臣爲損哉
徽越職妄奏豈朕之意遂免徽官夏四月置後將軍以備四軍六月益州牙門

張弘誣其刺史皇甫晏反殺之傳首京師弘坐伏誅夷三族壬辰大赦景申詔
復隴右四郡遇寇害者田租秋七月以車騎將軍賈充爲司空九月吳西陵督
步闡來降拜衛將軍開府儀同三司封宜都公吳將陸抗攻闡遣車騎將軍羊
祜帥衆出江陵荊州刺史楊肇迎闡於西陵巴東監軍徐胤擊建平以救闡冬
十月辛未朔日有食之十二月肇攻抗不克而還闡城陷爲抗所禽
九年春正月辛酉司空密陵侯鄭袤薨二月癸巳司徒樂陵公石苞薨立安平
亭侯隆爲安平王三月立皇子祇爲東海王夏四月戊辰朔日有食之五月旱
以太保何曾領司徒六月乙未東海王祇薨秋七月丁酉朔日有食之吳將魯
淑圍弋陽征虜將軍王渾擊敗之罷五官左右中郎將弘訓大僕衛尉大長秋
等官鮮卑寇廣甯殺略五千人詔聘公卿以下子女以備六宮采擇未畢權禁
斷婚姻冬十月辛巳制女年十七父母不嫁者使長吏配之十一月丁酉臨宣
武觀大閱諸軍甲辰乃罷
十年春正月辛亥帝耕于耤田閏月癸酉太傅壽光公鄭沖薨己卯高陽王珪

薨庚辰太原王瓌薨丁亥詔曰嫡庶之別所以辨上下明貴賤而近世以來多皆內寵登妃后之職亂尊卑之序自今以後皆不得登用妾媵以爲嫡正二月分幽州五郡置平州三月癸亥日有食之夏四月己未太尉臨淮公荀顗薨六月癸巳臨聽訟觀錄囚徒多所原遣是夏大蝗秋七月景寅皇后楊氏崩壬午吳平虜將軍孟泰偏將軍王嗣等帥衆降八月涼州虜寇金城諸部鎮西將軍汝陰王駿討之斬其帥乞文泥等戊申葬元皇后于峻陽陵九月癸亥以大將軍陳騫爲太尉攻拔吳枳里城獲吳立信校尉莊祐吳將孫遵李承帥衆寇江夏太守嵇喜擊破之立河橋于富平津冬十一月立城東七里澗石橋庚午帝臨宣武觀大閱諸軍十二月有星孛于軫置藉田令立太原王子緝爲高陽王吳威北將軍嚴聰揚威將軍嚴整偏將軍朱買來降是歲鑿陝南山決河東注洛以通運漕

咸寧元年春正月戊午朔大赦改元二月以將士應已娶者多家有五女者給復辛酉以故鄴令夏謖有清稱賜穀百斛以奉祿薄賜公卿以下帛有差叛虜

樹機能送質請降夏五月下邳廣陵大風拔木壞廬舍六月鮮卑力微遣子來
獻吳人寇江夏西域戊己校尉馬循討叛鮮卑破之斬其渠帥戊申置太子詹
事官秋七月甲申晦日有食之郡國螟八月壬寅沛王子文薨以故太傅鄭沖
太尉荀顗司徒石苞司空裴秀驃騎將軍王沉安平獻王孚等及太保何曾司
空賈充太尉陳騫中書監荀勗平南將軍羊祜齊王攸等皆列於銘饗九月甲
子青州螟徐州大水冬十月乙酉常山王殷薨癸巳彭城王權薨十一月癸亥
大閱於宣武觀至于己巳十二月丁亥追尊宣帝廟曰高祖景帝曰世宗文帝
曰太祖是月大疫洛陽死者太半封裴頠爲鉅鹿公
二年春正月以疾疫廢朝賜諸散吏至于士卒絲各有差二月景戌河間王洪
薨甲午赦五歲刑以下東夷八國歸化幷州虜犯塞監幷州諸軍事胡奮擊破
之初燉煌太守尹璩卒州以燉煌令梁澄領太守事議郎令狐豐廢澄自領郡
事豐死弟宏代之至是涼州刺史楊欣斬宏傳首洛陽先是帝不豫及瘳羣臣
上壽詔曰每念頃遇疫氣死亡爲之愴然豈以一身之休息忘百姓之艱邪諸

上禮者皆絕之夏五月鎮西大將軍汝陰王駿討北胡斬其渠帥吐敦立國子學庚午大雩六月癸丑薦荔枝于太廟甲戌有星孛于氐自春旱至于是月始雨吳京下督孫楷帥衆來降以爲車騎將軍封丹陽侯白龍二見于新興井中秋七月有星孛于大角吳臨平湖自漢末壅塞至是自開父老相傳云此湖塞天下亂此湖開天下平癸丑安平王隆薨東夷十七國內附河南魏郡暴水殺百餘人詔給棺鮮卑阿羅多等寇邊西域戊己校尉馬循討之斬首四千餘級獲生九千餘人於是來降八月庚辰河東平陽地震己亥以太保何曾爲太傅太尉陳騫爲大司馬司空賈充爲太尉鎮東大將軍齊王攸爲司空有星孛于太微九月又孛于翼丁未起大倉於城東常平倉於東西市閏月荊州五郡水流四千餘家冬十月以汝陰王駿爲征西大將軍平南將軍羊祜爲征南大將軍丁卯立皇后楊氏大赦賜王公以下及于鰥寡各有差十一月白龍二見于梁國十二月徵處士安定皇甫謐爲太子中庶子封后父鎮軍將軍楊駿爲臨晉侯是月以平州刺史傅詢前廣平太守孟桓清白有聞詔賜帛二百匹桓百

三年春正月景子朔日有食之立皇子裕爲始平王安平穆王隆弟敦爲安平王詔曰宗室戚屬國之枝葉欲令奉率德義爲天下式然處富貴而能慎行者寡召穆公糾合兄弟而賦棠棣之詩此姬氏所以本支百世也今以衛將軍扶風王亮爲宗師所當施行皆諮之於宗師也庚寅始平王裕薨有星孛於西方使征北大將軍衛瓘討鮮卑力微三月平虜護軍文淑討叛虜樹機能等破之有星孛于胃乙未帝將射雉慮損麥苗而止夏五月戊子吳將邵凱夏祥帥衆七千餘人來降六月益梁八郡水殺三百餘人沒邸閣別倉秋七月以都督豫州諸軍事王渾爲都督揚州諸軍事中山王睦以罪廢爲丹水侯八月癸亥徙扶風王亮爲汝南王東莞王伷爲琅邪王汝陰王駿爲扶風王琅邪王倫爲趙王渤海王輔爲太原王太原王顒爲河間王北海王陵爲任城王陳王斌爲西河王汝南王柬爲南陽王濟南王耽爲中山王河間王威爲章武王立皇子瑋爲始平王允爲濮陽王該爲新都王遐爲清河王鉅平侯羊祜爲南城侯以汝

南王亮爲鎮南大將軍大風拔樹暴寒且冰郡國五隕霜傷穀九月戊子以左將軍胡奮爲都督江北諸軍事兗豫徐青荆益梁七州大水傷秋稼詔振給之立齊王子蕤爲遼東王贊爲廣漢王冬十一月景戌帝臨宣武觀大閱至于壬辰十二月吳將孫慎入江夏汝南略千餘家而去是歲西北雜虜及鮮卑匈奴五溪蠻夷東夷三國前後千餘輩各帥種人部落內附

四年春正月庚午朔日有食之三月甲申尚書左僕射盧欽卒辛酉以尚書右僕射山濤爲尚書左僕射東夷六國來獻夏四月蚩尤旗見於東井六月丁未陰平廣武地震甲子又震涼州刺史楊欣與虜若羅拔能等戰于武威敗績死之弘訓皇后羊氏崩秋七月己丑祔葬景獻皇后羊氏于峻平陵庚寅高陽王緝薨癸巳范陽王綏薨荆揚郡國二十皆大水九月以太傅何曾爲太宰辛巳以尚書令李胤爲司徒冬十月以征北大將軍衞瓘爲尚書令揚州刺史應綽伐吳皖城斬首五千級焚穀米百八十萬斛十一月辛巳太醫司馬程據獻雉頭裘帝以奇技異服典禮所禁焚之於殿前甲申勅內外敢有犯者罪之吳昭

武將軍劉翻厲武將軍祖始來降辛卯以尚書杜預都督荆州諸軍事征南大
將軍羊祜卒十二月乙未西河王斌薨丁未太宰朗陵公何曾薨是歲東夷九
國內附
五年春正月虜帥樹機能攻陷涼州乙丑使討虜護軍武威太守馬隆擊之二
月甲午白麟見于平原三月匈奴都督拔弈虛帥部落歸化乙亥以百姓饑饉
減御膳之半有星孛于柳夏四月又孛于女御大赦降除部曲督以下質任丁
亥郡國八雨雹傷秋稼壞百姓廬舍秋七月有星孛于紫宮九月甲午麟見于
河南冬十月戊寅匈奴餘渠都督獨雍等帥部落歸化汲郡人不準掘魏襄王
冢得竹簡小篆古書十餘萬言藏于祕府十一月大舉伐吳遣鎮軍將軍琅邪
王伷出涂中安東將軍王渾出江西建威將軍王戎出武昌平南將軍胡奮出
夏口鎮南大將軍杜預出江陵龍驤將軍王濬廣武將軍唐彬率巴蜀之卒浮
江而下東西凡二十餘萬以太尉賈充爲大都督行冠軍將軍楊濟爲副總統
衆軍十二月馬隆擊叛虜樹機能大破斬之涼州平肅慎來獻楛矢石砮

太康元年春正月己丑朔五色氣冠日癸丑王渾克吳尋陽賴鄉諸城獲吳威武將軍周興二月戊午王濬唐彬等剋丹陽城庚申又克西陵殺西陵都督鎮軍將軍留憲征南將軍成璩西陵監鄭廣壬戌濬又克夷道樂鄉城殺夷道監陸晏水軍都督陸景甲戌杜預克江陵斬吳江陵督王延平南將軍胡奮剋江安於是諸軍並進樂鄉荊門諸戍相次來降乙亥以濬爲都督益梁二州諸軍事復下詔曰濬彬東下掃除巴丘與胡奮王戎共平夏口武昌順流長騖直造秣陵與奮戎審量其宜杜預當鎮靜零桂懷輯衡陽大兵既過荊州南境固當傳檄而定預當分萬人給濬七千給彬夏口既平奮宜以七千人給濬武昌既了戎當以六千人增彬太尉充移屯項總督諸方濬進破夏口武昌遂泛舟東下所至皆平王渾周浚與吳丞相張悌戰于版橋大敗之斬悌及其將孫震沈瑩傳首洛陽孫皓窮蹙請降送璽綬於琅邪王伷三月壬申王濬以舟師至于建鄴之石頭孫皓大懼面縛輿櫬降于軍門濬杖節解縛焚櫬送于京都收其圖籍得州四郡四十三縣三百一十三戶五十二萬三千吏三萬二千兵二十

三萬男女口二百三十萬其牧守已下皆因吳所置除其苛政示之簡易吳人大悅乙酉大赦改元大酺五日恤孤老困窮夏四月河東高平雨雹傷秋稼遣兼侍中張側黃門侍郎朱震分使揚越慰其初附白麟見于頓丘三河魏郡弘農雨雹傷宿麥五月辛亥封孫皓爲歸命侯拜其太子爲中郎諸子爲郎中吳之舊望隨才擢敘孫氏大將戰亡之家徙於壽陽將吏渡江復十年百姓及百工復二十年景寅帝臨軒大會引皓升殿羣臣咸稱萬歲丁卯薦酃淥酒于太廟郡國六雹傷秋稼庚午詔諸士卒年六十以上罷歸于家庚辰以王濬爲輔國大將軍襄陽侯杜預當陽侯王戎安豐侯唐彬上庸侯賈充琅邪王伷以下增封於是論功行封賜公卿以下帛各有差六月丁丑初置翊軍校尉官封丹水侯睦爲高陽王甲申東夷十國歸化秋七月虜軻成泥寇西平浩亹殺督將以下三百餘人東夷二十國朝獻庚寅以尚書魏舒爲尚書右僕射八月車師前部遣子入侍己未封皇弟延祚爲樂平王白龍三見于永昌九月羣臣以天下一統屢請封禪帝謙讓弗許冬十月丁巳除五女復十二月戊辰廣漢王贊

薨
二年春二月淮南丹陽地震三月景申安平王敦薨賜王公以下吳生口各有差詔選孫皓妓妾五千人入宮東夷五國朝獻夏六月東夷五國內附郡國十六雨雹大風拔樹壞百姓廬舍江夏泰山水流居人三百餘家秋七月上黨又暴風雨雹傷秋稼八月有星孛于張冬十月鮮卑慕容廆寇昌黎十一月壬寅大司馬陳騫薨有星孛于軒轅鮮卑寇遼西平州刺史鮮于嬰討破之
三年春正月丁丑罷秦州并雍州甲午以尚書張華都督幽州諸軍事三月安北將軍嚴詢敗鮮卑慕容廆於昌黎殺傷數萬人夏四月庚午太尉魯公賈充薨閏月景子司徒廣陸侯李胤薨癸丑白龍二見于濟南秋八月罷平州寧州刺史三年一入奏事九月東夷二十九國歸化獻其方物吳故將莞恭帛奉舉兵反攻害建鄴令遂圍揚州徐州刺史嵇喜討平之冬十二月甲申以司空齊王攸爲大司馬督青州諸軍事鎮東大將軍琅邪王伷爲撫軍大將軍汝南王亮爲太尉光祿大夫山濤爲司徒尚書令衞瓘爲司空景申詔四方水旱甚者

無出田租
四年春正月甲申以尙書右僕射魏舒爲尙書左僕射下邳王晃爲尙書右僕射戊午司徒山濤薨二月己丑立長樂亭侯寔爲北海王三月辛丑朔日有蝕之癸丑大司馬齊王攸薨夏四月任城王陵薨五月己亥大將軍琅邪王伷薨徙遼東王蕤爲東萊王六月增九卿禮秩牂牁獠二千餘落內屬秋七月壬子以尙書右僕射下邳王晃爲都督青州諸軍事景寅兗州大水復其田租八月鄯善國遣子入侍假其歸義侯以隴西王泰爲尙書右僕射冬十一月戊午新都王該薨以尙書左僕射魏舒爲司徒十二月庚午大閱于宣武觀是歲河南及荆州揚州大水
五年春正月己亥青龍二見于武庫井中二月景寅立南宮王子玷爲長樂王壬辰地震夏四月任城魯國池水赤如血五月景午宣帝廟梁折六月初置黃沙獄秋七月戊申皇子恢薨任城梁國中山雨雹傷秋稼減天下戶課三分之一九月南安大風折木郡國五大水隕霜傷秋稼冬十一月甲辰太原王輔薨

十二月庚午大赦林邑大秦國各遣使來獻閏月鎭南大將軍當陽侯杜預卒
六年春正月庚申朔以比歲不登免租貸宿負戊辰以征南大將軍王渾爲尚
書左僕射尚書褚契都督揚州諸軍事楊濟都督荆州諸軍事三月郡國六隕
霜傷桑麥夏四月扶南等十國來獻參離四千餘落内附郡國四旱十大水壞
百姓廬舍秋七月巴西地震八月景戌朔日有食之減百姓綿絹三分之一白
龍見于京兆以鎭軍大將軍王濬爲撫軍大將軍九月景子山陽公劉康薨冬
十月南安山崩水出南陽郡獲兩足獸龜茲焉耆國遣子入侍十二月甲申大
閱于宣武觀旬日而罷庚寅撫軍大將軍襄陽侯王濬卒
七年春正月甲寅朔日有食之乙卯詔曰比年災異屢發日蝕三朝地震山崩
邦之不臧實在朕躬公卿大臣各上封事極言其故勿有所諱夏五月郡國十
三旱鮮卑慕容廆寇遼東秋七月朱提山崩犍爲地震八月東夷十一國内附
京兆地震九月戊寅驃騎將軍扶風王駿薨郡國八大水冬十一月壬子以隴
西王泰都督關中諸軍事十二月遣侍御史巡遭水諸郡出後宫才人妓女以

下三百七十人歸于家始制大臣聽終喪三年己亥河陰雨赤雪二頃是歲扶
南等二十一國馬韓等十一國遣使來獻
八年春正月戊申朔日有食之太廟殿陷三月乙丑臨商觀震夏四月齊國大
水隕霜傷麥六月魯國大風拔樹木壞百姓廬舍郡國八大水秋七月前殿地
陷深數丈中有破船八月東夷二國内附九月改營太廟冬十月南康平固縣
吏李豐反聚衆攻郡縣自號將軍十一月海安令蕭輔聚衆反十二月吳興人
蔣迪聚黨反圍陽羨縣州郡捕討皆伏誅南夷扶南西域康居國各遣使來獻
是歲郡國五地震
九年春正月壬申朔日有食之詔曰興化之本由政平訟理也二千石長吏不
能勤恤人隱而輕挾私故與長刑獄又多貪濁煩撓百姓其勑刺史二千石糾
其穢濁舉其公清有司議其黜陟令内外羣官舉清能拔寒素江東四郡地震
二月尚書右僕射陽夏侯胡奮卒以尚書朱整爲尚書右僕射三月丁丑皇后
親桑于西郊賜帛各有差壬辰初幷二社爲一夏四月江南郡國八地震隴西

隕霜傷宿麥五月義陽王奇有罪黜爲三縱亭侯詔內外羣官舉守令之才六月庚子朔日有食之徙章武王威爲義陽王郡國三十二大旱傷麥秋八月壬子星隕如雨詔郡國五歲刑以下決遣無留庶獄九月東夷七國詣校尉內附郡國二十四螟冬十二月癸卯立河間平王洪子英爲章武王戊申青龍黃龍各一見于魯國

十年夏四月以京兆太守劉霄陽平太守梁柳有政績各賜穀千斛郡國八隕霜太廟成乙巳遷神主于新廟帝迎于道左遂祫祭大赦文武增位一等作廟者二等丁未尚書右僕射廣興侯朱整卒癸丑崇聖殿災五月鮮卑慕容廆來降東夷十一國內附六月庚子山陽公劉瑾薨復置二社冬十月壬子徙南宮王承爲武邑王十一月景辰守尚書令左光祿大夫荀勖卒帝疾瘳賜王公以下帛有差含章殿鞠室火甲申以汝南王亮爲大司馬大都督假黃鉞改封南陽王柬爲秦王始平王瑋爲楚王濮陽王允爲淮南王並假節之國各統方州軍事立皇子乂爲長沙王穎爲成都王晏爲吳王熾爲豫章王演爲代王皇孫

適爲廣陵王立濮陽王子迪爲漢王始平王子儀爲毗陵王汝南王次子羕爲西陽公徙扶風王暢爲順陽王暢弟歆爲新野公琅邪王覲弟澹爲東武公繇爲東安公漼爲廣陵公卷爲東莞公改諸王國相爲內史十二月庚寅太廟梁折是歲東夷絕遠三十餘國西南夷二十餘國來獻壬戌虜奚軻男女十萬口來降

太熙元年春正月辛酉朔改元乙巳以尚書左僕射王渾爲司徒司空衞瓘爲太保二月辛丑東夷七國朝貢琅邪王覲薨三月甲子以右光祿大夫石鑒爲司空夏四月辛丑以侍中車騎將軍楊駿爲太尉都督中外諸軍錄尚書事己酉帝崩于含章殿時年五十五葬峻陽陵廟號世祖帝宇量弘厚造次必於仁恕容納讜正未嘗失色於人明達善謀能斷大事故得撫寧萬國綏靜四方承魏氏奢侈革弊之後百姓思古之遺風乃厲以恭儉敦以寡慾有司嘗奏御牛青絲紖斷詔以青麻代之臨朝寬裕法度有恆高陽許允既爲文帝所殺允子奇爲太常丞帝將有事於太廟朝議以奇受害之門不欲接近請出爲長史帝

乃追述允夙望稱奇之才擢爲祠部郎時論稱其夷曠平吳之後天下乂安遂怠於政術耽於遊宴寵愛后黨親貴當權舊臣不得專任彝章紊廢請謁行矣爰至末年知惠帝弗克負荷然恃皇孫聰睿故無廢立之心復慮非賈后所生終致危敗遂與腹心共圖後事說者紛然久而不定竟用王佑之謀遣太子母弟秦王柬都督關中楚王瑋淮南王允並鎭守要害以彊帝室又恐楊氏之偪復以佑爲北軍中候以典禁兵既而寢疾彌留至于大漸佐命元勳皆已先沒羣臣惶惑計無所從會帝小差有詔以汝南王亮輔政又欲令朝士之有名望年少者數人佐之楊駿祕而不宣帝復尋至迷亂楊后輒爲詔以駿輔政促亮進發帝尋小間問汝南王來未意欲見之有所付託左右答言未至帝遂困篤中朝之亂實始于斯矣

制曰武皇承基誕膺天命握圖御宇敷化導民以佚代勞以治易亂絕縑綸之貢去雕琢之飾制奢俗以變儉約止澆風而反淳朴雅好直言留心采擢劉毅裴楷以質直見容嵇紹許奇雖仇讎不棄仁以御物寬而得衆宏略大度有帝

王之量焉於時民和俗静家給人足聿修武用思啓封疆決神算於深衷斷雄圖於議表馬隆西伐王濬南征師不延時獯虜削迹兵無血刃揚越爲墟通上代之不通服前王之未服禎祥顯應風教肅清天人之功成矣霸王之業大矣雖登封之禮讓而不爲驕泰之心因而斯起見土地之廣謂萬葉而無虞覩天下之安謂千年而永治不知處廣以思狹則廣可長廣居治而忘危則治無常治加之建立非所委寄失才志欲就於升平行先迎於禍亂是猶將適越者指沙漠以遵途欲登山者涉舟航而覓路所趣逾遠所尚轉難南北倍殊高下相反求其至也不亦難乎況以新集易動之基而無久安難拔之慮故賈充凶豎懷姦志以擁權楊駿豺狼苞禍心以專輔及乎宮車晚出諒闇未周藩翰變親以成疎連兵競滅其本棟梁回忠而起僞擁衆各舉其威曾未數年綱紀大亂海內版蕩宗廟播遷帝道王猷反居文身之俗神州赤縣翻成被髮之鄉棄所大以資人掩其小而自託爲天下笑其故何哉良由失慎於前所以貽患於後且知子者賢父知臣者明君子不肖則家亡臣不忠則國亂國亂不可以安也

家亡不可以全也是以君子防其始聖人閑其端而世祖惑荀勗之姦謀迷王渾之僞策心屢移於衆口事不定於己圖元海當除而不除卒令擾亂區夏惠帝可廢而不廢終使傾覆洪基夫全一人者德之輕拯天下者功之重棄一子者忍之小安社稷者孝之大況乎資三世而成業延二孽以喪之所謂取輕德而捨重功畏小忍而忘大孝聖賢之道豈若斯乎雖則善始於初而乖令終於末所以殷勤史策不能無慷慨焉

晉書卷三

晉書卷三考證

武帝紀二年春正月景戌○臣龍官按是年二月至六月所記日之干支往往錯亂如二月己未常山王衡薨丁丑郊祀配天宗祀配帝庚午詔選侍中常侍匡救不逮計己未至庚午距十二日庚午至丁丑又距八日不應丁丑反在前也又夏五月戊辰詔陳留王非大事皆使王官表上之壬子驃騎將軍博陵公王沈卒六月壬申濟南王遂薨計戊辰距壬子凡四十五日不應一月中有之或壬子與下壬申前後顚倒故耳

平南將軍胡奮出夏口○南監本誤西下文太康元年二月平南將軍胡奮剋江安本傳云以功累遷征南將軍今從三國志改正

晉書卷三考證

晉書卷四

唐　太　宗　文　皇　帝　御　撰

帝紀第四

惠帝

孝惠皇帝諱衷字正度武帝第二子也泰始三年立爲皇太子時年九歲太熙元年四月己酉武帝崩是日皇太子卽皇帝位大赦改元爲永熙尊皇后楊氏曰皇太后立妃賈氏爲皇后夏五月辛未葬武皇帝於峻陽陵景子增天下位一等預喪事者二等復租調一年二千石已上皆封關中侯以太尉楊駿爲太傅輔政秋八月壬午立廣陵王遹爲皇太子以中書監何劭爲太子太師吏部尚書王戎爲太子太傅衞將軍楊濟爲太子太保遣南中郎將石崇射聲校尉胡奕長水校尉趙俊揚烈將軍趙歡將屯兵四出冬十月辛酉以司空石鑒爲太尉前鎭西將軍隴西王泰爲司空

永平元年春正月乙酉朔臨朝不設樂詔曰朕夙遭不造淹恤在疚賴祖宗遺

靈宰輔忠賢得以眇身託于羣后之上昧於大道不明于訓戰戰兢兢夕惕若
厲乃者哀迷之際三事股肱惟社稷之重率遵翼室之典猶欲長奉先皇之制
是以有永熙之號然日月踰邁已涉新年開元易紀禮之舊章其改永熙二年
爲永平元年又詔子弟及郡官並不得謁陵景午皇太子冠丁未見于太廟二
月甲寅賜王公已下帛各有差癸酉鎮南將軍楚王瑋鎮東將軍淮南王允來
朝戊寅復置祕書監官三月辛卯誅太傅楊駿駿弟衞將軍珧太子太保濟中
護軍張劭散騎常侍段廣楊邈左將軍劉預河南尹李斌中書令符俊東夷校
尉文淑尚書武茂皆夷三族壬辰大赦改元賈后矯詔廢皇太后爲庶人徙于
金墉城告于天地宗廟誅太后母龐氏壬寅徵大司馬汝南王亮爲太宰與太
保衞瓘輔政以秦王柬爲大將軍東平王楙爲撫軍大將軍鎮南將軍楚王瑋
爲衞將軍領北軍中候下邳王晃爲尚書令東安公繇爲尚書左僕射進封東
安王督將侯者千八十一人庚戌免東安王繇及東平王楙繇徙帶方夏四月
癸亥以征東將軍梁王肜爲征西大將軍都督關西諸軍事太子少傅阮坦爲

平東將軍監青徐二州諸軍事己巳以太子太傅王戎爲尚書右僕射五月甲戌毗陵王軌薨壬午除天下戶調緜絹賜孝悌高年鰥寡力田者帛人三匹六月賈后矯詔使楚王瑋殺太宰汝南王亮太保菑陽公衞瓘乙丑以瑋擅害亮瓘殺之曲赦洛陽以廣陵王師劉寔爲太子太保司空隴西王泰錄尚書事秋七月分揚州荆州十郡爲江州八月庚申以趙王倫爲征東將軍都督徐兗二州諸軍事河閒王顒爲北中郎將鎭鄴太子太師何劭爲都督豫州諸軍事鎭許昌徙長沙王乂爲常山王己巳進西陽公羕爵爲王辛未立隴西世子越爲東海王九月甲午大將軍秦王柬薨辛丑徵征西大將軍梁王肜爲衞將軍錄尚書事以趙王倫爲征西大將軍都督雍梁二州諸軍事冬十二月辛酉京師地震是歲東夷十七國南夷二十四部並詣校尉內附

二年春二月己酉賈后弒皇太后于金墉城秋八月壬子大赦九月乙酉中山王耽薨冬十一月大疫是歲沛國雨雹傷麥

三年夏四月滎陽雨雹六月弘農郡雨雹深三尺冬十月太原王泓薨

四年春正月丁酉朔侍中太尉安昌公石鑒薨夏五月蜀郡山移淮南壽春洪
水出山崩地陷壞城府及百姓廬舍匈奴郝散反攻上黨殺長吏六月壽春地
大震死者二十餘家上庸郡山崩殺二十餘人秋八月郝散帥衆降馮翊都尉
殺之上谷居庸上庸並地陷裂水泉涌出人有死者大饑九月景辰赦諸州之
遭地災者甲午枉矢東北竟天是歲京師及郡國八地震
五年夏四月彗星見于西方孛于奎至軒轅六月金城地震東海雨雹深五寸
秋七月下邳暴風壞廬舍九月鴈門新興太原上黨大風傷禾稼冬十月武庫
火焚累代之寶十二月景戌新作武庫大調兵器丹陽雨雹有石生于京師宜
年里是歲荊揚兗豫青徐等六州大水詔遣御史巡行振貸
六年春正月大赦司空下邳王晃薨以中書監張華爲司空太尉隴西王泰爲
尚書令衛將軍梁王肜爲太子太保丁丑地震三月東海隕霜傷桑麥彭城呂
縣有流血東西百餘步夏四月大風五月荊揚二州大水匈奴郝散弟度元帥
馮翊北地馬蘭羌盧水胡反攻北地太守張損死之馮翊太守歐陽建與度元

戰建敗績徵征西大將軍趙王倫爲車騎將軍以太子太保梁王肜爲征西大
將軍都督雍梁二州諸軍事鎭關中秋八月雍州刺史解系又爲度元所破秦
雍氐羌悉叛推氐帥齊萬年僭號稱帝圍涇陽冬十月乙未曲赦雍涼二州十
一月景子遣安西將軍夏侯駿建威將軍周處等討萬年梁王肜屯好時關中
饑大疫
七年春正月癸丑周處及齊萬年戰於六陌王師敗績處死之夏五月魯國雨
雹秋七月雍梁州疫大旱隕霜殺秋稼關中饑米斛萬錢詔骨肉相賣者不禁
丁丑司徒京陵公王渾薨九月以尚書右僕射王戎爲司徒太子太師何劭爲
尚書左僕射
八年春正月景辰地震詔發倉廩振雍州饑人三月壬戌大赦夏五月郊禖石
破爲二秋九月荆豫揚徐冀等五州大水雍州有年
九年春正月左積弩將軍孟觀伐氐戰于中亭大破之獲齊萬年徵征西大將
軍梁王肜錄尚書事以北中郎將河間王顒爲鎭西將軍鎭關中成都王穎爲

鎭北大將軍鎭鄴夏四月鄴人張承基等妖言署置聚黨數千郡縣逮捕皆伏誅六月戊戌太尉隴西王泰薨秋八月以尚書裴頠爲尚書僕射冬十一月甲子朔日有蝕之京師大風發屋折木十二月壬戌廢皇太子遹爲庶人及其三子幽于金墉城殺太子母謝氏

永康元年春正月癸亥朔大赦改元己卯日有食之景子皇孫霖卒二月丁酉大風飛沙拔木三月尉氏雨血妖星見于南方癸未賈后矯詔害庶人遹于許昌夏四月辛卯日有蝕之癸巳梁王肜趙王倫矯詔廢賈后爲庶人司空張華尚書僕射裴頠皆遇害侍中賈謐及黨與數十人皆伏誅甲午倫矯詔大赦自爲相國都督中外諸軍如宣文輔魏故事追復故皇太子位丁酉以梁王肜爲太宰左光祿大夫何劭爲司徒右光祿大夫劉寔爲司空淮南王允爲驃騎將軍己亥趙王倫矯詔害賈庶人于金墉城五月己巳立皇孫臧爲皇太孫尚爲襄陽王六月壬寅葬愍懷太子于顯平陵撫軍將軍清河王遐薨癸卯震崇陽陵標秋八月淮南王允舉兵討趙王倫不剋允及其二子秦王郁漢王迪皆遇

害曲赦洛陽平東將軍彭城王植薨改封吳王晏爲賓徒王以齊王冏爲平東將軍鎭許昌光祿大夫陳準爲太尉錄尚書事九月改司徒爲丞相以梁王肜爲之冬十月黃霧四塞十一月戊午大風飛砂石六日乃止甲子立皇后羊氏大赦大酺三日十二月彗星見于東方益州刺史趙廞與洛陽流人李庠害成都內史耿滕犍爲太守李密汶山太守霍固西夷校尉陳總據成都反

永寧元年春正月乙丑趙王倫篡帝位景寅遷帝於金墉城號曰太上皇改金墉曰永昌宮廢皇太孫臧爲濮陽王五星經天縱横無常癸酉倫害濮陽王臧洛陽流人李特殺趙廞傳首京師三月平東將軍齊王冏起兵以討倫傳檄州郡屯于陽翟征北大將軍成都王穎征西大將軍河間王顒常山王乂豫州刺史李毅兗州刺史王彥南中郎將新野公歆皆舉兵應之衆數十萬倫遣其將閭和出伊闕張泓孫輔出堮坂以距冏孫會士猗許超出黃橋以距穎及穎將趙驤石超戰於溴水會等大敗棄軍走閏月景戌朔日有蝕之夏四月歲星晝見冏將何勗等擊張泓於陽翟大破之斬孫輔等辛酉左衞將軍王輿與尚書

淮陵王漼勒兵入宮禽倫黨孫秀孫會許超士猗駱休等皆斬之逐倫歸第即日乘輿反正羣臣頓首謝罪帝曰非諸卿之過也癸亥詔曰朕以不德纂承皇統遠不能光濟大業靖綏四方近不能開明刑威式遏奸宄至使逆臣孫秀敢肆凶虐窺閒王室遂奉趙王倫饕據天位鎮東大將軍齊王冏征北大將軍成都王穎征西大將軍河閒王顒並以明德茂親忠規允著首建大策匡救國難尙書漼共立大謀左衞將軍王輿與羣公卿士協同謀略親勒本營斬秀及其二子前趙王倫爲秀所誤與其子等已詣金墉迎朕幽宮旋軫閶闔豈在予一人獨饗其慶宗廟社稷實有賴焉於是大赦改元孤寡賜穀五斛大酺五日誅趙王倫義陽王威九門侯質等及倫之黨與五月立襄陽王尙爲皇太孫六月戊辰大赦增吏位二等復封賓徒王晏爲吳王庚午東萊王蕤左衞將軍王輿謀廢齊王冏事泄蕤廢爲庶人輿伏誅夷三族甲戌以齊王冏爲大司馬都督中外諸軍事成都王穎爲大將軍錄尙書事河閒王顒爲太尉罷丞相復置司徒官己卯以梁王肜爲太宰領司徒封齊王冏功臣葛旟牟平公路季小黃公

衞穀平陰公劉眞安鄉公韓泰封丘公秋七月甲午立吳王晏子國爲漢王復
封常山王乂爲長沙王八月大赦戊辰原徙邊者益州刺史羅尙討羌破之己
巳徙南平王祥爲宜都王下邳王韡薨以東平王楙爲平東將軍都督徐州諸
軍事九月追東安王繇復其爵丁丑封楚王瑋子範爲襄陽王冬十月流人李
特反於蜀十二月司空何劭薨封齊王冏子冰爲樂安王英爲濟陽王超爲淮
南王是歲郡國十二旱六蝗
太安元年春正月庚子安東將軍譙王隨薨三月癸卯赦司冀兗豫四州皇太
孫尙薨夏四月彗星晝見五月乙酉侍中太宰領司徒梁王肜薨以右光祿大
夫劉寔爲太傅太尉河閒王顒遣將衙博擊李特於蜀爲特所敗遂陷梓潼巴
西害廣漢太守張微自號大將軍癸卯以淸河王遐子覃爲皇太子賜孤寡帛
大酺五日以齊王冏爲太師東海王越爲司空秋七月兗豫徐冀等四州大水
冬十月地震十二月丁卯河閒王顒表齊王冏窺伺神器有無君之心與成都
王穎新野王歆范陽王虓同會洛陽請廢冏還第長沙王乂奉乘輿屯南止車

門攻冏殺之幽其諸子于金墉城廢冏弟北海王寔大赦改元以長沙王乂爲
太尉都督中外諸軍事封東萊侯蕤子炤爲齊王
二年春正月甲子朔赦五歲刑三月李特攻陷益州荆州刺史宋岱擊特斬之
傳首京師夏四月特子雄復據益州五月義陽蠻張昌舉兵反以山都人丘沉
爲主改姓劉氏僞號漢建元神鳳攻破郡縣南陽太守劉彬平南將軍羊尹鎮
南大將軍新野王歆並遇害六月遣荆州刺史劉弘等討張昌于方城王師敗
績秋七月中書令卞粹侍中馮蓀河南尹李含等貳於長沙王乂乂疑而害之
張昌陷江南諸郡武陵太守賈隆零陵太守孔紘豫章太守閻濟武昌太守劉
根皆遇害昌別帥石冰寇揚州刺史陳徽與戰大敗諸郡盡沒臨淮人封雲舉
兵應之自阜陵寇徐州八月河間王顒成都王頴舉兵討長沙王乂帝以乂爲
大都督帥軍禦之庚申劉弘及張昌戰於清水斬之顒遣其將張方頴遣其將
陸機牽秀石超等來逼京師乙丑帝幸十三里橋遣將軍皇甫商距方於宜陽
己巳帝旋軍于宣武庚午舍于石樓天中裂無雲而雷九月丁丑帝次于河橋

壬午皇甫商爲張方所敗甲申帝軍于芒山丁亥幸偃師辛卯舍于豆田癸巳
尚書右僕射興晉侯羊玄之卒帝旋于城東景申進軍緱氏擊牽秀走之大赦
張方入京城燒清明開陽二門死者萬計石超逼乘輿于緱氏冬十月壬寅帝
旋于宮石超焚緱氏服御無遺丁未破牽秀范陽王虓于東陽門外戊申破陸
機于建春門石超走斬其大將賈崇等十六人懸首銅駝街張方退屯十三里
橋十一月辛巳星晝隕聲如雷王師攻方壘不利方決千金堨水碓皆涸乃發
王公奴婢手舂給兵廩一品已下不從征者男子十三以上皆從役又發奴助
兵號爲四部司馬公私窮踧米石萬錢詔命所至一城而已壬寅夜赤氣竟天
隱隱有聲景辰地震癸亥東海王越執長沙王乂幽於金墉城尋爲張方所害
甲子大赦景寅揚州秀才周玘前南平內史王矩前吳興內史顧秘起義軍以
討石冰冰退自臨淮趣壽陽征東將軍劉準遣廣陵度支陳敏擊冰李雄自郫
城攻益州刺史羅尚尚委城而退雄盡有成都之地封鮮卑段勿塵爲遼西公
永興元年春正月景午尚書令樂廣卒成都王穎自鄴諷于帝乃大赦改元爲

永安帝逼於河間王顒密詔雍州刺史劉沉秦州刺史皇甫重以討之沉舉兵攻長安爲顒所敗張方大掠洛中還長安於是軍中大餒人相食以成都王穎爲丞相穎遣從事中郎成夔等以兵五萬屯十二城門殿中宿所忌者穎皆殺之以三部兵代宿衞二月乙酉廢皇后羊氏幽于金墉城黜皇太子覃復爲清河王三月陳敏攻石冰斬之揚徐二州平河間王顒表請立成都王穎爲太弟戊申詔曰朕以不德纂承鴻緒于茲十有五載禍亂滔天奸逆仍起至乃幽廢重宮宗廟圮絶成都王穎溫仁惠和剋平暴亂其以穎爲皇太弟都督中外諸軍事丞相如故大赦賜鰥寡高年帛三匹大酺五日景辰盜竊太廟服器以太尉顒爲太宰太傅劉寔爲太尉六月新作三城門秋七月景申朔右衞將軍陳眕以詔召百寮入殿中因勒兵討成都王穎戊戌大赦復皇后羊氏及皇太子覃己亥司徒王戎東海王越高密王簡平昌公模吳王晏豫章王熾襄陽王範右僕射荀藩等奉帝北征至安陽衆十餘萬穎遣其將石超距戰己未六軍敗績于蕩陰矢及乘輿百官分散侍中嵇紹死之帝傷頰中三矢亡六璽帝遂幸

超軍餒甚超進水左右奉秋桃超遣弟熙奉帝之鄴穎帥羣官迎謁道左帝下
輿涕泣其夕幸于穎軍穎府有九錫之儀陳留王送貂蟬文衣鶡尾明日乃備
法駕幸于鄴惟豫章王熾司徒王戎僕射荀藩從庚申大赦改元爲建武八月
戊辰穎殺東安王繇張方復入洛陽廢皇后羊氏及皇太子覃匈奴左賢王劉
元海反於離石自號大單于安北將軍王浚遣烏丸騎攻成都王穎于鄴大敗
之穎與帝單車走洛陽服御分散倉卒上下無齎侍中黃門被囊中齎私錢三
千詔貸用所在買飯以供宮人止食于道中客舍宮人有持升餘粇米飯及燥
蒜鹽豉以進帝帝噉之御中黃門布被次獲嘉市麤米飯盛以瓦盆帝噉兩盂
有老父獻蒸鷄帝受之至溫將謁陵帝喪履納從者之履下拜流涕左右皆歔
欷及濟河張方帥騎三千以陽燧青蓋車奉迎方拜謁帝躬止之辛巳大赦賞
從者各有差冬十一月乙未方請帝謁廟因劫帝幸長安方以所乘車入殿中
帝馳避後園竹中方逼帝升車左右中黃門鼓吹十二人步從惟中書監盧志
侍側方以帝幸其壘帝令方具車載宮人寶物軍人因妻略後宮分爭府藏魏

晉已來之積掃地無遺矣行次新安寒甚帝墮馬傷足尚書高光進面衣帝嘉之河間王顒帥官屬步騎三萬迎于霸上顒前拜謁帝下車止之以征西府爲宮唯僕射荀藩司隸劉暾太常鄭球河南尹周馥與其遺官在洛陽爲留臺承制行事號爲東西臺焉景午留臺大赦改元復爲永安辛丑復皇后羊氏李雄僭號成都王劉元海僭號漢王十二月丁亥詔曰天禍晉邦冢嗣莫繼成都王穎自在儲貳政績虧損四海失望不可承重其以王還第豫章王熾先帝愛子令聞日新四海注意今以爲皇太弟以隆我晉邦以司空越爲太傅與太宰顒夾輔朕躬司徒王戎參錄朝政光祿大夫王衍爲尚書左僕射安南將軍虓安北將軍濬平北將軍騰各守本鎮高密王簡爲鎮南將軍領司隸校尉權鎮洛陽東中郎將模爲寧北將軍都督冀州鎮于鄴鎮南大將軍劉弘領荊州以鎮南土周馥繆胤各還本部百官皆復職齊王冏前應還第長沙王乂輕陷重刑封其子紹爲樂平縣王以奉其嗣自頃戎車屢征勞費人力供御之物皆減三分之二戶調田租三分減一蠲除苛政愛人務本清通之後當還東京大赦改

元以河間王都督中外諸軍事
二年春正月甲午朔帝在長安夏四月詔封樂平王紹爲齊王景子張方廢皇后羊氏六月甲子侍中司徒安豐侯王戎薨隴西太守韓稚攻秦州刺史張輔殺之李雄僭卽帝位國號蜀秋七月甲午尚書諸曹火燒崇禮闥東海王越嚴兵徐方將西迎大駕成都王穎部將公師藩等聚衆攻陷郡縣害陽平太守李志汲郡太守張延等轉攻鄴平昌公模遣將軍趙驤擊破之八月辛丑大赦驃騎將軍范陽王虓逐冀州刺史李義揚州刺史曹武殺丹陽太守朱建李雄遣其將李驤寇漢安車騎大將軍劉弘逐平南將軍彭城王釋于宛九月庚寅朔公師藩又害平原太守王景清河太守馮熊庚子豫州刺史劉喬攻范陽王虓於許昌敗之壬子以成都王穎爲鎭軍大將軍都督河北諸軍事鎭鄴河間王顒遣將軍呂朗屯洛陽冬十月景子詔曰得豫州刺史劉喬檄稱潁川太守劉輿迫脅驃騎將軍虓距逆詔令造構凶逆擅劫郡縣合聚兵衆擅用苟晞爲兗州斷截王命鎭南大將軍荊州刺史劉弘平南將軍彭城王釋等其各勤所統

逕會許昌與喬幷力今遣右將軍張方爲大都督統精卒十萬建武將軍呂朗廣武將軍騫猛建威將軍刁默等爲軍前鋒共會許昌除輿兄弟丁丑使前車騎將軍石超北中郎將王闡討輿等赤氣見于北方東西竟天有星孛于北斗平昌公模遣將軍宋胄等屯河橋十一月立節將軍周權詐被檄自稱平西將軍復皇后羊氏洛陽令何喬攻權殺之復廢皇后十二月呂朗等東屯滎陽成都王穎進據洛陽張方劉弘等並按兵不能禦范陽王虓濟自官渡拔滎陽斬石超襲許昌破劉喬於蕭喬奔南陽右將軍陳敏舉兵反自號楚公矯稱被中詔從沔漢奉迎天子逐揚州刺史劉機丹陽太守王曠遣弟恢南略江州刺史應邈奔弋陽

光熙元年春正月戊子朔日有蝕之帝在長安河間王顒聞劉喬破大懼遂殺張方請和於東海王越越不聽宋胄等破穎將樓裒進逼洛陽穎奔長安甲子越遣其將祁弘宋胄司馬纂等迎帝三月東萊惤令劉柏根反自稱惤公襲臨淄高密王簡奔聊城王浚遣將討柏根斬之夏四月己巳東海王越屯于溫顒

遣弘農太守彭隨北地太守刁默距祁弘等於湖五月枉矢西南流范陽國地
燃可以爨壬辰祁弘等與刁默戰默大敗顒頴走南山奔于宛弘等所部鮮卑
大掠長安殺二萬餘人是日日光四散赤如血甲午又如之己亥弘等奉帝還
洛陽帝乘牛車行宮藉草公卿跋涉戊申驃騎范陽王虓殺司隸校尉邢喬己
酉盜取太廟金匱及策文各四六月景辰朔至自長安升舊殿哀感流涕謁于
太廟復皇后羊氏辛未大赦改元秋七月乙酉朔日有食之太廟吏賈苞盜太
廟靈衣及劒伏誅八月以太傅東海王越錄尚書驃騎將軍范陽王虓爲司空
九月頴丘太守馮嵩執成都王頴送之于鄴進東嬴公騰爵爲東燕王平昌公
模爲南陽王冬十月司空范陽王虓薨虓長史劉輿害成都王頴十一月庚午
帝崩于顯陽殿時年四十八葬太陽陵帝之爲太子也朝廷咸知不堪政事武
帝亦疑焉嘗悉召東宮官屬使以尚書事令太子決之帝不能對賈妃遣左右
代對多引古義給事張泓曰太子不學陛下所知今宜以事斷不可引書妃從
之泓乃具草令帝書之武帝覽而大悅太子遂安及居大位政出羣下綱紀大

壞貨賂公行勢位之家以貴陵物忠賢路絕讒邪得志更相薦舉天下謂之互市焉高平王沉作釋時論南陽魯褒作錢神論廬江杜嵩作任子春秋皆疾時之作也帝又嘗在華林園聞蝦蟆聲謂左右曰此鳴者爲官乎私乎或對曰在官地爲官在私地爲私及天下荒亂百姓餓死帝曰何不食肉糜其蒙蔽皆此類也後因食麨中毒而崩或云司馬越之鴆

史臣曰不才之子則天稱大權非帝出政邇宵人褒姒共叔帶並興襄后與犬戎俱運昔者丹朱不肖赧王逃責相彼凶德事關休咎方乎土梗以墜其情溽暑之氣將闌淫蠹之音罕記乃彰嗤笑用符顛隕豈通才俊彥猶形於前代增淫助虐獨擅於當今者歟物號忠良於茲拔本人稱妖孽自此疏源長樂不祥承華非命生靈版蕩社稷丘墟古者敗國亡身分鑣共軫不有亂常則多庸暗豈明神喪其精魄武皇不知其子也

贊曰惠皇居尊臨朝聽言厥體斯昧其情則昏高臺望子長夜奚冤金墉毀冕蕩陰釋胄及爾皆亡滔天來遘

晉書卷四

晉書卷五

唐　太　宗　文　皇　帝　御　撰

帝紀第五

孝懷帝

孝懷皇帝諱熾字豐度武帝第二十五子也太熙元年封豫章郡王屬孝惠之時宗室構禍帝冲素自守門絶賓游不交世事專玩史籍有譽於時初拜散騎常侍及趙王倫篡見收倫敗爲射聲校尉累遷車騎大將軍都督青州諸軍事未之鎮永興元年改授鎮北大將軍都督鄴城守諸軍事十二月丁亥立爲皇太弟以清河王覃本太子也懼不敢當典書令廬陵脩肅曰二相經營王室志寧社稷儲貳之重宜歸時望親賢之舉非大王而誰清河幼弱未允衆心是以既升東宮復贊藩國今乘輿播越二宮久曠常恐氐羌飲馬於涇川蟻衆控弦於霸水宜及吉辰時登儲副上翼大駕早寧東京下允黔首喁喁之望帝曰卿吾之宋昌也乃從之

光熙元年十一月庚午孝惠帝崩羊皇后以於太弟爲嫂不得爲太后催清河
王覃入已至尚書閤侍中華混等急召太弟癸酉卽皇帝位大赦尊皇后羊氏
爲惠皇后居弘訓宮追尊所生太妃王氏爲皇太后立妃梁氏爲皇后十二月
壬午朔日有食之己亥封彭城王植子融爲樂城縣王南陽王模殺河閒王顒
於雍谷辛丑以中書監温羨爲司徒尚書左僕射王衍爲司空己酉葬孝惠皇
帝于太陽陵李雄別帥李離寇梁州
永嘉元年春正月癸丑朔大赦改元除三族刑以太傅東海王越輔政殺御史
中丞諸葛玫二月辛巳東萊人王彌起兵反寇青徐二州長廣太守宋羆東牟
太守龐伉並遇害三月己未朔平東將軍周馥斬送陳敏首丁卯改葬武悼楊
皇后庚午立豫章王詮爲皇太子辛未大赦庚辰東海王越出鎭許昌以征東
將軍高密王簡爲征南大將軍都督荊州諸軍事鎭襄陽改封安北將軍東燕
王騰爲新蔡王都督司冀二州諸軍事鎭鄴以征南將軍南陽王模爲征西大
將軍都督秦雍梁益四州諸軍事鎭長安并州諸郡爲劉元海所陷刺史劉琨

獨保晉陽夏五月馬牧帥汲桑聚衆反敗魏郡太守馮嵩遂陷鄴城害新蔡王
騰燒鄴宮火旬日不滅又殺前幽州刺史石尠於樂陵入掠平原山陽公劉秋
遇害洛陽步廣里地陷有二鵝出色蒼者冲天白者不能飛建寧郡夷攻陷寧
州死者三千餘人秋七月己酉朔東海王越進屯官渡以討汲桑己未以平東
將軍瑯琊王睿爲安東將軍都督揚州江南諸軍事假節鎭建鄴八月己卯朔
撫軍將軍苟晞敗汲桑於鄴甲辰曲赦幽幷司冀兗豫等六州分荊州江州八
郡爲湘州九月戊申苟晞又破汲桑陷其九壘辛亥有大星如日小者如斗自
西方流於東北天盡赤俄有聲如雷始修千金堨於許昌以通運冬十一月戊
申朔日有蝕之甲寅以尚書右僕射和郁爲征北將軍鎭鄴十二月戊寅幷州
人田蘭薄盛等斬汲桑於樂陵甲午以前太傅劉寔爲太尉庚子以光祿大夫
延陵公高光爲尚書令東海王越矯詔囚清河王覃于金墉城癸卯越自爲丞
相以撫軍將軍苟晞爲征東大將軍
二年春正月景子朔日有蝕之丁未大赦二月辛卯清河王覃爲東海王越所

害庚子石勒寇常山安北將軍王浚討破之三月東海王越鎮鄄城劉元海侵
汲郡略有頓丘河內之地王彌寇青徐兗豫四州夏四月丁亥入許昌諸郡守
將皆奔走五月甲子彌遂寇洛陽司徒王衍帥衆禦之彌退走秋七月甲辰劉
元海寇平陽太守宋抽奔京師河東太守力戰死之八月丁亥東海王越自鄄
城遷屯于濮陽九月石勒寇趙郡征北將軍和郁自鄴奔于衛國冬十月甲戌
劉元海僭帝號于平陽仍稱漢十一月乙巳尚書令高光卒丁卯以太子少傅
荀藩爲尚書令己酉石勒寇鄴魏郡太守王粹戰敗死之十二月辛未朔大赦
立長沙王乂子碩爲長沙王𢿱爲臨淮王
三年春正月甲午彭城王釋薨三月戊申征南大將軍高密王簡薨以尚書左
僕射山簡爲征南將軍都督荆湘交廣等四州諸軍事司隸校尉劉暾爲尚書
左僕射丁巳東海王越歸京師乙丑勒兵入宮於帝側收近臣中書令繆播帝
舅王延等十餘人並害之景寅曲赦河南郡丁卯太尉劉寔請老以司徒王衍
爲太尉東海王越領司徒劉元海寇黎陽遣車騎將軍王堪擊之王師敗績于

延津死者三萬餘人大旱江漢河洛皆竭可涉夏四月左積弩將軍朱誕叛奔于劉元海石勒攻陷冀州郡縣百餘壁秋七月戊辰當陽地裂三所各廣三丈長三百餘步辛未平陽人劉芒蕩自稱漢後誑誘羌戎僭帝號於馬蘭山支胡五斗叟郝索聚衆數千爲亂屯新豐與芒蕩合黨劉元海遣子聰及王彌寇上黨圍壺關并州刺史劉琨使兵救之爲聰所敗淮南內史王曠將軍施融曹超及聰戰又敗超融死之上黨太守龐淳以郡降賊九月景寅劉聰圍浚儀遣平北將軍曹武討之丁丑王師敗績東海王越入保京城聰至西明門越禦之戰于宣陽門外大破之石勒寇常山安北將軍王浚使鮮卑騎救之大破勒於飛龍山征西大將軍南陽王模使其將淳于定破劉芒蕩五斗叟並斬之使車騎將軍王堪平北將軍曹武討劉聰王師敗績堪奔還京師李雄別帥羅羨以梓潼歸順劉聰攻洛陽西明門不剋宜都夷道山崩荆湘二州地震冬十一月石勒陷長樂安北將軍王斌遇害因屠黎陽乞活帥李惲薄盛等帥衆救京師聰退走惲等又破王彌于新汲十二月乙亥夜有白氣如帶自地升天南北各二

丈
四年春正月乙丑朔大赦二月石勒襲鄄城兗州刺史袁孚戰敗爲其部下所害勒又襲白馬車騎將軍王堪死之李雄將文碩殺雄大將軍李國以巴西歸順戊午吳興人錢璯反自稱平西將軍三月丞相倉曹屬周玘帥鄉人討璯斬之夏四月大水將軍祁弘破劉元海將劉靈曜于廣宗李雄陷梓潼兗州地震五月石勒寇汲郡執太守胡龍遂南濟河滎陽太守裴純奔建鄴大風折木地震幽并司冀秦雍等六州大蝗食草木牛馬毛皆盡六月劉元海死其子和嗣僞位和弟聰弒和而自立秋七月劉聰從弟曜及其將石勒圍懷詔征虜將軍宋抽救之爲曜所敗抽死之九月河內人樂仰執太守裴整叛降于石勒徐州監軍王隆自下邳棄軍奔于周馥雍州人王如舉兵反于宛殺害令長自號大將軍司雍二州牧大掠漢沔新平人龐實馮翊人嚴嶷京兆人侯脫等各起兵應之征南將軍山簡荊州刺史王澄南中郎將杜蕤並遣兵援京師及如戰于宛諸軍皆大敗王澄獨以衆進至沶口衆潰而歸冬十月辛卯晝昏至于庚子

大星西南墜有聲壬寅石勒圍倉垣陳留內史王讚擊敗之勒走河北壬子以驃騎將軍王浚爲司空平北將軍劉琨爲平北大將軍京師饑東海王越羽檄徵天下兵帝謂使者曰爲我語諸征鎮若今日尚可救後則無逮矣時莫有至者石勒陷襄城太守崔曠遇害遂至宛王浚遣鮮卑文鴦帥騎救之勒退浚又遣別將王申始討勒于汶石津大破之十一月甲戌東海王越帥衆出許昌以行臺自隨宮省無復守衞荒饉日甚殿內死人交橫府寺營署並掘塹自守盜賊公行枹鼓之音不絕越軍次項自領豫州牧以太尉王衍爲軍司丁丑流氐隗伯符等襲宜都太守嵇晞奔建鄴壬申始攻劉曜王彌於瓶壘破之鎮東將軍周馥表迎大駕遷都壽陽越使裴碩討馥爲馥所敗走保東城請救於琅琊王睿襄陽大疫死者三千餘人加涼州刺史張軌安西將軍十二月征東大將軍苟晞攻王彌別帥曹嶷破之乙酉平陽人李洪帥流人入定陵作亂

五年春正月帝密詔苟晞討東海王越壬申晞爲曹嶷所破乙未越遣從事中郎將楊瑁徐州刺史裴盾共擊晞癸酉石勒入江夏太守楊珉奔于武昌乙亥

李雄攻陷涪城梓潼太守譙登遇害湘州流人杜弢據長沙反戊寅安東將軍瑯琊王睿使將軍甘卓攻鎮東將軍周馥於壽春馥衆潰庚辰太保平原王幹薨二月石勒寇汝南汝南王祐奔建鄴三月戊午詔下東海王越罪狀告方鎮討之以征東大將軍苟晞爲大將軍景子東海王越薨四月戊子石勒追東海王越喪及於東郡將軍錢端戰死軍潰太尉王衍吏部尚書劉望廷尉諸葛銓尚書鄭豫武陵王澹等皆遇害王公已下死者十餘萬人東海世子毗及宗室四十八王尋又沒于石勒賊王桑冷道陷徐州刺史裴盾遇害桑遂濟淮至于歷陽五月益州流人汝班梁州流人蹇撫作亂於湘州虜刺史苟眺南破零桂諸郡東掠武昌安城太守郭察邵陵太守鄭融衡陽內史滕育並遇害進司空王浚爲大司馬征西大將軍南陽王模爲太尉太子太傅傅祗爲司徒尚書令荀藩爲司空安東將軍瑯琊王睿爲鎮東大將軍東海王越之出也使河南尹潘滔居守大將軍苟晞表遷都倉垣帝將從之諸大臣畏滔不敢奉詔且宮中及黃門戀資財不欲出至是饑甚人相食百官流亡者十八九帝召羣臣會議

將行而警衞不備帝撫手歎曰如何曾無車輿乃使司徒傅祗出詣河陰脩理舟檝爲水行之備朝士數十人導從帝步出西掖門至銅駝街爲盜所掠不得進而還六月癸未劉曜王彌石勒同寇洛川王師頻爲賊所敗死者甚衆庚寅司空荀藩光祿大夫荀組奔轘轅太子左率温畿夜開廣莫門奔小平津丁酉劉曜王彌入京師帝開華林園門出河陰藕池欲幸長安爲曜等所追及曜等遂焚燒宮廟逼辱妃后吳王晏竟陵王楙尚書左僕射和郁右僕射曹馥尚書閭丘沖袁粲王緄河南尹劉默等皆遇害百官士庶死者三萬餘人帝蒙塵於平陽劉聰以帝爲會稽公荀藩移檄州鎮以琅邪王爲盟主豫章王端東奔苟晞晞立爲皇太子自領尚書令具置官屬保梁國之蒙縣百姓饑儉米斛萬餘價秋七月大司馬王浚承制假立太子置百官署征鎮石勒寇穀陽沛王滋戰敗遇害八月劉聰使子粲攻陷長安太尉征西將軍南陽王模遇害長安遺人四千餘家奔漢中九月癸亥石勒襲陽夏至于蒙縣大將軍苟晞豫章王端並沒于賊冬十月勒寇豫州諸軍至江而還十一月猗盧寇太原平北將軍劉琨

不能制徙五縣百姓於新興以其地居之
六年春正月帝在平陽劉聰寇太原故鎮南府牙門將胡亢聚衆寇荊土自號楚公二月壬子日有食之癸丑鎮東大將軍琅琊王睿上尚書檄四方以討石勒大司馬王浚移檄天下稱被中詔承制以荀藩爲太尉汝陰王熙爲石勒所害夏四月景寅征南將軍山簡卒秋七月歲星熒惑太白聚于牛斗石勒寇冀州劉粲寇晉陽平北將軍劉琨遣部將郝詵帥衆禦粲詵敗績死之太原太守高喬以晉陽降粲八月庚戌劉琨奔於常山辛亥陰平都尉董沖逐太守王鑒以郡叛降于李雄乙亥劉琨乞師于猗盧表盧爲代公九月己卯猗盧使子利孫赴琨不得進辛巳前雍州刺史賈疋討劉粲於三輔走之關中小定乃與衛將軍梁芬京兆太守梁綜共奉秦王鄴爲皇太子於長安冬十月猗盧自將六萬騎次于盆城十一月甲午劉粲遁走劉琨收其遺衆保于陽曲是歲大疫
七年春正月劉聰大會使帝著青衣行酒侍中庾珉號哭聰惡之丁未帝遇弑崩于平陽時年三十帝初誕有嘉禾生于豫章之南昌先是望氣者云豫章有

天子氣其後竟以豫章爲皇太弟在東宮恂恂謙損接引朝士講論書籍及即位始遵舊制臨太極殿使尚書郎讀時令又於東堂聽政至於宴會輒與羣官論衆務考經籍黃門侍郎傅宣歎曰今日復見武帝之世矣祕書監荀崧又常謂人曰懷帝天姿清劭少著英猷若遭承平足爲守文佳主而繼惠帝擾亂之後東海專政無幽厲之釁而有流亡之禍

孝愍帝

孝愍皇帝諱鄴字彥旗武帝孫吳孝王晏之子也出繼後伯父秦獻王柬襲封秦王永嘉二年拜散騎常侍撫軍將軍及洛陽傾覆避難于滎陽密縣與舅荀藩荀組相遇自密南趨許潁豫州刺史閻鼎與前撫軍長史王毗司徒長史劉疇中書郎李昕及藩組等同謀奉帝歸于長安而疇等中塗復叛鼎追殺之藩組僅而獲免鼎遂挾帝乘牛車自宛趣武關頻遇山賊士卒亡散次于藍田鼎告雍州刺史賈疋疋遽遣州兵迎衞達于長安又使輔國將軍梁綜助守之時有玉龜出霸水神馬鳴城南焉六年九月辛巳奉秦王爲皇太子登壇告類建

宗廟社稷大赦加疋征西大將軍以秦州刺史南陽王保爲大司馬賈疋討賊張連遇害衆推始平太守麴允領雍州刺史爲盟主承制選置建興元年夏四月景午奉懷帝崩問舉哀成禮壬申即皇帝位大赦改元以衛將軍梁芬爲司徒雍州刺史麴允爲使持節領軍將軍錄尚書事京兆太守索綝爲尚書右僕射石勒攻龍驤將軍李惲於上白惲敗死之五月壬辰以鎮東大將軍琅琊王睿爲侍中左丞相大都督陝東諸軍事大司馬南陽王保爲右丞相大都督陝西諸軍事又詔二王曰夫陽九百六之災雖在盛世猶或遘之朕以幼沖纂承洪緒庶憑祖宗之靈羣公義士之力蕩滅凶寇拯拔幽宮瞻望未達肝心分裂昔周邵分陝姬氏以隆平王東遷晉鄭爲輔今左右丞相茂德齊聖國之昵屬當恃二公掃除鯨鯢奉迎梓宮克復中興令幽幷兩州勒卒三十萬直造平陽右丞相宜帥秦涼梁雍武旅三十萬徑詣長安左丞相帥所領精兵二十萬徑造洛陽分遣前鋒爲幽幷後駐赴同大限克成元勳又詔琅琊王曰朕以沖昧纂承洪緒未能梟夷凶逆奉迎梓宮枕戈煩冤肝心抽裂前得魏浚表知公帥

先三軍已據壽春傳檄諸侯協齊威勢想今漸進已達洛陽涼州刺史張軌乃
心王室連旗萬里已到汧隴梁州刺史張光亦遣巴漢之卒屯在駱谷秦川驍
勇其會如林間遣使適還具知平陽定問云幽并隆盛餘胡衰破然猶恃險當
須大舉未知公今所到是以息兵秣馬未便進軍今爲已至何許當須來旨便
乘輿自出會除中原也公宜思弘謀猷勖濟遠略使山陵旋反四海有賴故遣
殿中都尉劉蜀蘇馬等具宣朕意公茂德暱屬宣隆東夏恢融六合非公而誰
但洛都陵廟不可空曠公宜鎮撫以綏山東右丞相當入輔弼追蹤周邵以隆
中興也六月石勒害兗州刺史田徽是時山東郡邑相繼陷于勒秋八月癸亥
劉蜀等達于揚州改建鄴爲建康改鄴爲臨漳杜弢寇武昌焚燒城邑弢別將
王真襲沔陽荆州刺史周顗奔于建康九月司空荀藩薨于滎陽劉聰寇河南
河南尹張髦死之冬十月荆州刺史陶侃討杜弢黨杜曾於石城爲曾所敗己
巳大雨雹庚午大雪十一月流人楊武攻陷梁州十二月河東地震雨肉
二年春正月己巳朔黑霧著人如墨連夜五日乃止辛未辰時日隕于地又有

三日相承出于西方而東行丁丑大赦楊武大略漢中遂奔李雄二月壬寅以
司空王浚爲大司馬衞將軍荀組爲司空涼州刺史張軌爲太尉封西平郡公
幷州刺史劉琨爲大將軍三月癸酉石勒陷幽州殺侍中大司馬幽州牧博陵
公王浚焚燒城邑害萬餘人杜弢別帥王真襲荆州刺史陶侃於林鄣侃奔灄
中夏四月甲辰地震五月壬辰太尉領護羌校尉涼州刺史西平公張軌薨六
月劉曜趙冉寇新豐諸縣安東將軍索綝討破之秋七月曜冉等又逼京都領
軍將軍麴允討破之冉中流矢而死九月北中郎將劉演剋頓丘斬石勒所署
太守邵攀景戌麟見襄平單于代公猗盧遣使獻馬蒲子馬生人
三年春正月盜殺晉昌太守趙珮吳興人徐馥害太守袁琇以侍中宋哲爲平
東將軍屯華陰二月景子進左丞相琅琊王睿爲大都督督中外諸軍事右丞
相南陽王保爲相國司空荀組爲太尉大將軍劉琨爲司空進封代公猗盧爲
代王荆州刺史陶侃破王真於巴陵杜弢別將杜弘張彥與臨川內史謝摛戰
于海昏摛敗績死之三月豫章內史周訪擊杜弘走之斬張彥於陳夏四月大

赦五月劉聰寇幷州六月盜發漢霸杜二陵及薄太后陵太后面如生得金玉綵帛不可勝紀時以朝廷草創服章多闕勑收其餘以實內府丁卯地震辛巳大赦勑雍州掩骼埋胔脩復陵墓有犯者誅及三族秋七月石勒陷濮陽害太守韓弘劉聰寇上黨劉琨遣將救之八月癸亥戰于襄垣王師敗績荆州刺史陶侃攻杜弢弢敗走道死湘州平九月劉曜寇北地命領軍將軍麴允討之冬十月允進攻青白城以豫州牧征東將軍索綝爲尙書僕射都督宮城諸軍事劉聰陷馮翊太守梁肅奔萬年十二月涼州刺史張寔送皇帝行璽一紐盜殺安定太守趙班

四年春三月代王猗盧薨其衆歸于劉琨夏四月丁丑劉曜寇上郡太守藉韋率其衆奔于南鄭涼州刺史張寔遣步騎五千來赴京都石勒陷廩丘北中郎將劉演出奔五月平夷太守雷炤害南廣太守孟桓帥二郡三千餘家叛降于李雄六月丁巳朔日有食之大蝗秋七月劉曜攻北地麴允帥步騎三萬救之王師不戰而潰北地太守麴昌奔于京師曜進至涇陽渭北諸城悉潰建威將

軍魯克散騎常侍梁緯少府皇甫陽等皆死之八月劉曜逼京師內外斷絕鎮西將軍焦嵩平東將軍宋哲始平太守竺恢等同赴國難麴允與公卿守長安小城以自固散騎常侍華輯監京兆馮翊弘農上洛四郡兵東屯霸上鎮軍將軍胡崧帥城西諸郡兵屯遮馬橋並不敢進冬十月京師饑甚米斗金二兩人相食死者太半太倉有麴數十餅麴允屑爲粥以供帝至是復盡帝泣謂允曰今窘厄如此外無救援死於社稷是朕事也朕念將士暴離斯酷今欲因城未陷爲羞死之事庶令黎元免屠爛之苦行矣遣書朕意決矣十一月乙未使侍中宋敞送牋於曜帝乘羊車肉袒銜璧輿櫬出降羣臣號泣攀車執帝之手帝亦悲不自勝御史中丞吉朗自殺曜焚櫬受璧使宋敞奉帝還宮初有童謠曰天子何在豆田中時王浚在幽州以豆有藿殺隱士霍原以應之及帝如曜營營實在城東豆田壁辛丑帝蒙塵於平陽麴允及羣官並從劉聰假帝光祿大夫懷安侯壬寅聰臨殿帝稽首于前麴允伏地慟哭因自殺尚書辛賓梁允侍中梁濬散騎常侍嚴敦左丞相臧振黃門侍郎任播張偉杜曼及諸郡守並爲

曜所害華輯奔南山石勒圍樂平司空劉琨遣兵援之爲勒所敗樂平太守韓據出奔司空長史李弘以并州叛降于勒十二月甲申朔日有食之己未劉琨奔薊依段匹磾

五年春正月帝在平陽庚子虹蜺彌天三日並照平東將軍宋哲奔江左李雄使其將李恭羅寅寇巴東二月劉聰使其將劉暢攻滎陽太守李矩擊破之三月瑯琊王睿承制改元稱晉王於建康夏五月景子日有食之秋七月大暑司冀青雍等四州螽蝗石勒亦競取百姓禾時人謂之胡蝗八月劉聰使趙固襲衞將軍華薈於定潁遂害之冬十月景子日有食之劉聰出獵令帝行車騎將軍戎服執戟爲導百姓聚而觀之故老或歔欷流涕聰聞而惡之聰後因大會使帝行酒洗爵反而更衣又使帝執蓋晉臣在坐者多失聲而泣尚書郎辛賓抱帝慟哭爲聰所害十二月戊戌帝遇弒崩于平陽時年十八帝之繼皇統也屬永嘉之亂天下崩離長安城中戶不盈百牆宇頹毀蒿棘成林朝廷無車馬章服唯桑版署號而已衆唯一旅公私有車四乘器械多闕運饋不繼巨猾滔

天帝京危急諸侯無釋位之志征鎮闕勤王之舉故君臣窘迫以至殺辱云

史臣曰昔炎暉杪暮英雄多假於宗室金德韜華顛沛共推於懷愍樊陽寂寥兵車靡會豈力不足而情有餘乎喋喋遺萌苟存其主譬彼詩人愛其棠樹夫有非常之事而無非常之功詳觀發迹用非天啓是以輿棺齒劍可得而言焉于時五嶽三塗並皆淪寇龍州牛首故以立君股肱非挑戰之秋劉石有滔天之勢瘵饑中斷嬰戈外絶兩京淪狄再駕徂戎周王隕首於驪峯衛公亡肝於淇上思爲一郡其可得乎干寶有言曰昔高祖宣皇帝以雄才碩量應時而仕值魏太祖創基之初籌畫軍國嘉謀屢中遂服輿軫驅馳三世性深阻若城府而能寬綽以容納行任數以御物而知人善采拔故賢愚咸懷大小畢力爾乃取鄧艾於農隙引州泰於行役委以文武各善其事故能西禽孟達東舉公孫內夷曹爽外襲王淩神略獨斷征伐四克維御羣后大權在己於是百姓與能大象始構世宗承基太祖繼業玄豐亂內欽誕寇外潛謀雖密而在機必兆淮浦再擾而許洛不震咸黜異圖用融前烈然後推轂鍾鄧長驅庸蜀三關電埽

而劉禪入臣天符人事於是信矣始當非常之禮終受備物之錫至于世祖遂享皇極仁以厚下儉以足用和而不弛寬而能斷故民詠維新四海悅勸矣聿修祖宗之志思輯戰國之苦腹心不同公卿異議而獨納羊祜之策杖王杜之決役不二時江湘來同掩唐虞之舊域班正朔於八荒天下書同文車同軌牛馬被野餘糧委畝故于時有天下無窮人之諺雖太平未洽亦足以明吏奉其法民樂其生矣武皇既崩山陵未乾而楊駿被誅母后廢黜尋以二公楚王之變宗子無維城之助師尹無具瞻之貴至乃易天子以太上之號而有免官之謠民不見德惟亂是聞朝爲伊周夕成桀蹠善惡陷於成敗毀譽脅於世利內外混淆庶官失才名實反錯天綱解紐國政迭移於亂人禁兵外散於四方方岳無鈞石之鎮關門無結草之固李辰石冰傾之於荊揚元海王彌撓之於青冀戎羯稱制二帝失尊何哉樹立失權託付非才四維不張而苟且之政多也夫作法於治其弊猶亂作法於亂誰能救之彼元海者離石之將兵都尉王彌者青州之散吏也蓋皆弓馬之士驅走之人非有吳先主諸葛孔明之能也新

起之寇烏合之衆非吳蜀之敵也脫耒爲兵裂裳爲旗非戰國之器也自下逆上非鄰國之勢也然而擾天下如驅羣羊舉二都如拾遺芥將相王侯連頸以受戮后嬪妃主虜辱於戎卒豈不哀哉天下大器也羣生重畜也愛惡相攻利害相奪其勢常也若積水於防燎火于原未嘗暫靜也器大者不可以小道治勢重者不可以爭競擾古先哲王知其然也是以扞其大患禦其大災百姓皆知上德之生己而不謂浚己以生也是以感而應之悅而歸之如晨風之鬱北林龍魚之趣藪澤也然後設禮文以理之斷刑罰以威之謹好惡以示之審禍福以喻之求明察以官之尊慈愛以固之故衆知向方皆樂其生而哀其死悅其教而安其俗君子勤禮小人盡力廉恥篤於家閭邪僻消於胸懷故其民有見危以授命而不求生以害義又況可奮臂大呼聚之以干紀作亂乎基廣則難傾根深則難拔理節則不亂膠結則不遷是以昔之有天下者之所以長久也夫豈無僻主賴道德典刑以維持之也昔周之興也后稷生於姜嫄而天命昭顯文武之功起於后稷至於公劉遭夏人之亂去邰之豳身服厥勞至於大

王爲戎翟所逼而不忍百姓之命杖策而去之故從之如歸市一年成邑二年成都三年五倍其初至于王季能貊其德音至于文王而維新其命由此觀之周家世積忠厚仁及草木內隆九族外尊事黃耇以成其福祿者也而其妃后躬行四教尊敬師傅服澣濯之衣修煩辱之事化天下以成婦道是以漢濱之女守潔白之志中林之士有純一之德始於憂勤終於逸樂以三聖之知伐獨夫之紂猶正其名教曰逆取順守及周公遭變陳后稷先公風化之所由致王業之艱難者則皆農夫女工衣食之事也故自后稷之始基靖民十五王而文始平之十六王而武始居之十八王而康克安之故其積基樹本經緯禮俗節理人情恤隱民事如此之纏綿也今晉之興也功烈於百王事捷於三代宣景遭多難之時誅庶孽以便事不及修公劉大王之仁也受遺輔政屢遇廢置故齊王不明不獲思庸於亳高貴沖人不得復子明辟也二祖逼禪代之期不暇待三分八百之會也是其創基立本異於先代者也加以朝寡純德之人鄉乏不貳之老風俗淫僻恥尚失所學者以老莊爲宗而黜六經談者以虛蕩爲辨

而賤名檢行身者以放濁爲通而狹節信進仕者以苟得爲貴而鄙居正當官者以望空爲高而笑勤恪是以劉頌屢言治道傅咸每糾邪正皆謂之俗吏其倚杖虛曠依阿無心者皆名重海內若夫文王日旰不暇食仲山甫夙夜匪懈者蓋共嗤黜以爲灰塵矣由是毀譽亂於善惡之實情慝奔於貨欲之塗選者爲人擇官官者爲身擇利而執鈞當軸之士身兼官以十數大極其尊小錄其要而世族貴戚之子弟陵邁超越不拘資次悠悠風塵皆奔競之士列官千百無讓賢之舉子真著崇讓而莫之省子雅制九班而不得用其婦女莊櫛織紝皆取成於婢僕未嘗知女工絲枲之業中饋酒食之事也先時而婚任情而動故皆不恥淫泆之過不拘妬忌之惡父兄不之罪也天下莫知非也又況責之聞四教於古修貞順於今以輔佐君子者哉禮法刑政於此大壞如水斯積而決其隄防如火斯畜而離其薪燎也國之將亡本必先顛其此之謂乎故觀阮籍之行而覺禮教崩弛之所由也察庾純賈充之爭而見師尹之多僻考平吳之功而知將帥之不讓思郭欽之謀而悟戎狄之有釁覽傅玄劉毅之言而得

百官之邪核傳咸之奏錢神之論而覩寵賂之彰民風國勢如此雖以中庸之主治之辛有必見之於祭祀季札必得之於聲樂范燮必爲之請死賈誼必爲之痛哭又況我惠帝以放蕩之德臨之哉懷帝承亂得位羈於強臣愍帝奔播之後徒廁其虛名天下之政既去非命世之雄才不能取之矣淳耀之烈未渝故大命重集于中宗皇帝

贊曰懷佩玉璽愍居黃屋鼇墜三山鯨吞九服獯入金商穹居未央圜顱盡仆方趾咸僵大夫反首徙我平陽主憂臣哭于何不臧

晉書卷五

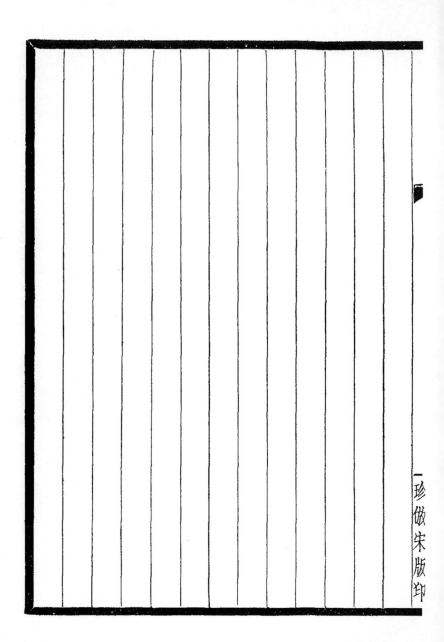

晉書卷五考證

孝愍帝紀前得魏浚表○上文大司馬王浚移檄天下此魏字當是王字之訛

晉書卷五考證

唐 太 宗 文 皇 帝 御 撰

帝紀第六

元帝

元皇帝諱睿字景文宣帝曾孫琅邪恭王覲之子也咸寧二年生於洛陽有神光之異一室盡明所藉藁如始刈及長白豪生於日角之左隆準龍顏目有精曜顧眄煒如也年十五嗣位琅邪王幼有令聞及惠皇之際王室多故帝每恭儉退讓以免於禍沉敏有度量不顯灼然之跡故時人未之識焉惟侍中嵇紹異之謂人曰琅邪王毛骨非常殆非人臣之相也元康二年拜員外散騎常侍累遷左將軍從討成都王穎蕩陰之敗也叔父東安王繇爲穎所害帝懼禍及將出奔其夜月正明而禁衞嚴警帝無由得去甚窘迫有頃雲霧晦冥雷雨暴至徼者皆弛因得潛出穎先令諸關無得出貴人帝既至河陽爲津吏所止從者宋典後來以策鞭帝馬而笑曰舍長官禁貴人汝亦被拘邪吏乃聽過至洛

陽迎太妃俱歸國東海王越之收兵下邳也假帝輔國將軍尋加平東將軍監徐州諸軍事鎮下邳俄遷安東將軍都督揚州諸軍事越西迎大駕留帝居守永嘉初用王導計始鎮建鄴以顧榮爲軍司馬賀循爲參佐王敦王導周顗刁協並爲腹心股肱賓禮名賢存問風俗江東歸心焉屬太妃薨于國自表奔喪葬畢還鎮增封宣城郡二萬戶加鎮東大將軍開府儀同三司受越命討征東將軍周馥走之及懷帝蒙塵於平陽司空荀藩等移檄天下推帝爲盟主江州刺史華軼不從使豫章內史周廣前江州刺史衛展討禽之愍帝卽位加左丞相歲餘進位丞相大都督中外諸軍事遣諸將分定江東斬叛者孫弼於宣城平杜弢於湘州承制赦荊揚及西都不守帝出師露次躬擐甲冑移檄四方徵天下之兵尅日進討于時有玉冊見於臨安白玉麒麟神璽出於江寧其文曰長壽萬年日有重暈皆以爲中興之象焉

建武元年春二月辛巳平東將軍宋哲至宣愍帝詔曰遭運迍否皇綱不振朕以寡德奉承洪緒不能祈天永命紹隆中興至使凶胡敢帥犬羊逼迫京輦朕

今幽塞窮城憂慮萬端恐一旦奔潰卿指詣丞相具宣朕意使攝萬幾時據舊都脩復陵廟以雪大恥三月帝素服出次舉哀三日西陽王羕及羣僚參佐州征牧守等上尊號帝不許羕等以死固請至于再三帝慨然流涕曰孤罪人也惟有蹈節死義以雪天下之恥庶贖鈇鉞之誅吾本琅邪王諸賢見逼不已乃呼私奴命駕將反國羣臣乃不敢逼請依魏晉故事爲晉王許之辛卯卽王位大赦改元其殺祖父母父母及劉聰石勒不從此令諸參軍拜奉車都尉掾屬駙馬都尉辟掾屬百餘人時人謂之百六掾乃備百官立宗廟社稷於建康時四方競上符瑞帝曰孤負四海之責未能思愆何徵祥之有景辰立世子紹爲晉王太子以撫軍大將軍西陽王羕爲大保征南大將軍漢安侯王敦爲大將軍右將軍王導都督中外諸軍事驃騎將軍左長史刁協爲尙書左僕射封王子宣成公裒爲琅邪王六月景寅司空幷州刺史廣武侯劉琨幽州刺史左賢王渤海公段匹磾領護烏丸校尉鎭北將軍劉翰單于廣寧公段辰遼西公段眷冀州刺史祝阿子邵續青州刺史廣饒侯曹嶷兗州刺史定襄侯劉演東夷

校尉崔毖鮮卑大都督慕容廆等一百八十人上書勸進曰臣聞天生蒸民樹之以君所以對越天地司牧黎元聖帝明王監其若此知天地不可以乏饗故屈其身以奉之知蒸黎不可以無主故不得已而臨之社稷時難則戚藩定其傾郊廟或替則宗哲纂其祀是以弘振遐風式固萬世三五以降靡不由之伏惟高祖宣皇帝肇基景命世祖武皇帝遂造區夏三葉重光四聖繼軌惠澤侔於有虞卜世過於周氏自元康以來艱難繁與永嘉之際氛厲彌昏宸極失御登遐醜裔國家之危有若綴旒賴先后之德宗廟之靈皇帝嗣建舊物克甄誕授欽明服膺聰哲玉質幼彰金聲夙振冢宰攝其綱百辟輔其政四海想中興之美羣生懷來蘇之望不圖天不悔禍大災薦臻國未忘難寇害尋與逆胡劉曜縱逸西都敢肆犬羊陵虐天邑臣奉表使還乃承西朝以去年十一月不守主上幽劫復沉虜庭神器流離再辱荒逆臣每覽史籍觀之前載厄運之極古今未有茍在食土之毛含血之類莫不叩心絕氣行號巷哭況臣等荷寵三世位廁鼎司聞問震惶精爽飛越且驚且惋五情無主舉哀朔垂上下泣血臣聞

昏明迭用否泰相濟天命無改歷數有歸或多難以固邦國或殷憂以啓聖明是以齊有無知之禍而小白爲五伯之長晉有驪姬之難而重耳以主諸侯之盟社稷靡安必將有以扶其危黔首幾絶必將有以繼其緒伏惟陛下玄德通於神明聖姿合於兩儀應命世之期紹千載之運符瑞之表天人有徵中興之兆圖讖垂典自京畿隕喪九服崩離天下囂然無所歸懷雖有夏之遘夷羿宗姬之離犬戎蔑以過之陛下撫征江左奄有舊吳柔服以德伐叛以刑抗明威以攝不類杖大順以號宇內純化既敷則率土宅心義風既暢則遐方企踵百揆時敘於上四門穆穆於下昔少康之隆夏訓以爲美談宣王中興周詩以爲休詠況茂勳格于皇天清暉光于四海蒼生顒然莫不欣戴聲教所加願爲臣妾者哉且宣皇之胤惟有陛下億兆攸歸曾無與二天祚大晉必將有主主晉祀者非陛下而誰是以邇無異言遠無異望謳歌者無不吟諷徽猷獄訟者無不思于聖德天地之際既交華夷之情允洽一角之獸連理之木以爲休徵者蓋有百數冠帶之倫要荒之衆不謀同辭者動以萬計是以臣等敢考天地之

心因函夏之趣昧死上尊號願陛下存舜禹至公之情狹由巢抗矯之節以社稷爲務不以小行爲先以黔首爲憂不以克讓爲事上慰宗廟乃顧之懷下釋普天傾首之勤則所謂生繁華於枯荑育豐肌於朽骨神人獲安無不幸甚臣聞尊位不可久虛萬幾不可久曠虛之一日則尊位已殆曠之浹辰則萬幾以亂方今踵百王之季當陽九之會狡寇窺窬伺國瑕隙黎元波蕩無所繫心安可廢而不恤哉陛下雖欲逡巡其若宗廟何其若百姓何昔者惠公虜秦晉國震駭呂郤之謀欲立子圉外以絶敵人之志內以固闔境之情故曰喪君有君羣臣輯睦好我者勸惡我者懼前事之不忘後代之元龜也陛下明並日月無幽不燭深謀遠猷出自胸懷不勝犬馬憂國之情遲覩人神開泰之路是以陳其乃誠布之執事臣等忝於方任久在遐外不得陪列闕庭與覩盛禮踊躍之懷南望罔極帝優令答之語在琨傳石勒將石季龍圍譙城平西將軍祖逖擊走之己巳帝傳檄天下曰逆賊石勒肆虐河朔逋誅歷載遊魂縱逸復遣凶黨石季龍犬羊之衆越河南渡縱其鴆毒平西將軍祖逖帥衆討擊應時潰散今

遣車騎將軍瑯邪王裒等九軍銳卒三萬水陸四道逕造賊場受逖節度有能梟季龍首者賞絹二千匹金五十斤封縣侯食邑二千戶又賊黨能梟送季龍首封賞亦同之七月散騎侍郎朱嵩尚書郎顧球卒帝痛之將爲舉哀有司奏舊尚書郎不在舉哀之例帝曰衰亂之弊特相痛悼於是遂舉哀哭之甚慟丁未梁王悝薨以太尉荀組爲司徒弛山澤之禁八月甲午封梁王世子翹爲梁王荊州刺史第五猗爲賊帥杜曾所推遂與曾同反九月戊寅王敦使武昌太守趙誘襄陽太守朱軌陵江將軍黃峻討猗爲其將杜曾所敗誘等皆死之石勒害京兆太守華譚梁州刺史周訪討杜曾大破之十月丁未瑯邪王裒薨十一月甲子封汝南王子弼爲新蔡王丁卯以司空劉琨爲太尉置史官立太學是歲揚州大旱

太興元年春正月戊申朔臨朝懸而不樂三月癸丑愍帝崩問至帝斬縗居廬景辰百寮上尊號令曰孤以不德當厄運之極臣節未立匡救未舉夙夜所以忘寢食也今宗廟廢絕億兆無係羣官庶尹咸勉之以大政亦何敢辭輒敬從

所執是日卽皇帝位詔曰昔我高祖宣皇帝誕應期運廓開王基景文皇帝奕
世重光緝熙諸夏爰曁世祖應天順時受玆明命功格天地仁濟宇宙昊天不
融降此鞠凶懷帝短世越去王都天禍薦臻大行皇帝崩殂社稷無奉肆羣后
三司六事之人疇諮庶尹至于華戎致輯大命于朕躬予一人畏天之威用弗
敢違遂登壇南嶽受終文祖焚柴頒瑞告類上帝惟朕寡德纘我洪緒若涉大
川罔知攸濟惟爾股肱爪牙之佐文武熊羆之臣用能弼寧晉室輔予一人思
與萬國共同休慶於是大赦改元文武增位二等庚午立王太子紹爲皇太子
壬申詔曰昔之爲政者動人以行不以言應天以實不以文故我淸靜而人自
正其次聽言觀行明試以功其有政績可述刑獄得中人無怨訟久而日新及
當官軟弱茹柔吐剛行身穢濁修飾時譽者各以名聞令在事之人仰鑒前烈
同心戮力深思所以寬衆息役惠益百姓無廢朕命遠近禮贄一切斷之夏四
月丁丑朔日有食之加大將軍王敦江州牧進驃騎將軍王導開府儀同三司
戊寅初禁招魂葬乙酉西平地震五月癸丑使持節侍中都督太尉并州刺史

廣武侯劉琨爲段匹磾所害六月旱帝親雩改丹陽內史爲丹陽尹甲申以尚
書左僕射刁協爲尚書令平南將軍曲陵公荀崧爲尚書左僕射庚寅以滎陽
太守李矩爲都督司州諸軍事司州刺史戊戌封皇子晞爲武陵王初置諫鼓
謗木秋七月戊申詔曰王室多故姦凶肆暴皇綱弛墜顛覆大猷朕以不德統
承洪緒夙夜憂危思改其弊二千石令長當祗奉舊憲正身明法抑齊豪強存
恤孤獨隱實戶口勸課農桑州牧刺史當互相檢察不得顧私虧公長吏有志
在奉公而不見進用者有貪惏穢濁而以財勢自安者若有不舉當受故縱蔽
善之罪有而不知當受闇塞之責各明慎奉行劉聰死其子粲嗣僞位八月冀
徐青三州蝗靳準弒劉粲自號漢王冬十月癸未加廣州刺史陶侃平南將軍
劉曜僭卽皇帝位于赤壁十一月乙卯日夜出高三丈中有赤青珥新野王弼
薨加大將軍王敦荊州牧庚申詔曰朕以寡德纂承洪緒上不能調和陰陽下
不能濟育羣生災異屢興咎徵仍見壬子乙卯雷震暴雨蓋天災譴誡所以彰
朕之不德也羣公卿士其各上封事具陳得失無有所諱將親覽焉新作聽訟

觀故歸命侯孫皓子璠謀反伏誅十二月劉聰故將王騰馬忠等誅靳準送傳
國璽於劉曜武昌地震丁丑封顯義亭侯涣爲瑯邪王己卯瑯邪王涣薨癸巳
詔曰漢高經大梁美無忌之賢齊師入魯脩柳下惠之墓其吳之高德名賢或
未旌錄者其條列以聞江東三郡饑遣使振給之彭城内史周撫殺沛國内史
周默以反
二年春正月丁卯崇陽陵毀帝素服哭三日使冠軍將軍梁堪守太常馬龜等
脩復山陵迎梓宮于平陽不尅而還二月太山太守徐龕斬周撫傳首京師夏
四月龍驤將軍陳川以浚儀叛降于石勒太山太守徐龕以郡叛自號兖州刺
史寇濟岱秦州刺史陳安叛降于劉曜五月癸丑太陽陵毀帝素服哭三日徐
揚及江西諸郡蝗吳郡大饑平北將軍祖逖及石勒將石季龍戰于浚儀王師
敗績壬戌詔曰天下凋弊加以災荒百姓困窮國用並匱吳郡饑人死者百數
天生蒸黎而樹之以君選建明哲以左右之當深思以救其弊昔吳起爲楚悼
王明法審令捐不急之官除廢公族疏遠以附益將士而國富兵強況今日之

弊百姓凋困邪且當去非急之務非軍事所須者皆省之甲子梁州刺史周訪
及杜曾戰于武當斬之禽第五猗六月景子加周訪安南將軍罷御府及諸郡
丞置博士員五人己亥加太常賀循開府儀同三司秋七月乙丑太常賀循卒
八月肅愼獻楛矢石砮徐龕寇東莞遣太子左衞率羊鑒行征虜將軍統徐州
刺史蔡豹討之冬十月平北將軍祖逖使督護陳超襲石勒將桃豹超敗沒於
陣十一月戊寅石勒僭卽王位國號趙十二月乙亥大赦詔百官各上封事弁
省衆役鮮卑慕容廆襲遼東東夷校尉平州刺史崔毖奔高句驪是歲南陽王
保稱晉王於祁山三吳大饑
三年春正月丁酉朔晉王保爲劉曜所逼遷于桑城二月辛未石勒將石季龍
寇厭次平北將軍冀州刺史邵續擊之續敗沒於陣三月慕容廆奉送玉璽三
紐閏月以尙書周顗爲尙書僕射夏四月壬辰枉矢流于翼軫五月景寅孝懷
帝太子詮遇害于平陽帝三日哭庚寅地震是月晉王保爲其將張春所害劉
曜使陳安攻春滅之安因叛曜石勒將徐龕帥衆來降六月大水丁酉盜殺西

中郎將護羌校尉涼州刺史西平公張寔寔弟茂嗣領平西將軍涼州刺史秋七月丁亥詔曰先公武王先考恭王臨君琅邪四十餘年惠澤加於百姓遺愛結於人情朕應天符創基江表兆庶宅心繈負子來琅邪國人在此者近有千戶今立爲懷德縣統丹陽郡昔漢高祖以沛爲湯沐邑光武亦復南頓優復之科一依漢氏故事祖逖部將衞策大破石勒別軍於汴水加逖爲鎮西將軍八月戊午尊敬王后虞氏爲敬皇后辛酉遷神主于太廟辛未梁州刺史安南將軍周訪卒皇太子釋奠于太學以湘州刺史甘卓爲安南將軍梁州刺史九月徐龕又叛降于石勒冬十月景辰徐州刺史蔡豹以畏懦伏誅王敦殺武陵內史向碩

四年春二月徐龕又帥衆來降鮮卑末波奉送皇帝信璽庚戌告于太廟乃受之癸亥日鬬三月置周易儀禮公羊博士癸酉以平東將軍曹嶷爲安東將軍夏四月辛亥帝親覽庶獄石勒攻厭次陷之撫軍將軍幽州刺史段匹磾沒于勒五月旱庚申詔曰昔漢二祖及魏武皆免良人武帝時涼州覆敗諸爲奴婢

亦皆復籍此累代成規也其免中州良人遭難爲揚州諸郡僮客者以備征役

秋七月大水甲戌以尚書戴若思爲征西將軍都督司兗豫幷冀雍六州諸軍事司州刺史鎮合肥丹陽尹劉隗爲鎮北將軍都督青徐幽平四州諸軍事青州刺史鎮淮陰壬午以驃騎將軍王導爲司空八月常山崩九月壬寅鎮西將軍豫州刺史祖逖卒冬十月壬午以逖弟侍中約爲平西將軍豫州刺史十二月以慕容廆爲持節都督幽平二州東夷諸軍事平州牧封遼東郡公

永昌元年春正月乙卯大赦改元戊辰大將軍王敦舉兵於武昌以誅劉隗爲名龍驤將軍沈充帥衆應之三月徵征西將軍戴若思鎮北將軍劉隗還衞京都以司空王導爲前鋒大都督以戴若思爲驃騎將軍丹陽諸郡皆加軍號加僕射周顗尚書左僕射領軍王邃尚書右僕射以太子右衞率周筵行冠軍將軍統兵三千討沈充甲午封皇子昱爲琅邪王劉隗軍于金城右將軍周札守石頭帝親被甲徇六師於郊外遣平南將軍陶侃領江州安南將軍甘卓領荊州各帥所統以躡敦後四月敦前鋒攻石頭周札開城門應之奮威將軍侯禮

死之敦據石頭戴若思劉隗帥衆攻之王導周顗郭逸虞潭等三道出戰六軍敗績尙書令刁協奔于江乘爲賊所害鎭北將軍劉隗奔于石勒遣使謂敦曰公若不忘本朝於此息兵則天下尙可共安也如其不然朕當歸於瑯邪以避賢路辛未大赦敦乃自爲丞相都督中外諸軍錄尙書事封武昌郡公邑萬戶景子驃騎將軍秣陵侯戴若思尙書左僕射護軍將軍武城侯周顗爲敦所害敦將沈充陷吳國魏乂陷湘州吳國內史張茂湘州刺史譙王承並遇害五月壬申敦以太保西陽王羕爲太宰加司空王導尙書令乙亥鎭南大將軍甘卓爲襄陽太守周慮所害蜀賊張龍寇巴東建平太守柳純擊走之石勒遣騎寇河南六月旱秋七月王敦自加兗州刺史郗鑒爲安北將軍石勒將石季龍攻陷太山執守將徐龕兗州刺史郗鑒自鄒山退守合肥八月敦以其兄含爲衞將軍自領寧益二州都督瑯邪太守孫默叛降于石勒冬十月大疫死者十二三己丑都督荆梁二州諸軍事平南將軍荆州刺史武陵侯王廙卒辛卯以下邳內史王邃爲征北將軍都督青徐幽平四州諸軍事鎭淮陰新昌太守梁碩

起兵反京師大霧黑氣蔽天日月無光石勒攻陷襄城城父遂圍譙破祖約别
軍約退據壽春十一月以司徒荀組爲太尉己酉太尉荀組薨罷司徒幷丞相
閏月己丑帝崩于内殿時年四十七葬建平陵廟號中宗帝性簡儉沖素容納
直言虚己待物初鎮江東頗以酒廢事王導深以爲言帝命酌引觴覆之於此
遂絶有司嘗奏太極殿廣室施絳帳帝曰漢文集上書皁囊爲帷遂令冬施青
布夏施青練帷帳將拜貴人有司請市雀釵帝以煩費不許所幸鄭夫人衣無
文綵從母弟王廙爲母立屋過制流涕止之然晉室遘紛皇輿播越天命未改
人謀叶贊元戎屢動不出江畿經略區區僅全吳楚終於下陵上辱憂憤告謝
恭儉之德雖充雄武之量不足始秦時望氣者云五百年後金陵有天子氣故
始皇東遊以厭之改其地曰秣陵塹北山以絶其勢及孫權之稱號自謂當之
孫盛以爲始皇逮于孫氏四百三十七載考其歷數猶爲未及元帝之渡江也
乃五百二十六年真人之應在於此矣咸寧初風吹大社樹折社中有青氣占
者以爲東莞有帝者之祥由是徙封東莞王於琅邪即武王也及吳之亡王濬

實先至建鄴而皓之降款遠歸璽於瑯邪天意人事又符中興之兆太安之際童謠云五馬浮渡江一馬化爲龍及永嘉中歲鎮熒惑太白聚斗牛之間識者以爲吳越之地當興王者是歲王室淪覆帝與西陽汝南南頓彭城五王獲濟而帝竟登大位焉初玄石圖有牛繼馬後故宣帝深忌牛氏遂爲二榼共一口以貯酒焉帝先飲佳者而以毒酒鴆其將牛金而恭王妃夏侯氏竟通小吏牛氏而生元帝亦有符云

史臣曰晉氏不虞自中流外五胡扛鼎七廟隳尊滔天方駕則民懷其舊德者矣昔光武以數郡加名元皇以一州臨極豈武宣餘化猶暢於瑯邪文景垂仁傳芳於南頓所謂後乎天時先諸人事者也馳章獻號高蓋成陰星斗呈祥金陵表慶陶 上行擁三州之旅郢外以安王茂弘爲分陝之計江東可立或高旌未拂而退心斯偃迴首朝陽仰希乾棟帝猶六讓不居七辭而不免也布帳練帷詳刑簡化抑揚前軌光啓中興古者私家不蓄甲兵大臣不爲威福王之常制以訓股肱中宗失馭強臣自亡齊斧兩京胡羯風埃相望雖復六月之駕無

聞而鴻鴈之歌方遠享國無幾哀哉

明帝

明皇帝諱紹字道畿元皇帝長子也幼而聰哲爲元帝所寵異年數歲嘗坐置膝前屬長安使來因問帝曰汝謂日與長安孰遠對曰長安近不聞人從日邊來居然可知也元帝異之明日宴羣僚又問之對曰日近元帝失色曰何乃異間者之言乎對曰舉目則見日不見長安由是益奇之建興初拜東中郎將鎮廣陵元帝爲晉王立爲晉王太子及帝即尊號立爲皇太子性至孝有文武才略欽賢愛客雅好文辭當時名臣自王導庾亮温嶠桓彝阮放等咸見親待嘗論聖人真假之意導等不能屈又習武藝善撫將士于時東朝濟濟遠近屬心焉及王敦之亂六軍敗績帝欲帥將士決戰升車將出中庶子温嶠固諫抽劍斬鞅乃止敦素以帝神武明略朝野之所欽信欲誣以不孝而廢焉大會百官而問温嶠曰皇太子以何德稱聲色俱厲必欲使有言嶠對曰鉤深致遠蓋非淺局所量以禮觀之可稱爲孝矣衆皆以爲信然敦謀遂止

永昌元年閏月己丑元帝崩庚寅太子即皇帝位大赦尊所生荀氏爲建安郡君
太寧元年春正月癸巳黃霧四塞京師火李雄使其將李驤任回寇臺登將軍司馬玫死之越巂太守李釗漢嘉太守王載以郡叛降于驤二月葬元帝于建平陵帝徒跣至于陵所以特進華恒爲驃騎將軍都督石頭水陸軍事乙丑黃霧四塞景寅隕霜壬申又隕霜殺穀三月戊寅朔改元臨軒停饗宴之禮懸而不樂景戌隕霜殺草饒安東光安陵三縣災燒七千餘家死者萬五千人石勒攻陷下邳徐州刺史卞敦退保盱眙王敦獻皇帝信璽一紐敦將謀簒逆諷朝廷徵己帝乃手詔徵之夏四月敦下屯于湖轉司空王導爲司徒自領揚州牧巴東將軍柳純爲敦所害以尚書陳昣爲都督幽平二州諸軍事幽州刺史五月京師大水李驤等寇寧州刺史王遜遣將姚岳距戰於堂狼大破之梁碩攻陷交州刺史王諒死之六月壬子立皇后庾氏平南將軍陶侃遣參軍高寶攻梁碩斬之傳首京師進侃位征南大將軍開府儀同三司秋七月景子朔震太

極殿柱是月劉曜攻陳安於隴城滅之八月以安北將軍郗鑒爲尚書令石勒將石季龍攻陷青州刺史曹嶷遇害冬十一月王敦以其兄征南大將軍含爲征東大將軍都督揚州江西諸軍事以軍事饑乏調刺史以下米各有差

二年春正月丁丑帝臨朝停饗宴之禮懸而不樂庚辰赦五歲刑以下術人李脫造妖書惑衆斬于建康市石勒將石季龍寇兗州刺史劉遐自彭城退保泗口三月劉曜將康平寇魏與及南陽夏五月王敦矯詔拜其子應爲武衛將軍兄含爲驃騎大將軍帝所親信常從督公乘雄冉曾並爲敦所害六月敦將舉兵內向帝密知之乃乘巴滇駿馬微行至于湖陰察敦營壘而出有軍士疑帝非常人又敦正晝寢夢日環其城驚起曰此必黃鬚鮮卑奴來也帝母荀氏燕代人帝狀類外氏鬚黃敦故謂帝云於是使五騎物色追帝帝亦馳去馬有遺糞輒以水灌之見逆旅賣食嫗以七寶鞭與之曰後有騎來可以此示也俄而追者至問嫗嫗曰去已遠矣因以鞭示之五騎傳玩稽留遂久又見馬糞冷以爲信遠而止不追帝僅而獲免丁卯加司徒王導大都督假節領揚州刺史以

丹陽尹温嶠爲中壘將軍與右將軍卞敦守石頭以光祿勳應詹爲護軍將軍
假節督朱雀橋南諸軍事以尙書令郗鑒行衞將軍都督從駕諸軍事以中書
監庾亮領左衞將軍以尙書卞壺行中軍將軍徵平北將軍徐州刺史王邃平
西將軍豫州刺史祖約北中郎將兗州刺史劉遐奮武將軍臨淮太守蘇峻奮
威將軍廣陵太守陶瞻等還衞京師帝次于中堂秋七月壬申朔敦遣其兄含
及錢鳳周撫鄧岳等水陸五萬至于南岸温嶠移屯水北燒朱雀桁以挫其鋒
帝躬率六軍出次南皇堂至癸酉夜募壯士遣將軍段秀中軍司馬曹渾左衞
參軍陳嵩鍾寅等甲卒千人渡水掩其未備平旦戰于越城大破之斬其前鋒
將何康王敦憤惋而死前宗正虞潭起義師於會稽沈充帥萬餘人來會含等
庚辰築壘于陵口丁亥劉遐蘇峻等帥精卒萬人以至帝夜見勞之賜將士各
有差義興人周蹇殺敦所署太守劉芳平西將軍祖約逐敦所署淮南太守任
台于壽春乙未賊衆濟水護軍將軍應詹帥建威將軍趙胤等距戰不利賊至
宣陽門北中郎將劉遐蘇峻等自南塘橫擊大破之劉遐又破沈充于青溪景

申賊燒營宵遁丁酉帝還宮大赦惟敦黨不原於是分遣諸將追其黨與悉平之封司徒王導爲始興郡公邑三千戶賜絹九千匹丹陽尹溫嶠建寧縣公尙書卞壼建興縣公中書監庾亮永昌縣公北中郎將劉遐泉陵縣公奮武將軍蘇峻邵陵縣公邑各一千八百戶絹各五千四百匹尙書令郗鑒高平縣侯護軍將軍應詹觀陽縣侯邑各千六百戶絹各四千八百匹建威將軍趙胤湘南縣侯右將軍卞敦益陽縣侯邑各千六百戶絹各三千二百匹其餘封賞各有差冬十月以司徒王導爲太保領司徒太宰西陽王羕領太尉應詹爲平南將軍都督江州諸軍事江州刺史劉遐爲監淮北諸軍事徐州刺史庾亮爲護軍將軍詔王敦羣從一無所問是時石勒將石生屯洛陽豫州刺史祖約退保壽陽十二月壬子帝謁建平陵從大祥之禮梁州太守爨亮益州太守李遏以興古叛降于李雄沈充故將顧颺反於武康攻燒城邑州縣討斬之

三年春二月戊辰復三族刑惟不及婦人三月幽州刺史段末波卒以弟牙嗣戊辰立皇子衍爲皇太子大赦增文武位二等大酺三日賜鰥寡孤獨帛人二

匹癸巳徵處士臨海任旭會稽虞喜並爲博士夏四月詔曰大事初定其命維新其令太宰司徒已下詣都坐參議政道諸所因革務盡事中又詔曰滄直言引亮正想羣賢達吾此懷矣予違汝弼堯舜之相君臣也吾雖虛闇庶不距逆耳之談稷契之任君居之矣望共勗之己亥雨雹石勒將石良寇兖州刺史檀贇力戰死之將軍李矩等並衆潰而歸石勒盡陷司兖豫三州之地五月以征南大將軍陶侃爲征西大將軍都督荊湘雍梁四州諸軍事荊州刺史王舒爲安南將軍都督廣州諸軍事廣州刺史六月石勒將石季龍攻劉曜將劉岳於新安陷之以廣州刺史王舒爲都督湘州諸軍事湘州刺史湘州刺史劉顗爲平越中郎將都督廣州諸軍事廣州刺史大旱自正月不雨至于是月秋七月辛未以尚書令郗鑒爲車騎將軍都督青兖二州諸軍事假節鎮廣陵領軍將軍卞壼爲尚書令詔曰三恪二王世代之所重興滅繼絕政道之所先又宗室哲王有功勳於大晉受命之際者佐命功臣碩德名賢三祖所與共維大業咸開國祚士誓同山河者而並廢絕禋祀不傳甚用懷傷主者其詳議諸應立後

者以聞又詔曰郊祀天地帝王之重事自中興以來惟南郊未曾北郊四時五郊之禮都不復設五嶽四瀆名山大川載在祀典應望秩者悉廢而未舉主者其依舊詳處八月詔曰昔周武克殷封比干之墓漢高過趙錄樂毅之後追顯既往以勸將來也吳時將相名賢之胄有能纂修家訓又忠孝仁義靜己守真不聞于時者州郡中正亟以名聞勿有所遺閏月以尚書左僕射荀崧爲光祿大夫錄尚書事尚書鄧攸爲尚書左僕射壬午帝不豫召太宰西陽王羕司徒王導尚書令卞壺車騎將軍郗鑒護軍將軍庾亮領軍將軍陸曄丹陽尹温嶠並受遺詔輔太子丁亥詔曰自古有死賢聖所同壽夭窮達歸於一概亦何足特痛哉朕枕疾已久常慮忽然仰惟祖宗洪基不能克終堂構大恥未雪百姓塗炭所以有慨耳不幸之日斂以時服一遵先度務從簡約勞衆崇飾皆勿爲也衍以幼弱猥當大重當賴忠賢訓而成之昔周公匡輔成王霍氏擁育孝昭義存前典功冠二代豈非宗臣之道乎凡此公卿時之望也敬聽顧命任托付之重同心斷金以謀王室諸方嶽征鎮刺史將守皆朕扞城推轂於外雖事有

內外其致一也故不有行者誰扞牧圉譬若唇齒表裏相資宜戮力一心若合符契思美焉之美以緝事爲期百辟卿士其總己以聽於冢宰保祐沖幼弘濟艱難永令祖宗之靈寧於九天之上則朕沒于地下無恨黃泉戊子帝崩于東堂年二十七葬武平陵廟號肅祖帝聰明有機斷尤精物理于時兵凶歲饑死疫過半虛弊既甚事極艱虞屬王敦挾震主之威將移神器帝崎嶇遵養以弱制強潛謀獨斷廓清大祲改授荊湘等四州以分上流之勢撥亂反正強本弱枝雖享國日淺而規模弘遠矣

史臣曰維揚作寓憑帶洪流楚江恆戰方城對敵不得不推誠將相以總戎麾樓船萬計兵倍王室處其利而無心者周公其人也威權外假嫌隙內興彼有順流之師此無強藩之援商逢九亂堯止八音明皇負圖屬在玆日運龍韜於掌握起天旆於江靡燎其餘燼有若秋原去衰絰而踐戎場斬鯨鯢而拜園闕鎮削威權州分江漢覆車不踐貽厥孫謀其後七十餘年終罹敬道之害或曰與亡存運非止上流豈創制不殊而弘之者異也

贊曰傾天起害猛獸呈災琅邪之子仁義歸來龔行趙璧命筆荆臺雲睹北晦江望南開晉陽禦敵河西全壤胡寇雖艱靈心弗爽三方馳騖百蠻從響寶命還昌金輝載朗明后岐嶷軍書接要莽首晨懸董臍昏燎厥德不回餘風可劭

晉書卷六

晉書卷六考證

元帝紀有司請市雀釵○雀監本譌雀　臣人龍按晉令六品以下得服雀釵據此改正

歲鎮熒惑太白聚斗牛之間○斗牛一本作牛女　臣宗楷按漢志星紀主吳越則斗牛女皆屬揚州但禹貢揚州之域天文分野斗牛居多今從閣本

晉書卷六考證

晉書卷七

唐　太　宗　文　皇　帝　御　撰

帝紀第七

成帝

成皇帝諱衍字世根明帝長子也太寧三年三月戊辰立爲皇太子閏月戊子明帝崩己丑太子卽皇帝位大赦增文武位二等賜鰥寡孤老帛人二匹尊皇后庾氏爲皇太后秋九月癸卯皇太后臨朝稱制司徒王導錄尚書事與中書令庾亮參輔朝政以撫軍將軍南頓王宗爲驃騎將軍領軍將軍汝南王祐爲衞將軍辛丑葬明帝於武平陵冬十一月癸巳朔日有食之廣陵相曹渾有罪下獄死

咸和元年春二月丁亥大赦改元大酺五日賜鰥寡孤老米人二斛京師百里內復一年夏四月石勒遣其將石生寇汝南汝南人執內史祖濟以叛甲子尚書左僕射鄧攸卒五月大水六月癸亥使持節散騎常侍監淮北諸軍事北中

郎將徐州刺史泉陵公劉遐卒癸酉以車騎將軍郄鑒領徐州刺史征虜將軍郭默爲北中郎將假節監淮北諸軍劉遐部曲將李龍史迭奉遐子肇代遐位以距默臨淮太守劉矯擊破之斬龍傳首京師秋七月癸丑使持節都督江州諸軍事江州刺史平南將軍觀陽伯應詹卒八月以給事中前將軍丹陽尹温嶠爲平南將軍假節都督江州刺史九月旱李雄將張龍寇涪陵執太守謝俊冬十月封魏武帝玄孫曹勱爲陳留王以紹魏景寅衞將軍汝南王祐薨己巳封皇弟岳爲吳王車騎將軍南頓王宗有罪伏誅貶其族爲馬氏免太宰西陽王羕降爲弋陽縣王庚辰赦百里內五歲以下刑是月劉曜將黃秀帛成寇酇平北將軍魏該帥衆奔襄陽十一月壬子大閱於南郊改定王侯國秩九分食一石勒將石聰攻壽陽不剋遂侵逡遒阜陵加司徒王導大司馬假黃鉞都督中外征討諸軍事以禦之歷陽太守蘇峻遣其將韓晃討石聰走之時大旱自六月不雨至於是月十二月濟岷太守劉闓殺下邳內史夏侯嘉叛降石勒梁王翹薨

二年春正月寧州秀才龐遺起義兵攻李雄將任回李謙等雄遣其將羅恆費黑救之寧州刺史尹奉遣裨將姚岳朱提太守楊術援遺戰于臺登岳等敗績術死之三月益州地震夏四月旱己未豫章地震五月甲申朔日有蝕之景戌加豫州刺史祖約爲征西將軍戊子京師大水冬十月劉曜使其子胤侵枹罕遂略河南地十一月豫州刺史祖約歷陽太守蘇峻等反十二月辛亥蘇峻使其將韓晃入姑孰屠于湖壬子彭城王雄章武王休叛奔峻庚申京師戒嚴假護軍將軍庾亮節爲征討都督以右衞將軍趙胤爲冠軍將軍歷陽太守使與左將軍司馬流帥師距峻戰於慈湖流敗死之假驍騎將軍鍾雅節帥舟軍與趙胤爲前鋒以距峻景寅徙封琅邪王昱爲會稽王吳王岳爲琅邪王辛未宣城內史桓彝及峻戰於蕪湖彝軍敗績車騎將軍郄鑒遣廣陵相劉矩帥師赴京師

三年春正月平南將軍溫嶠帥師救京師次於尋陽遣督護王愆期西陽太守鄧嶽鄱陽太守紀睦爲前鋒征西大將軍陶侃遣督護龔登受嶠節度鍾雅趙

胤等次慈湖王衍期鄧嶽等次直瀆丁未峻濟自橫江登牛渚二月庚戌峻至于蔣山假領軍將軍卞壼節帥六軍及峻戰於西陵王師敗績景辰峻攻青溪柵因風縱火王師又大敗尚書令領軍將軍卞壼丹陽尹羊曼黃門侍郎周導廬江太守陶瞻並遇害死者數千人庾亮又敗于宣陽門內遂攜其諸弟與郭默趙胤奔尋陽於是司徒王導右光祿大夫陸曄荀崧等衛帝於太極殿太常孔愉守宗廟賊乘勝麾戈接於帝座突入太后後宮左右侍人皆見掠奪是時太官唯有燒餘米數石以供御膳百姓號泣響震都邑丁巳峻矯詔大赦又以祖約爲侍中太尉尚書令自爲驃騎將軍錄尚書事吳郡太守庾冰奔于會稽三月景子皇太后庾氏崩夏四月石勒攻宛南陽太守王國叛降于勒壬申葬明穆皇后于武平陵五月乙未峻逼遷天子于石頭帝哀泣升車宮中慟哭峻以倉屋爲宮遣管商張瑾弘徽寇晉陵韓晃寇義興吳興太守虞潭與庾冰王舒等起義兵於三吳景午征西大將軍陶侃平南將軍温嶠護軍將軍庾亮平北將軍魏該舟軍四萬次于蔡洲六月韓晃攻宣城內史桓彝力戰死之壬辰

平北將軍雍州刺史魏該卒于師廬江太守毛寶攻賊合肥戍拔之秋七月祖約爲石勒將石聰所攻衆潰奔于歷陽石勒將石季龍攻劉曜於蒲坂八月曜及石季龍戰于高侯季龍敗績曜遂圍石生於洛陽九月戊申司徒王導奔于白石庚午陶侃使督護楊謙攻峻于石頭溫嶠庾亮陣于白石竟陵太守李陽距賊南偏峻輕騎出戰墜馬斬之衆遂大潰賊黨復立峻弟逸爲帥前交州刺史張璉據始興反進攻廣州鎮南司馬曾勰等擊破之冬十月李雄將張龍寇涪陵太守趙弼沒於賊十二月乙未石勒敗劉曜於洛陽獲之是歲石勒將石季龍攻氐帥蒲洪於隴山降之

四年春正月帝在石頭賊將匡術以苑城歸順百官赴焉侍中鍾雅右衞將軍劉超謀奉帝出爲賊所害戊辰冠軍將軍趙胤遣將甘苗討祖約于歷陽敗之約奔於石勒其將牽騰帥衆降峻子碩攻臺城又焚太極東堂祕閣皆盡城中大饑米斗萬錢二月大雨霖景戌諸軍攻石頭李陽與蘇逸戰於祖浦陽軍敗建威長史滕含以銳卒擊之逸等大敗含奉帝御于溫嶠舟羣臣頓首號泣請

罪弋陽王羕有罪伏誅丁亥大赦時兵火之後宮闕灰燼以建平園爲宮甲午
蘇逸以萬餘人自延陵湖將入吳興乙未將軍王允之及逸戰于溧陽獲之壬
寅以湘州幷荆州劉曜太子毗與其大司馬劉胤帥百官奔于上邽關中大亂
三月壬子以征西大將軍陶侃爲太尉封長沙郡公車騎將軍郄鑒爲司空封
南昌縣公平南將軍温嶠爲驃騎將軍開府儀同三司封始安郡公其餘封拜
各有差庚午以右光祿大夫陸曄爲衞將軍開府儀同三司復封高密王紘爲
彭城王以護軍將軍庾亮爲平西將軍都督揚州之宣城江西諸軍事假節領
豫州刺史鎭蕪湖夏四月乙未驃騎將軍始安公温嶠卒秋七月有星孛於西
北會稽吳興宣城丹陽大水詔復遭賊郡縣租税三年八月劉曜將劉胤等帥
衆侵石生次於雍九月石勒將石季龍擊胤斬之進屠上邽盡滅劉氏坑其黨
三千餘人冬十月廬山崩十二月壬辰右將軍郭默害平南將軍江州刺史劉
胤太尉陶侃帥衆討默是歲天裂西北
五年春正月己亥大赦癸亥詔除諸將任子二月以尚書陸玩爲尚書左僕射

孔愉爲右僕射夏五月旱且饑疫乙卯太尉陶侃擒郭默於尋陽斬之石勒將劉徵寇南沙都尉許儒遇害進入海虞六月癸巳初稅田畝三升秋八月石勒僭即皇帝位使其將郭敬寇襄陽南中郎將周撫退歸武昌中州流人悉降于勒郭敬遂寇襄陽屯于樊城九月造新宮始繕苑城甲辰徙樂成王欽爲河閒王封彭城王紘子浚爲高密王冬十月丁丑幸司徒王導第置酒大會李雄將李壽寇巴東建平監軍毋丘奧太守陽謙退歸宜都十二月張駿稱臣於石勒

六年春正月癸巳劉徵復寇婁縣遂掠武進乙未進司徒郗鑒都督吳國諸軍事戊午以運漕不繼發王公已下千餘丁各運米六斛二月己丑以幽州刺史大單于段遼爲驃騎將軍三月壬戌朔日有蝕之癸未詔舉賢良直言之士夏四月旱六月景申復故河閒王顒爵位封彭城王植子融爲樂成王章武王混子珎爲章武王秋七月李雄將李壽侵陰平武都氐帥楊難敵降之八月庚子以左僕射陸玩爲尚書令

七年春正月辛未大赦三月西中郎將趙胤司徒中郎匡術攻石勒馬頭塢剋

之勒將韓雍寇南沙及海虞夏四月勒將郭敬陷襄陽五月大水秋七月景辰
詔諸養獸之屬損費者多一切除之太尉陶侃遣子平西參軍斌與南中郎將
桓宣攻石勒將郭敬破之剋樊城竟陵太守李陽拔新野襄陽因而戍之冬十
一月壬子朔進太尉陶侃爲大將軍詔舉賢良十二月庚戌帝遷于新宮
八年春正月辛亥朔詔曰昔大賊縱暴宮室焚蕩元惡雖翦未暇營築有司屢
陳朝會逼狹遂作斯宮子來之勞不日而成既獲臨御大饗羣后九賓充庭百
官象物知君子勤禮小人盡力矣思蠲密網咸同斯會其赦五歲刑以下令諸
郡舉力人能舉千五百斤以上者景寅李雄將李壽陷寧州刺史尹奉及建寧
太守霍彪並降之癸酉以張駿爲鎮西大將軍景子石勒遣使致賂詔焚之夏
四月詔封故新蔡王弼弟邈爲新蔡王以束帛徵處士尋陽翟湯會稽虞喜五
月有星隕于肥鄉麒麟騶虞見于遼東乙未車騎將軍遼東公慕容廆卒子皝
嗣位六月甲辰撫軍將軍王舒卒秋七月戊辰石勒死子弘嗣僞位其將石聰
以譙來降冬十月石弘將石生起兵於關中稱秦州刺史遣使來降石弘將石

季龍攻石朗於洛陽因進擊石生俱滅之十二月石生故部將郭權遣使請降
九年春正月隕石于涼州二以郭權爲鎮西將軍雍州刺史二月丁卯加鎮西
大將軍張駿爲大將軍三月丁酉會稽地震夏四月石弘將石季龍使石斌攻
郭權於鄖陷之六月李雄死其兄子班嗣僞位乙卯太尉長沙公陶侃薨大旱
詔太官徹膳省刑恤孤寡貶費節用辛未加平西將軍庾亮都督江荆豫益梁
雍六州諸軍事秋八月大雩自五月不雨至于是月九月戊寅散騎常侍衞將
軍江陵公陸曄卒冬十月李雄子期弒李班而自立班弟玝與其將焦會羅凱
等並來降十一月石季龍弒石弘自立爲天王十二月丁卯以東海王冲爲車
騎將軍琅琊王岳爲驃騎將軍蘭陵人朱縱斬石季龍將郭祥以彭城來降
咸康元年春正月庚午朔帝加元服大赦改元增文武位一等大酺三日賜鰥
寡孤獨不能自存者米人五斛二月甲子帝親釋奠揚州諸郡饑遣使振給三
月乙酉幸司徒府夏四月癸卯石季龍寇歷陽加司徒王導大司馬假黃鉞都
督征討諸軍事以禦之癸丑帝觀兵于廣莫門分命諸將遣將軍劉仕救歷陽

平西將軍趙胤屯慈湖龍驤將軍路永戍牛渚建武將軍王允之戍蕪湖司空郗鑒使廣陵相陳光帥衆衛京師賊退向襄陽戊午解嚴石季龍將石遇寇中盧南中郎將王國退保襄陽秋八月長沙武陵大水束帛徵處士翟湯郭翻冬十月乙未朔日有蝕之是歲大旱會稽餘姚尤甚米斗五百價人相賣

二年春正月辛巳彗星見于奎以吳國內史虞潭爲衛將軍二月筭軍用稅米空懸五十餘萬石尚書謝褒已下免官辛亥立皇后杜氏大赦增文武位一等庚申高句驪遣使貢方物三月旱詔太官減膳免所旱郡縣繇役戊寅大雩夏四月丁巳皇后見于太廟雨雹秋七月揚州會稽饑開倉振給冬十月廣州刺史鄧嶽遣督護王隨擊夜郎新昌太守陶協擊興古並剋之詔曰歷觀先代莫不褒崇明祀賓禮三恪故杞宋啓土光于周典宗姬侯衛垂美漢冊自頃喪亂庶邦殄悴周漢之後絕而莫繼其詳求衛公山陽公近屬有履行修明可以繼承其祀者依舊典施行新作朱雀浮桁十一月遣建威將軍司馬勳安集漢中爲李期將李壽所敗

三年春正月辛卯立太學夏六月旱冬十一月丁卯慕容皝自立爲燕王
四年春二月石季龍帥衆七萬擊段遼于遼西遼奔于平崗夏四月李壽弑李
期僭卽僞位國號漢石季龍爲慕容皝所敗癸丑加皝征北大將軍五月乙未
以司徒王導爲太傅都督中外諸軍事司空郗鑒爲太尉征西將軍庾亮爲司
空六月改司徒爲丞相以太傅王導爲之秋八月景午分寧州置安州
五年春正月辛丑大赦三月乙丑廣州刺史鄧嶽伐蜀建寧人孟彥執李壽將
霍彪以降夏四月辛未征西將軍庾亮遣參軍趙松擊巴郡江陽獲石季龍將
李閎黄桓等秋七月庚申使持節侍中丞相領揚州刺史始興公王導薨辛酉
以護軍將軍何充錄尚書事八月壬午復改丞相爲司徒辛酉太尉南昌公郗
鑒薨九月石季龍將夔安李農陷沔南張貉陷邾城因寇江夏義陽征虜將軍
毛寶西陽太守樊俊義陽太守鄭進並死之夔安等進圍石城竟陵太守李陽
距戰破之斬首五千餘級安乃退遂略漢東擁七千餘家遷于幽冀冬十二月
景戌以驃騎將軍琅邪王岳爲司徒李壽將李奕寇巴東守將勞揚戰敗死之

六年春正月庚子使持節都督江豫益梁雍交廣七州諸軍事司空都亭侯庾
亮薨辛亥以左光祿大夫陸玩爲司空二月慕容皝及石季龍將石成戰于遼
西敗之獻捷于京師庚辰有星孛于太微三月丁卯大赦以車騎將軍東海王
冲爲驃騎將軍李壽陷丹川守將孟彥劉齊李秋皆死之秋七月乙卯初依中
興故事朔望聽政於東堂冬十月林邑獻馴象十一月癸卯復琅琊比漢豐沛
七年春二月甲午朔日有蝕之己卯慕容皝遣使求假燕王章璽許之三月戊
戌杜皇后崩夏四月丁卯葬恭皇后于興平陵實編戶王公已下皆正土斷白
籍秋八月辛酉驃騎將軍東海王冲薨九月罷太僕官冬十二月癸酉司空興
平伯陸玩薨除樂府雜伎罷安州
八年春正月己未朔日有蝕之乙丑大赦三月初以武悼夏皇后配饗武帝廟
夏六月庚寅帝不豫詔曰朕以眇年獲嗣洪緒託於王公之上於茲十有八年
未能闡融政道翦除逋祲夙夜戰兢匪遑寧處今遘疾殆不興是用震悼于厥
心千齡眇眇未堪艱難司徒琅琊王岳親則母弟體則仁長君人之風允塞時

望肆爾王公卿士其輔之以祗奉祖宗明祀協和內外允執其中嗚呼敬之哉無墜祖宗之顯命壬辰引武陵王晞會稽王昱中書監庾冰中書令何充尙書令諸葛恢竝受顧命癸巳帝崩于西堂時年二十二葬興平陵廟號顯宗帝少而聰敏有成人之量南頓王宗之誅也帝不之知及蘇峻平問庾亮曰常日白頭公何在亮對以謀反伏誅帝泣謂亮曰舅言人作賊便殺之人言舅作賊復若何亮懼變色庾懌嘗送酒於江州刺史王允之允之與犬犬斃懼而表之帝怒曰大舅已亂天下小舅復欲爾邪懌聞飲藥而死然少爲舅氏所制不親庶政及長頗留心萬幾務在簡約常欲於後園作射堂計用四十金以勞費乃止雄武之度雖有愧於前王恭儉之德足追蹤於前烈矣

康帝

康皇帝諱岳字世同成帝母弟也咸和元年封吳王二年徙封琅邪王九年拜散騎常侍加驃騎將軍咸康五年遷侍中司徒八年六月庚寅成帝不豫詔以琅邪王爲嗣癸巳成帝崩甲午卽皇帝位大赦諸屯戍文武及二千石官長不

得輒離所局而來奔赴己亥封成帝子丕爲琅邪王奕爲東海王時帝諒陰不
言委政于庾冰何克秋七月景辰葬成皇帝于興平陵帝親奉奠於西階旣發
引徒行至閶闔門升素輿至於陵所己未以中書令何克爲驃騎將軍八月辛
丑彭城王紘薨以江州刺史王允之爲衛將軍九月詔琅琊國及府史進位各
有差冬十月甲午衛將軍王允之卒十二月增文武位二等壬子立皇后褚氏
建元元年春正月改元振恤鰥寡孤獨三月以中書監庾冰爲車騎將軍夏四
月益州刺史周撫西陽太守曹據伐李壽敗其將李恆于江陽五月旱六月壬
午又以束帛徵處士南陽翟湯會稽虞喜有司奏成帝崩一周請改素服御進
膳如舊壬寅詔曰禮之降殺因時而寢興誠無常矣至于君親相準名教之重
莫之改也權制之作蓋出近代雖曰適事實弊薄之始先王崇之後世猶怠而
況因循又從輕降義弗可矣石季龍帥衆伐慕容皝皝大敗之秋七月石季龍
將戴開帥衆來降丁巳詔曰慕容皝摧殄羯寇乃云死沒八萬餘人將是其天
亡之始也中原之事宜加籌量且戴開已帥部黨歸順宜見慰勞其遣使詣安

西驃騎諮謀諸軍事以輔國將軍琅琊內史桓温爲前鋒小督假節帥衆入臨淮安西將軍庾翼爲征討大都督遷鎮襄陽庚申晉陵吳郡災八月李壽死子勢嗣僞位石季龍使其將劉寧攻陷狄道冬十月辛巳以車騎將軍庾冰都督荆江司雍益梁六州諸軍事江州刺史以驃騎將軍何充爲中書監都督揚豫二州諸軍事揚州刺史錄尚書事輔政以琅琊內史桓温都督青徐兗三州諸軍事徐州刺史褚裒爲衞將軍領中書令十一月己巳大赦十二月石季龍侵張駿駿使其將軍謝艾拒之大戰于河西季龍敗績十二月高句驪遣使朝獻

二年春正月張駿遣其將和驎謝艾討南羌于闐和大破之二月慕容皝及鮮卑帥宇文歸戰于昌黎歸衆大敗奔于漠北四月張駿將張瓘敗石季龍將王擢于三交城秋八月景子進安西將軍庾翼爲征西將軍庚辰持節都督司雍梁三州諸軍事梁州刺史平北將軍竟陵公桓宣卒丁巳以衞將軍褚裒爲特進都督徐兗二州諸軍事兗州刺史鎮金城九月巴東太守楊謙擊李勢將申陽走之獲其將樂高景申立皇子聃爲皇太子戊戌帝崩于式乾殿時年二十

三葬崇平陵初成帝有疾中書令庾冰自以舅氏當朝權侔人主恐異世之後
戚屬將疎乃言國有彊敵宜立長君遂以帝爲嗣制度年號再與中朝因改元
曰建元或謂冰曰郭璞讖云立始之際丘山傾立者建也始者元也丘山諱也
冰瞿然既而歎曰如有吉凶豈改易所能救乎至是果驗云
史臣曰肆虐滔天豈伊朝夕若乃詳刑不怨庶情猶仰又可以見逆順之機焉
成帝因削弱之資守江淮之地政出渭陽聲乖威服凶徒既縱神器阽危京華
無赦庾之資宮室類咸陽之火桀犬吠堯封狐嗣亂方諸后羿曷若斯之甚也
反我皇駕不有晉文之師繫于苞桑且賴陶公之力古之侯服不幸臣家天子
宣遊則避宮北面聞諸遺策用爲恆範顯宗於王導之門斂衣前拜豈魯公受
玉之卑乎帝亦克儉于躬庶能激揚流弊者也
贊曰惟皇夙表余舅爲毗勤於致寇拙於行師火及君屋兵纏帝帷石頭之駕
海內含悲康后天資居哀禮縟墜典方興降齡奚促
晉書卷七

晉書卷七考證

成帝紀平南將軍觀陽伯應詹卒○明帝紀太寧二年封護軍將軍應詹觀陽縣侯此稱伯與前小異

晉書卷七考證

唐　太　宗　文　皇　帝　御　撰

帝紀第八

穆帝

穆皇帝諱聃字彭子康帝子也建元二年九月景申立爲皇太子戊戌康帝崩己亥太子卽皇帝位時年二歲大赦尊皇后爲皇太后壬寅皇太后臨朝攝政冬十月乙丑葬康皇帝於崇平陵十一月庚辰車騎將軍庾冰卒

永和元年春正月甲戌朔皇太后設白紗帷於太極殿抱帝臨軒改元甲申進鎮軍將軍武陵王晞爲鎮軍大將軍開府儀同三司以鎮軍將軍顧衆爲尙書右僕射夏四月壬戌詔會稽王昱錄尙書六條事五月戊寅大雩尙書令金紫光祿大夫建安伯諸葛恢卒六月癸亥地震秋七月庚午持節都督江荊司梁雍益寧七州諸軍事江州刺史征西將軍都亭侯庾翼卒翼部將干瓚戴羲等殺冠軍將軍曹據舉兵反安西司馬朱燾討平之八月豫州刺史路永叛奔于

石季龍庚辰以輔國將軍徐州刺史桓温爲安西將軍持節都督荆司雍益梁寧六州諸軍事領護南蠻校尉荆州刺史石季龍將路永屯于壽春九月景申皇太后詔曰今百姓勞弊其共思詳所以振卹之宜及歲常調非軍國要急者並宜停之冬十一月李勢將爨頠來奔涼州牧張駿伐焉耆降之

二年春正月景寅大赦己卯使持節侍中都督揚州諸軍事揚州刺史驃騎將軍錄尚書事都鄉侯何充卒二月癸丑以左光祿大夫蔡謨領司徒錄尚書六條事撫軍大將軍會稽王昱及謨並輔政三月景子以前司徒左長史殷浩爲建武將軍揚州刺史夏四月己酉朔日有蝕之五月景戌涼州牧張駿卒子重華嗣六月石季龍將王擢襲武街執張重華護軍胡宣又使麻秋孫伏都伐金城太守張沖降之重華將謝艾擊秋敗之秋七月以兗州刺史褚裒爲征北大將軍開府儀同三司冬十月地震十一月辛未安西將軍桓温帥征虜將軍周撫輔國將軍譙王無忌建武將軍袁喬伐蜀拜表輒行十二月枉矢自東南流于西北其長竟天

三年春正月乙卯桓温攻成都尅之丁亥李勢降益州平林邑范文攻陷日南害太守夏侯覽以尸祭天夏四月地震蜀人鄧定隗文舉兵反桓温又擊破之使益州刺史周撫鎮彭模丁巳鄧定隗文復入據成都征虜將軍楊謙棄涪城退保德陽五月戊申進慕容皝爲安北將軍石季龍又使其將石寧麻秋等伐涼州次于曲柳張重華使將軍牛旋禦之退守枹罕六月辛酉大赦秋七月范文復陷日南害督護劉雄隗文立范賁爲帝八月戊午張重華將謝艾進擊麻秋大敗之九月地震冬十月乙丑假涼州刺史張重華大都督隴右關中諸軍事護羌校尉大將軍武都氐王楊初爲征南將軍雍州刺史平羌校尉仇池公並假節十二月振威護軍蕭敬文害征虜將軍楊謙攻涪城陷之遂取巴西通于漢中

四年夏四月范文寇九德多所殺害五月大水秋八月進安西將軍桓温爲征西大將軍開府儀同三司封臨賀郡公西中郎將謝尙爲安西將軍九月景申慕容皝死子儁嗣僞位冬十月己未地震石季龍使其將苻健寇竟陵十二月

豫章人黃韜自號孝神皇帝聚衆數千寇臨川太守庾條討平之
五年春正月辛巳朔大赦庚寅地震石季龍僭卽皇帝位於鄴二月征北大將
軍褚裒使部將王龕北伐獲石季龍將支重夏四月益州刺史周撫龍驤將軍
朱燾擊范賁獲之益州平封周撫爲建城公假慕容儁大將軍幽平二州牧大
單于燕王征西大將軍桓温遣督軍滕畯討范文爲文所敗石季龍死子世嗣
僞位五月石遵廢世而自立六月桓温屯安陸遣諸將討河北石遵揚州刺史
王浹以壽陽來降秋七月褚裒進次彭城遣部將王龕李邁及石遵將李農戰
于代陂王師敗績王龕爲農所執李邁死之八月褚裒退屯廣陵西中郎將陳
逵焚壽春而遁梁州刺史司馬勳攻石遵長城戍仇池公楊初襲西城皆破之
冬十月石遵將石遇攻宛陷之執南陽太守郭啓司馬勳進次懸鉤石季龍故
將麻秋距之勳退還梁州十一月景辰石鑒弑石遵而自立十二月己酉使持
節都督徐兗二州諸軍事徐州刺史征北大將軍開府儀同三司都鄉侯褚裒
卒以建武將軍吳國內史荀羨爲使持節監徐兗二州諸軍事北中郎將徐州

刺史
六年春正月帝臨朝以褚裒喪故懸而不樂閏月冉閔弒石鑒僭稱天王國號
魏鑒弟祗僭帝號于襄國丁丑彗星見于亢己丑加中軍將軍殷浩督揚豫徐
兗青五州諸軍事假節氐帥苻洪遣使來降以爲氐王封廣川郡公假洪子健
節監河北諸軍事右將軍封襄國縣公三月石季龍故將麻秋鴆殺苻洪于枋
頭夏五月大水廬江太守袁真攻合肥尅之六月石祗遣其弟琨攻冉閔將王
泰於邯鄲琨師敗績秋八月輔國將軍譙王無忌薨苻健帥衆入關冬十一月
冉閔圍襄國十二月免司徒蔡謨爲庶人是歲大疫
七年春正月丁酉日有蝕之辛丑鮮卑段龕以青州來降苻健僭稱王國號秦
二月戊寅以段龕爲鎭北將軍封齊公石祗大敗冉閔於襄國夏四月梁州刺
史司馬勳出步騎三萬自漢中入秦川與苻健戰于五丈原王師敗績加尙書
令顧和開府儀同三司劉顯殺石祗五月祗兗州刺史劉啓自鄄城來奔秋七
月尙書令左光祿大夫開府儀同三司顧和卒甲辰濤水入石頭溺死者數百

人八月冉閔豫州牧張遇以許昌來降拜鎮西將軍九月峻陽太陽二陵崩甲辰帝素服臨於太極殿三日遣兼太常趙拔修復山陵冬十月雷雨震電十一月石祇將姚弋仲冉閔將魏脫各遣使來降以弋仲爲車騎將軍大單于封高陵郡公弋仲子襄爲平北將軍都督幷州諸軍事幷州刺史平鄉縣公脫爲安北將軍監冀州諸軍事冀州刺史十二月辛未征西大將軍桓温帥衆北伐次于武昌而止時石季龍故將周成屯廩丘高昌屯野王樂立屯許昌李歷屯衛國皆相次來降

八年春正月辛卯日有蝕之劉顯僭帝號於襄國冉閔擊破殺之苻健僭帝號於長安二月峻平崇陽二陵崩戊辰帝臨三日遣殿中都尉王惠如洛陽以衛五陵鎮西將軍張遇反於許昌使其黨上官恩據洛陽樂弘攻督護戴施於倉垣三月使北中郎將荀羨鎮淮陰苻健別帥侵順陽太守薛珍擊破之夏四月冉閔爲慕容儁所滅儁僭帝號於中山稱燕安西將軍謝尚帥姚襄與張遇戰於許昌之誡橋王師敗績苻健使其弟雄襲遇虜之秋七月大雩石季龍故將

王擢遣使請降拜征西將軍秦州刺史丁酉以鎮軍大將軍武陵王晞爲太宰撫軍大將軍會稽王昱爲司徒征西大將軍桓溫爲太尉八月平西將軍周撫討蕭敬文於涪城斬之冉閔子智以鄴降督護戴施獲其傳國璽送之文曰受天之命皇帝壽昌百僚畢賀九月冉智爲其將馬願所執降于慕容恪中軍將軍殷浩帥衆北伐次泗口遣河南太守戴施據石門滎陽太守劉遂戍倉垣冬十月秦州刺史王擢爲苻健所逼奔于涼州

九年春正月乙卯朔大赦張重華使王擢與苻健將苻雄戰擢師敗績景寅皇太后與帝同拜建平陵三月旱交州刺史阮敷討林邑范佛於日南破其五十餘壘夏四月以安西將軍謝尚爲尚書僕射五月大疫張重華復使王擢襲秦州取之仇池公楊初爲苻雄所敗秋七月丁酉地震有聲如雷八月遣兼太尉河間王欽修復五陵冬十月中軍將軍殷浩進次山桑使平北將軍姚襄爲前鋒襄叛反擊浩浩棄輜重退保譙城丁未涼州牧張重華卒子耀靈嗣是月張祚弒耀靈而自稱涼州牧十一月殷浩使部將劉啓王彬之討姚襄復爲襄所

敗襄遂進據芍陂十二月加尙書僕射謝尙爲都督豫揚江西諸軍事領豫州
刺史鎭歷陽
十年春正月己酉朔帝臨朝以五陵未復慼而不樂凉州牧張祚僭帝位冉閔
降將周成舉兵反自宛陵襲洛陽辛酉河南太守戴施奔鮪渚丁卯地震有聲
如雷二月己丑太尉征西將軍桓溫帥師伐關中廢揚州刺史殷浩爲庶人以
前會稽內史王述爲揚州刺史夏四月己亥温及苻健子萇戰于藍田大敗之
五月江西乞活郭敞等執陳留內史劉仕而叛京師震駭以吏部尙書周閔爲
中軍將軍屯于中堂豫州刺史謝尙自歷陽還衞京師六月苻健將苻雄悉衆
及桓温戰於白鹿原王師敗績秋九月辛酉桓温糧盡引還
十一年春正月甲辰侍中汝南王統薨平羌校尉仇池公楊初爲其部將梁式
所害初子國嗣位因拜鎭北將軍秦州刺史齊公段龕襲慕容儁將榮國於郎
山敗之夏四月壬申隕霜乙酉地震姚襄帥衆寇外黃冠軍將軍高季大破之
五月丁未地又震六月苻健死其子生嗣僞位秋七月宋混張瓘弒張祚而立

耀靈弟玄靚爲大將軍涼州牧遣使來降以吏部尚書周閔爲尚書左僕射領軍將軍王彪之爲尚書右僕射冬十月進豫州刺史謝尚督幷冀幽三州諸軍事鎭西將軍鎭馬頭十二月慕容恪帥衆寇廣固壬戌上黨人馮鴦自稱太守背苻生遣使來降

十二年春正月丁卯帝臨軒以皇太后母喪懸而不樂鎭北將軍段龕及慕容恪戰於廣固大敗之恪退據安平二月辛丑帝講孝經三月姚襄入于許昌以太尉桓温爲征討大都督以討之秋八月己亥桓温及姚襄戰於伊水大敗之襄走平陽徙其餘衆三千餘家於江漢之閒執周成而歸使揚武將軍毛穆之督護陳午輔國將軍河南太守戴施鎭洛陽冬十月癸巳朔日有蝕之慕容恪攻段龕於廣固使北中郎將荀羨帥師次于瑯邪以救之十一月遣兼司空散騎常侍車灌龍驤將軍袁眞等持節如洛陽修五陵十二月庚戌以有事於五陵告於太廟帝及郡臣皆服緦於太極殿臨三日是歲仇池公楊國爲其從父俊所殺俊自立

升平元年春正月壬戌朔帝加元服告于太廟始親萬幾大赦改元增文武位一等皇太后居崇德宮丁丑隕石于槐里一是月鎮北將軍齊公段龕爲慕容恪所陷遇害扶南天竺旃檀獻馴象詔曰昔先帝以殊方異獸或爲人患禁之今及其未至可令還本土三月帝講孝經壬申親釋奠于中堂夏五月庚午鎮西將軍謝尚卒苻生將苻眉苻堅擊姚襄戰于三原斬之六月苻堅殺苻生而自立以軍司謝奕爲使持節都督安西將軍豫州刺史秋七月苻堅將張平以幷州降遂以爲幷州刺史八月丁未立皇后何氏大赦賜孝弟鰥寡米人五斛逋租宿債皆勿收大酺三日冬十月皇后見于太廟十一月雷十二月以太常王彪之爲尚書左僕射

二年春正月司徒會稽王昱稽首歸政帝不許三月慕容儁陷冀州諸郡詔安西將軍謝奕北中郎將荀羨北伐三月攸飛督王饒獻鴆鳥帝怒鞭之二百使殿中御史焚其鳥於四達之衢夏五月大水有星孛于天船六月幷州刺史張平爲苻堅所逼帥衆三千奔于平陽堅追敗之慕容恪進據上黨冠軍將軍馮

鴦以衆叛歸慕容雋雋盡陷河北之地秋八月安西將軍謝奕卒壬申以吳興太守謝萬爲西中郎將持節監司豫冀并四州諸軍事豫州刺史以散騎常侍郄曇爲北中郎將持節都督徐兗青冀幽五州諸軍事徐兗二州刺史鎮下邳冬十月乙丑陳留王曹勱薨十一月庚子雷辛酉地震十二月北中郎將荀羨及慕容雋戰于山茌王師敗績

三年春三月甲辰詔以比年出軍糧運不繼王公已下十三戶借一人一年助運秋七月平北將軍高昌爲慕容雋所逼自白馬奔于滎陽冬十月慕容雋寇東阿遣西中郎將謝萬次下蔡北中郎將郄曇次高平以擊之王師敗績十一月戊子進揚州刺史王述爲衞將軍十二月又以中軍將軍瑯邪王丕爲驃騎將軍東海王奕爲車騎將軍封武陵王晞子遵爲梁王交州刺史温放之帥兵討林邑參黎耽潦並降之

四年春正月仇池公楊俊卒子世嗣景戌慕容雋死子暐嗣僞位二月鳳皇將九雛見于豐城秋七月以軍役繁與省用徹膳八月辛丑朔日有蝕之既冬十

月天狗流于西南十一月封太尉桓溫爲南郡公溫弟沖爲豐城縣公子濟爲臨賀郡公鳳皇復見豐城衆鳥隨之

五年春正月戊戌大赦賜鰥寡孤獨不能自存者人米五斛北中郎將都督徐兖青冀幽五州諸軍事徐兖二州刺史郗曇卒二月以鎮軍將軍范汪爲都督青兖徐冀幽五州諸軍事安北將軍徐兖二州刺史平南將軍廣州刺史陽夏侯滕含卒夏四月大水太尉桓溫鎮宛使其弟豁將兵取許昌鳳皇見于沔北

五月丁巳帝崩于顯陽殿時年十九葬永平陵廟號孝宗

哀帝

哀皇帝諱丕字千齡成帝長子也咸康八年封爲琅邪王永和元年拜散騎常侍十二年加中軍將軍升平三年除驃騎將軍五年五月丁巳穆帝崩皇太后令曰帝奄不救疾胤嗣未建琅邪王丕中興正統明德懋親昔在咸康屬當儲貳以年在幼沖未堪國難故顯宗高讓今義望情地莫與爲比其以王奉大統於是百官備法駕迎于琅邪第庚申卽皇帝位大赦壬戌詔曰朕獲承明命入

纂大統顧惟先王宗廟蒸嘗無主太妃喪庭廓然靡寄悲痛感摧五內抽割宗
國之尊情禮兼隆胤嗣之重義無與二東海王奕戚屬親近宜奉本統其以奕
爲琅邪王秋七月戊午葬穆皇帝于永平陵慕容恪攻陷野王守將呂護退保
滎陽八月己卯夜天裂廣數丈有聲如雷九月戊申立皇后王氏穆帝皇后何
氏稱永安宮呂護叛奔于慕容暐冬十月安北將軍范汪有罪廢爲庶人十一
月景辰詔曰顯宗成皇帝顧命以時事多艱弘高世之風樹德博重以隆社稷
而國故不已康穆早世胤祚不融朕以寡德復承先緒感惟永慕悲痛兼摧夫
昭穆之義固宜本之天屬繼體承基古今常道宜上嗣顯宗以脩本統十二月
加涼州刺史張玄靚爲大都督隴右諸軍事護羌校尉西平公
隆和元年春正月壬子大赦改元甲寅減田稅畝收二升二月慕容暐將呂護
傅末波攻陷小壘以逼洛陽二月辛未以輔國將軍吳國內史庾希爲北中郎
將徐兗二州刺史鎮下邳前鋒監軍龍驤將軍袁真爲西中郎將監護豫司幷
冀四州諸軍事豫州刺史鎮汝南並假節景子尊所生周氏爲皇太妃三月甲

寅朔日有蝕之夏四月旱詔出輕繫振困乏丁丑梁州地震浩亹山崩呂護復
寇洛陽乙酉輔國將軍河南太守戴施奔于宛五月丁巳遣北中郎將庾希竟
陵太守鄧遐以舟師救洛陽秋七月呂護等退守小平津進琅邪王奕爲侍中
驃騎大將軍開府鄧遐進屯新城庾希部將何謙及慕容暐將劉則戰于檀丘
破之八月西中郎將袁真進次汝南運米五萬斛以饋洛陽冬十月賜貧乏者
米人五斛章武王珍薨十二月戊午朔日有蝕之詔曰戎旅路次未得輕簡賦
役玄象失度亢旱爲患豈政事未洽將有版築渭濱之士邪其搜揚隱滯蠲除
苛碎詳議法令咸從損要庾希自下邳退鎮山陽袁真自汝南退鎮壽陽
興寧元年春二月己亥大赦改元三月壬寅皇太妃薨于琅邪第癸卯帝奔喪
詔司徒會稽王昱總內外衆務夏四月慕容暐寇滎陽太守劉遠奔魯陽甲戌
揚州地震湖瀆溢五月加征西大將軍桓溫侍中大司馬都督中外諸軍事錄
尚書事假黃鉞復以西中郎將袁真都督司冀幷三州諸軍事北中郎將庾希
都督青州諸軍事癸卯慕容暐陷密城滎陽太守劉遠奔于江陵秋七月張天

錫弑涼州刺史西平公張玄靚自稱大將軍護羌校尉涼州牧西平公丁酉葬章皇太妃八月有星孛于角亢入天市九月壬戌大司馬桓温帥衆北伐癸亥以皇子生大赦冬十月甲申立陳留王世子恢爲王十一月姚襄故將張駿殺江州督護趙毗焚武昌略府藏以叛江州刺史桓沖討斬之是歲慕容暐將慕容塵攻陳留太守袁披于長平汝南太守朱斌承虛襲許昌尅之

二年春二月庚寅江陵地震慕容暐將慕容評襲許昌穎川太守李福死之評遂侵汝南太守朱斌遁于壽陽又進圍陳郡太守朱輔嬰城固守桓温遣江夏相劉岵擊退之改左軍將軍爲遊擊將軍罷右軍前軍後軍將軍五校三將官癸卯帝親耕藉田三月庚戌朔大閱戶人嚴法禁稱爲庚戌制辛未帝不豫帝雅好黃老斷穀餌長生藥服食過多遂中毒不識萬幾崇德太后復臨朝攝政夏四月甲申慕容暐遣其將李洪侵許昌王師敗績于懸瓠朱斌奔于淮南朱輔退保彭城桓温遣西中郎將袁真江夏相劉岵等鑿陽儀道以通運温帥舟師次于合肥慕容塵復屯許昌五月遷陳人于陸以避之戊辰以揚州刺史王

述爲尙書令衞將軍以桓温爲揚州牧錄尙書事壬申遣使喻温入相温不從秋七月丁卯復徵温入朝八月温至赭圻遂城而居之苻堅別帥侵河南慕容暐寇洛陽九月冠軍將軍陳祐留長史沈勁守洛陽帥衆奔新城

三年春正月庚申皇后王氏崩二月乙未以右將軍桓豁監荆州揚州之義城雍州之京兆諸軍事領南蠻校尉荆州刺史桓沖監江州荆州之江夏隨郡豫州之汝南西陽新蔡潁川六郡諸軍事南中郎將江州刺史領南蠻校尉並假節景申帝崩於西堂時年二十五葬安平陵

海西公

廢帝諱奕字延齡哀帝之母弟也咸康八年封爲東海王永和八年拜散騎常侍尋加鎮軍將軍升平四年拜車騎將軍五年改封琅邪王隆和初轉侍中驃騎大將軍開府儀同三司興寧三年二月景申哀帝崩無嗣丁酉皇太后詔曰

帝遂不救厥疾艱禍仍臻遺緒泯然哀慟切心琅邪王奕明德茂親屬當儲嗣宜奉祖宗纂承大統便速正大禮以寧人神於是百官奉迎于琅邪第是日卽

皇帝位大赦三月壬申葬哀皇帝于安平陵癸酉散騎常侍河間王欽薨景子
慕容暐將慕容恪陷洛陽寧朔將軍竺瑤奔于襄陽冠軍長史揚武將軍沈勁
死之夏六月戊子使持節都督益寧二州諸軍事鎮西將軍益州刺史建城公
周撫卒秋七月匈奴左賢王衞辰右賢王曹轂帥衆二萬侵苻堅杏城己酉改
封會稽王昱爲琅邪王壬子立皇后庾氏封琅邪王昱子昌明爲會稽王冬十
月梁州刺史司馬勳反自稱成都王十一月帥衆入劍閣攻涪西夷校尉毌丘
暐棄城而遁乙卯圍益州刺史周楚于成都桓溫遣江夏相朱序救之十二月
戊戌以會稽內史王彪之爲尚書僕射
太和元年春二月己丑以涼州刺史張天錫爲大將軍都督隴右關中諸軍事
西平郡公景申以宣城內史桓祕爲持節監梁益二州征討諸軍事三月辛亥
新蔡王邈薨荆州刺史桓豁遣督護桓羆攻南鄭魏與人畢欽舉兵以應羆夏
四月旱五月戊寅皇后庾氏崩朱序攻司馬勳於成都衆潰執勳斬之秋七月
癸酉葬孝皇后于敬平陵九月甲午曲赦梁益二州冬十月辛丑苻堅將王猛

楊安攻南鄉荆州刺史桓豁救之師次新野而猛安退以會稽王昱爲丞相十
二月南陽人趙弘趙憶等據宛城反太守桓澹走保新野慕容暐將慕容厲陷
魯郡高平
二年春正月北中郎將庾希有罪走入于海夏四月慕容暐將慕容塵寇竟陵
太守羅崇擊破之苻堅將王猛寇涼州張天錫距之猛師敗績五月右將軍桓
豁擊趙憶走之進獲慕容暐將趙槃送于京師秋九月以會稽内史郗愔爲都
督徐兗青幽四州諸軍事平北將軍徐州刺史冬十月乙巳彭城王玄薨
三年春三月丁巳朔日有蝕之癸亥大赦夏四月癸巳雨雹大風折木秋八月
壬寅尚書令衞將軍藍田侯王述卒
四年夏四月庚戌大司馬桓溫帥衆伐慕容暐秋七月辛卯暐將慕容垂帥衆
距溫溫擊敗之九月戊寅桓溫裨將鄧遐朱序遇暐將傅末波於林渚又大破
之戊子溫至枋頭景申以糧運不繼焚舟而歸辛丑慕容垂追敗溫後軍於襄
邑冬十月大星西流有聲如雷己巳溫收散卒屯于山陽豫州刺史袁真以壽

陽叛十一月辛丑桓温自山陽及會稽王昱會于涂中將謀後舉十二月遂城廣陵而居之

五年春正月己亥袁真子雙之愛之害梁國内史朱憲汝南内史朱斌二月癸酉袁真死陳郡太守朱輔立真子瑾嗣事求救於慕容暐夏四月辛未桓温部將竺瑶破瑾于武丘秋七月癸酉朔日有蝕之八月癸丑桓温擊袁瑾於壽陽敗之九月苻堅將王猛伐慕容暐陷其上黨廣漢妖賊李弘與益州妖賊李金根聚衆反弘自稱聖王衆萬餘人梓潼太守周虓討平之冬十月王猛大破慕容暐將慕容評於潞川十一月猛尅鄴獲慕容暐盡有其地

六年春正月苻堅遣將王鑒來援袁瑾將軍桓伊逆擊大破之丁亥桓温尅壽陽斬袁瑾三月壬辰監益寧二州諸軍事冠軍將軍益州刺史建城公周楚卒夏四月戊午大赦賜窮獨米人五斛苻堅將苻雅伐仇池仇池公楊纂降之六月京都及丹陽晉陵吳郡吳興臨海並大水秋八月以前寧州刺史周仕孫爲假節監益梁二州諸軍事益州刺史冬十月壬子高密王俊薨十一月癸卯桓

温自廣陵屯于白石丁未詣闕因圖廢立誣帝在藩夙有痿疾嬖人相龍計好朱靈寶等參侍內寢而二美人田氏孟氏生三男長欲封樹時人惑之温因諷太后以伊霍之舉己酉集百官於朝堂宣崇德太后令曰王室艱難穆哀短祚國嗣不育儲宮靡立琅邪王奕親則母弟故以入纂大位不圖德之不建乃至於斯昏濁潰亂動違禮度有此三孽莫知誰子人倫道喪醜聲遐布既不可以奉守社稷敬承宗廟且昏孽並大便欲建樹儲藩誣罔祖宗傾移皇基是而可忍孰不可懷今廢奕爲東海王以王還第供衛之儀皆如漢朝昌邑故事但未亡人不幸罹此百憂感念存沒心焉如割社稷大計義不獲已臨紙悲塞如何可言於是百官入太極前殿即日桓温使散騎侍郎劉享收帝璽綬帝著白帢單衣步下西堂乘犢車出神獸門羣臣拜辭莫不歔欷侍御史殿中監將兵百人衛送東海第初桓温有不臣之志欲先立功河朔以收時望及枋頭之敗威名頓挫遂潛謀廢立以長威權然憚帝守道恐招時議以宮闈重閟牀第易誣乃言帝爲閹遂行廢辱初帝平生每以爲慮嘗召術人扈謙筮之卦成答曰晉

室有盤石之固陛下有出宮之象竟如其言咸安二年正月降封帝爲海西縣公四月徙居吳縣勑吳國內史刁彝防衞又遣御史顧允監察之十一月妖賊盧悚遣弟子殿中監許龍晨到其門稱太后密詔奉迎興復帝初欲從之納保母諫而止龍曰大事將捷焉用兒女子言乎帝曰我得罪於此幸蒙寬宥豈敢妄動哉且太后有詔便應官屬來何獨使汝也汝必爲亂因叱左右縛之龍懼而走帝知天命不可再深慮橫禍乃杜塞聰明無思無慮終日酣暢耽于內寵有子不育庶保天年時人憐之爲作歌焉朝廷以帝安于屈辱不復爲虞太元十一年十月甲申薨于吳時年四十五

史臣曰孝宗因繈抱之姿用母氏之化中外無事十有餘年以武帝之才啓之疆埸以文王之風被乎江漢則孔子所謂吾無間然矣哀皇寬惠可以爲君而鴻祀禳天用塵其德東海違許龍之駕屈放命之臣所謂柔弱勝剛彊得盡於天年者也

贊曰委裘稱化大孝爲宗遵彼聖善成茲允恭西旌玉壘北旆金墉還殷舊𡕾

莫不來從哀后寬仁惟靈旣集海西多故時災見及彼異阿衡我非昌邑

晉書卷八

晉書卷九

唐　太　宗　文　皇　帝　御　撰

帝紀第九

簡文帝

簡文皇帝諱昱字道萬元帝之少子也幼而岐嶷爲元帝所愛郭璞見而謂人曰與晉祚者必此人也及長清虛寡欲尤善玄言永昌元年元帝詔曰先公武王先考恭王君臨琅邪繼世相承國嗣未立蒸嘗靡主朕常悼心子昱仁明有智度可以虔奉宗廟以慰罔極之恩其封昱爲琅邪王食會稽宣城如舊咸和元年所生鄭夫人薨帝時年七歲號慕泣血固請服重元帝哀而許之故徙封會稽王拜散騎常侍九年遷右將軍加侍中咸康六年進撫軍將軍領祕書監建元元年夏五月癸丑康帝詔曰太常職奉天地兼掌宗廟其爲任也可謂重矣是以古今選建未嘗不妙簡時望兼之儒雅會稽王叔履尚清虛志道無倦優游上列諷議朝肆其領太常本官如故永和元年崇德太后臨朝進位撫軍

大將軍錄尙書六條事二年驃騎何充卒康帝崩崇德太后詔帝專總萬機八年進位司徒固讓不拜穆帝始冠帝稽首歸政不許廢帝卽位以琅邪王絕嗣復徙封琅邪而封王子昌明爲會稽王帝固讓故雖封琅邪而不去會稽之號太和元年進位丞相錄尙書事入朝不趨贊拜不名劍履上殿給羽葆鼓吹班劍六十人又固讓及廢帝廢皇太后詔曰丞相錄尙書會稽王體自中宗明德劭令英秀玄虛神棲事外以具瞻允塞故阿衡三世道化宣流人望攸歸爲日已久宜從天人之心以統皇極主者明依舊典以時施行於是大司馬桓溫率百官進太極前殿具乘輿法駕奉迎帝於會稽邸於朝堂變服著平巾幘單衣東向拜受璽綬

咸安元年冬十一月己酉卽皇帝位桓溫出次中堂令兵屯衞乙卯溫奏廢太宰武陵王晞及子總詔魏郡太守毛安之帥所領宿衞殿內改元爲咸安庚戌使兼太尉周頤告于太廟辛亥桓溫遣弟秘逼新蔡王晃詣西堂自列與太宰武陵王晞等謀反帝對之流涕溫皆收付廷尉癸丑殺東海王二子及其母初

帝以沖虛簡貴歷宰三世温素所敬憚及初卽位温乃撰辭欲自陳述帝引見對之悲泣温懼不能言至是有司承其旨奏誅武陵王晞帝不許温固執至于再三帝手詔報曰若晉祚靈長公便宜奉行前詔如其大運去矣請避賢路温覽之流汗變色不復敢言乙卯廢晞及其三子徙于新安景辰放新蔡王晃于衡陽戊午詔曰王室多故穆哀早世皇胤夙遷神器無主東海王以母弟近屬入纂大統嗣位經年昏闇亂常人倫虧喪大禍將及則我祖宗之靈靡知所託皇太后深懼皇基時定大計大司馬因順天人協同神略親帥羣后恭承明命雲霧既除皇極載清乃顧朕躬仰承洪緒雖伊尹之寧殷朝博陸之安漢室無以尚也朕以寡德猥居元首實懼眇然不克負荷戰戰兢兢罔知攸濟思與兆庶更始其大赦天下大酺五日增文武位二等孝順忠貞鰥寡孤獨米人五斛己未賜温軍三萬人人布一匹米一斛庚申加大司馬桓温爲丞相不受辛酉温旋自白石因鎮姑孰以冠軍將軍毛武生都督荆州之沔中揚州之義城諸軍事十二月戊子詔以京都有經年之儲權停一年之運庚寅廢東海王奕爲

海西公食邑四千戶辛卯初薦酃淥酒於太廟
二年春正月辛丑百濟林邑王各遣使貢方物二月苻堅伐慕容桓於遼東滅
之三月丁酉詔曰朕居阿衡三世不能濟彼時雍乃至海西失德殆傾皇祚賴
祖宗靈祇之德皇太后淑體應期藩輔忠賢百官戮力用能蕩氛霧於昊蒼耀
晨輝於宇宙遂以眇身託于王公之上思賴羣賢以弼其闕夫敦本息末抑絕
華競使清濁異流能否殊貫官無秕政士無謗讟不有懲勸則德禮焉施且彊
寇未殄勞役未息自非軍國戎祀之要其華飾煩費之用皆省之夫肥遁窮谷
之賢滑泥揚波之士雖抗志玄霄潛默幽岫貪屈高尚之道以隆協贊之美孰
與自足山水棲遲丘壑徇匹夫之潔而忘兼濟之大邪古人不借賢於曩代朕
所以虛想於今日內外百官各勤所司使善無不達惡無不聞令詩人無素餐
之刺而吾獲虛心之求焉癸丑詔曰吾承祖宗洪基而昧于政道懼不能允釐
天工克隆先業夕惕惟憂若涉泉氷賴宰輔忠德道濟伊望羣后竭誠協契斷
金內外盡匡翼之規文武致匪躬之節冀因斯道終克弘濟每念干戈未戢公

私疲悴藩鎭有疆理之務征戍懷東山之勤或白首戎陣忠勞未敘或行役彌久擔石靡儲何嘗不昧旦晨興夜分忘寢雖未能撫而巡之且欲達其此心可遣大使詣大司馬幷問方伯逮于邊戍宣詔大饗求其所安又籌量賜給悉令周普乙卯詔曰往事故之後百度未充羣僚常俸並皆寡約蓋隨時之義也然退食在朝而祿不代耕非經通之制今資儲漸豐可籌量增俸騶虞見豫章夏四月徙海西公於吳縣西柴里追貶庾后曰夫人六月遣使拜百濟王餘句爲鎭東將軍領樂浪太守戊子前護軍將軍庾希舉兵反自海陵入京口晉陵太守卞眈奔于曲阿秋七月壬辰桓溫遣東海內史周少孫討希擒之斬于建康市乙未立會稽王昌明爲皇太子皇子道子爲琅邪王領會稽內史是日帝崩于東堂時年五十三葬高平陵廟號太宗遺詔以桓溫輔政依諸葛亮王導故事帝少有風儀善容止留心典籍不以居處爲意凝塵滿席湛如也嘗與桓溫及武陵王晞同載遊版橋溫遽令鳴鼓吹角車馳卒奔欲觀其所爲晞大恐求下車而帝安然無懼色溫由此憚服溫旣仗文武之任屢建大功加以廢立威

振內外帝雖處尊位拱默守道而已常懼廢黜先是熒惑入太微尋而海西廢及帝登阼熒惑又入太微帝甚惡焉時中書郎郄超在直帝乃引入謂曰命之修短本所不計故當無復近日事邪超曰大司馬臣溫方內固社稷外恢經略非常之事臣以百口保之及超請急省其父帝謂之曰致意尊公家國之事遂至於此由吾不能以道匡衞愧歎之深言何能喻因詠庾闡詩云志士痛朝危忠臣哀主辱遂泣下霑襟帝雖神識恬暢而無濟世大略故謝安稱爲惠帝之流清談差勝耳沙門支道林嘗言會稽有遠體而無遠神謝靈運迹其行事亦以爲赧獻之輩云

孝武帝

孝武皇帝諱曜字昌明簡文帝第三子也興寧三年七月甲申初封會稽王咸安二年秋七月乙未立爲皇太子是日簡文帝崩太子卽皇帝位詔曰朕以不造奄丁閔凶號天扣地靡知所訴藐然幼沖眇若綴旒深惟社稷之重大懼不克負荷仰憑祖宗之靈積德之祀先帝淳風玄化遺詠在民宰輔英賢勳隆德

威顧命之託實賴匡訓羣后率職百寮勤政蕞爾孤弱之躬有寄皇極之基不墜
先恩遺惠播于四海思弘餘潤以康黎庶其大赦天下與民更始九月甲寅追
尊皇妣會稽王妃曰順皇后冬十月丁卯葬簡文皇帝于高平陵十一月甲午
妖賊盧悚晨入殿庭游擊將軍毛安之等討擒之是歲三吳大旱人多餓死詔
所在振給苻堅陷仇池執秦州刺史楊世
寧康元年春正月己丑朔改元二月大司馬桓温來朝三月癸丑詔除丹陽竹
格等四桁稅夏五月旱秋七月己亥使持節侍中都督中外諸軍事丞相錄尚
書大司馬揚州牧平北將軍徐兗二州刺史南郡公桓温薨庚戌進右將軍桓
豁爲征西將軍以江州刺史桓沖爲中軍將軍都督揚豫江三州諸軍事揚州
刺史鎮姑孰八月壬子崇德太后臨朝攝政九月苻堅將楊安寇成都景申以
尚書僕射王彪之爲尚書令吏部尚書謝安爲尚書僕射吳國內史刁彝爲北
中郎將徐兗二州刺史鎮廣陵復置光祿勳大司農少府官冬十月西平公張
天錫貢方物十一月苻堅將楊安陷梓潼及梁益二州刺史周仲孫帥騎五千

南遁

二年春正月癸未朔大赦追封謚故會稽世子郁爲臨川獻王己酉北中郎將徐兗二州刺史刁彝卒二月癸丑以丹陽尹王坦之爲北中郎將徐兗二州刺史丁巳有星孛于女虛三月景戌彗星見于氐夏四月壬戌皇太后詔曰頃玄象忒愆上天表異仰觀斯變震懼于懷夫因變致休自古之道朕敢不尅意復心以思厥中又三吳奧壤股肱望郡而水旱併臻百姓失業夙夜惟憂不能忘懷宜時拯卹救其彫困三吳義興晉陵及會稽遭水之縣尤甚者全除一年租布其次聽除半年受振貸者卽以賜之五月蜀人張育自號蜀王帥衆圍成都遣使稱藩秋七月涼州地震山崩苻堅將鄧羌攻張育滅之八月以長秋將建權停婚姻九月丁丑有星孛于天市冬十一月己酉天門蜑賊攻郡太守王匪死之征西將軍桓豁遣師討平之長城人錢步射錢弘等作亂吳興太守朱序討平之癸酉鎭遠將軍桓石虔破苻堅將姚萇於墊江

三年春正月辛亥大赦夏五月景午北中郎將徐兗二州刺史藍田侯王坦之

卒甲寅以中軍將軍揚州刺史桓沖爲鎭北將軍徐州刺史鎭丹徒尙書僕射謝安領揚州刺史秋八月癸巳立皇后王氏大赦加文武位一等九月帝講孝經冬十月癸酉朔日有蝕之十二月癸未神獸門災甲申皇太后詔曰頃日蝕告變水旱不適雖克己思救未盡其方其賜百姓窮者米人五斛癸巳帝釋奠于中堂祠孔子以顏回配

太元元年春正月壬寅朔帝加元服見于太廟皇太后歸政甲辰大赦改元景午帝始臨朝以征西將軍桓豁爲征西大將軍領軍將軍郗愔爲鎭軍大將軍中軍將軍桓沖爲車騎將軍加尙書僕射謝安中書監錄尙書事甲子謁建平等四陵夏五月癸丑地震甲寅詔曰頃者上天垂監譴告屢彰朕有懼焉震惕于心思所以議獄緩死赦過宥罪庶回大變與之更始於是大赦增文武位各一等六月封河閒王欽子範之爲章武王秋七月苻堅將苟萇陷涼州虜刺史張天錫盡有其地乙巳除度田收租之制公王以下口稅米三斛蠲在役之身冬十月移淮北流人於淮南十一月己巳朔日有蝕之詔太官徹膳十二月苻

堅使其將苻洛攻代執代王涉翼犍
二年春正月繼絕世紹功臣三月以兗州刺史朱序爲南中郎將梁州刺史監沔中諸軍鎮襄陽閏月壬午地震甲申暴風折木發屋夏四月己酉雨雹五月丁丑地震六月己巳暴風揚沙石林邑貢方物秋七月乙卯老人星見八月壬辰車騎將軍桓沖來朝丁未以尚書僕射謝安爲司徒景辰使持節都督荆梁寧益交廣六州諸軍事荆州刺史征西大將軍桓豁卒冬十月辛丑以車騎將軍桓沖都督荆江梁益寧交廣七州諸軍事領護南蠻校尉荆州刺史尚書王蘊爲徐州刺史督江南晉陵諸軍征西司馬謝玄爲兗州刺史廣陵相監江北諸軍壬寅散騎常侍左光祿大夫尚書令王彪之卒十二月庚寅以尚書王劭爲尚書僕射
三年春二月乙巳作新宮帝移居會稽王邸三月乙丑雷雨暴風發屋折木夏五月庚午陳留王曹恢薨六月大水秋七月辛巳帝入新宮乙酉老人星見南方

四年春正月辛酉大赦郡縣遭水旱者減租稅景子謁建平等七陵二月戊午苻堅使其子丕攻陷襄陽執南中郎將朱序又陷順陽三月大疫壬戌詔曰狡寇縱逸藩守傾沒疆埸之虞事兼平日其內外衆官各悉心戮力以康庶事又年穀不登百姓多匱其詔御所供事從儉約九親供給衆官廪俸權可減半凡諸役費自非軍國事要皆宜停省以周時務癸未使右將軍毛武生帥師伐蜀夏四月苻堅將韋鍾陷魏興太守吉挹死之五月苻堅將句難彭超陷盱眙高密內史毛璪之爲賊所執六月大旱戊子征虜將軍謝玄及超難戰于君川大破之秋八月丁亥以左將軍王蘊爲尚書僕射乙未暴風揚沙石九月盜殺建安太守傅湛冬十二月己酉朔日有蝕之

五年春正月乙巳謁崇平陵夏四月大旱癸酉大赦五歲刑以下五月大水以司徒謝安爲衞將軍儀同三司六月甲寅震含章殿四柱幷殺內侍二人甲子以比歲荒儉大赦自太元三年以前逋租宿債皆蠲除之其鰥寡窮獨孤老不能自存者人賜米五斛丁卯以驃騎將軍瑯邪王道子爲司徒秋九月癸未皇

后王氏崩冬十月九真太守李遜據交州反十一月乙酉葬定皇后于隆平陵
六年春正月帝初奉佛法立精舍於殿內引諸沙門以居之丁酉以尚書謝石
爲尚書僕射初置督運御史官夏六月庚子朔日有蝕之揚荆江三州大水己
巳改制度減煩費損吏士員七百人秋七月景子赦五歲刑已下甲午交阯太
守杜瑗斬李遜交州平大饑冬十一月己亥以鎮軍大將軍郄愔爲司空會稽
人檀元之反自號安東將軍鎮軍參軍謝藹之討平之十二月甲辰苻堅遣其
襄陽太守閻震寇竟陵襄陽太守桓石虔討擒之
七年春三月林邑范熊遣使獻方物秋八月癸卯大赦九月東夷五國遣使來
貢方物苻堅將都貴焚燒沔北田穀略襄陽百姓而去冬十月景子雷
八年春二月癸未黃霧四塞三月始興南康廬陵大水平地五丈丁巳大赦夏
五月輔國將軍楊亮伐蜀拔五城擒苻堅將魏光秋七月鷹揚將軍郭洽及苻
堅將張崇戰于武當大敗之八月苻堅帥衆渡淮遣征討都督謝石冠軍將軍
謝玄輔國將軍謝琰西中郎將桓伊等距之九月詔司徒琅邪王道子錄尚書

六條事冬十月苻堅弟融陷壽春乙亥諸將及苻堅戰于肥水大破之俘斬數萬計獲堅輿輦及雲母車十一月庚申詔衞將軍謝安勞旋師于金城壬子立陳留王世子靈誕爲陳留王十二月庚午以寇難初平大赦以中軍將軍謝石爲尙書令開酒禁始增百姓稅米口五石前句町王翟遼背苻堅舉兵於河南慕容垂自鄴與遼合遂攻堅子暉於洛陽仇池公楊世奔還隴右遣使稱藩

九年春正月庚子封武陵王孫寶爲臨川王戊午立新寧王晞子遵爲新寧王辛亥謁建平等四陵龍驤將軍劉牢之克譙城車騎將軍桓沖部將郭寶伐新城魏興上庸三郡降之二月辛巳使持節都督荆江梁寧益交廣七州諸軍事車騎將軍荆州刺史桓沖卒慕容垂自洛陽與翟遼攻苻堅子丕於鄴三月以衞將軍謝安爲太保苻堅北地長史慕容泓平陽太守慕容沖並起兵背堅夏四月己卯增置太學生百人封張天錫爲西平公使竟陵太守趙統伐襄陽克之苻堅將姚萇背堅起兵於北地自立爲王國號秦六月癸丑朔崇德皇太后褚氏崩慕容泓爲其叔父沖所殺沖自稱皇太弟秋七月戊戌遣兼司空高密

王純之修謁洛陽五陵己酉葬康獻皇后于崇平陵百濟遣使來貢方物苻堅
及慕容沖戰于鄭西堅師敗績八月戊寅司空郗愔薨九月辛卯前鋒都督謝
玄攻苻堅將兗州刺史張崇于鄄城克之甲午加太保謝安大都督揚江荆司
豫徐兗青冀幽幷梁益雍涼十五州諸軍事冬十月辛亥朔日有蝕之丁巳河
間王曇之薨乙丑以玄象乖度大赦庚午立前新蔡王晃弟崇爲新蔡王苻堅
青州刺史苻朗帥衆來降十二月苻堅將呂光稱制于河右自號酒泉公慕容
沖僭卽皇帝位于阿房

十年春正月甲午謁諸陵二月立國學蜀郡太守任權斬苻堅益州刺史李平
益州平三月滎陽人鄭燮以郡來降苻堅國亂使使奉表請迎龍驤將軍劉牢
之及慕容垂戰于黎陽王師敗績夏四月景辰劉牢之與沛郡太守周次及垂
戰于五橋澤王師又敗績壬戌太保謝安帥衆救苻堅五月大水苻堅留太子
宏守長安奔于五將山六月宏來奔慕容沖入長安秋七月苻丕自枋頭西走
龍驤將軍檀玄追之爲丕所敗旱饑丁巳老人星見八月甲午大赦丁酉使持

節侍中中書監大都督十五州諸軍事衞將軍太保謝安薨庚子以琅邪王道子爲都督中外諸軍事是月姚萇殺苻堅而僭卽皇帝位九月呂光據姑臧自稱涼州刺史苻丕僭卽皇帝位于晉陽冬十月丁亥論淮肥之功追封謝安廬陵郡公封謝石南康公謝玄康樂公謝琰望蔡公桓伊永修公自餘封拜各有差是歲乞伏國仁自稱大單于秦河二州牧

十一年春正月辛未慕容垂僭卽皇帝位于中山壬午翟遼襲黎陽執太守滕恬之乙酉謁諸陵慕容沖將許木末殺慕容沖於長安三月大赦太山太守張願以郡叛降於翟遼夏四月以百濟王世子餘暉爲使持節都督鎮東將軍百濟王代王拓拔珪始改稱魏癸巳以尚書僕射陸納爲尚書左僕射譙王恬爲尚書右僕射六月己卯地震庚寅以前輔國將軍楊亮爲西戎校尉雍州刺史鎮衞山陵秋八月庚午封孔靖之爲奉聖亭侯奉宣尼祀丁亥安平王邃之薨翟遼寇譙龍驤將軍朱序擊走之冬十月慕容垂破苻丕於河東丕走東垣揚威將軍馮該擊斬之傳首京都甲申海西公奕薨十一月苻丕將苻登僭卽皇

帝位於隴東

十二年春正月乙巳以豫州刺史朱序爲青兗二州刺史鎮淮陰丁未大赦壬子暴風發屋折木戊午慕容垂寇河東濟北太守温詳奔彭城翟遼遣子釗寇陳潁朱序擊走之夏四月戊辰尊夫人李氏爲皇太妃己丑雨雹高平人翟暢執太守徐含遠以郡降于翟遼六月癸卯束帛聘處士戴逵龔玄之秋八月辛巳立皇子德宗爲皇太子大赦增文武位二等大酺五日賜百官布帛各有差九月戊午復新寧王遵爲武陵王立梁王𤨏子和爲梁王冬十一月松滋太守王遐之討翟遼于洛口敗之

十三年夏四月戊午以青兗二州刺史朱序爲持節都督雍梁沔中九郡諸軍事雍州刺史譙王恬之爲鎮北將軍青兗二州刺史夏六月旱乞伏國仁死弟乾歸嗣僞位僭號河南王秋七月翟遼將翟發寇洛陽河南太守郭給距破之冬十二月戊子濤水入石頭毀大桁殺人乙未大風晝晦延賢堂災景申螽斯百堂客館驃騎庫皆災己亥加尚書令謝石衛將軍開府儀同三司庚子尚書

令衞將軍開府儀同三司謝石薨
十四年春正月癸亥詔淮南所獲俘虜付諸作部者一皆散遣男女自相配匹賜百日廩其沒爲軍賞者悉贖出之以襄陽淮南饒沃地各立一縣以居之彭城妖賊劉黎僭稱皇帝於皇丘龍驤將軍劉牢之討平之二月扶南獻方物呂光僭號三河王夏四月甲辰彭城王弘之薨翟遼寇滎陽執太守張卓六月壬寅使持節都督荆益寧三州諸軍事荆州刺史桓石虔卒秋七月甲寅宣陽門四柱災八月姚萇襲破苻登獲其僞后毛氏丁亥汝南王羲薨九月庚午以尚書左僕射陸納爲尚書令冬十二月乙巳雨木氷
十五年春正月乙亥鎭北將軍譙王恬之薨龍驤將軍劉牢之及翟遼張願戰于太山王師敗績征虜將軍朱序破慕容永於太行二月辛巳以中書令王恭爲都督青兗幽幷冀五州諸軍事前將軍青兗二州刺史三月己酉朔地震戊辰大赦秋七月丁巳有星孛于北河八月永嘉人李耽舉兵反太守劉懷之討平之己丑京師地震有星孛于北斗犯紫微沔中諸郡及兗州大水龍驤將軍

朱序攻翟遼于滑臺大敗之張願來降九月丁未以吳郡太守王珣爲尚書僕射冬十二月己未地震

十六年春正月庚申改築太廟夏六月慕容永寇河南太守楊佺期擊破之己未章武王範之薨秋九月癸未以尚書右僕射王珣爲尚書左僕射以太子詹事謝琰爲尚書右僕射新廟成冬十一月姚萇敗苻登于安定

十七年春正月己巳朔大赦除逋租宿債夏四月齊國內史蔣喆殺樂安太守辟閭濬據青州反北平原太守辟閭渾討平之五月丁卯朔日有蝕之六月癸卯京師地震甲寅濤水入石頭毀大桁永嘉郡潮水湧起近海四縣人多死者乙卯大風折木戊午梁王龢薨慕容垂襲翟釗于黎陽敗之釗奔于慕容永秋七月丁丑太白晝見八月新作東宮冬十月丁酉太白晝見辛亥都督荊益寧三州諸軍事荊州刺史王忱卒十一月癸酉以黃門郎殷仲堪爲都督荊益梁三州諸軍事荊州刺史庚寅徙封瑯邪王道子爲會稽王封皇子德文爲瑯邪王十二月己未地震是歲自秋不雨至于冬

十八年春正月癸卯朔地震二月己未又地震三月翟釗寇河南夏六月己亥始與南康廬陵大水深五丈秋七月旱閏月妖賊司馬徽聚黨於馬頭山劉牢之遣部將討平之九月景戌龍驤將軍楊佺期擊氐帥楊佛嵩于潼谷敗之冬十月姚萇死子興嗣僞位

十九年夏六月壬子追尊會稽王太妃鄭氏爲簡文宣太后秋七月荆徐二州大水傷秋稼遣使振䘏之八月己巳尊皇太妃李氏爲皇太后宮曰崇訓慕容垂擊慕容永於長子斬之冬十月慕容垂遣其子恧奴寇廩丘東平太守韋簡及垂將尹國戰于平陸簡死之是歲苻登爲姚興所殺登太子崇奔于湟中僭稱皇帝

二十年春二月作宣太后廟甲寅散騎常侍光祿大夫開府儀同三司尚書令陸納卒三月庚辰朔日有蝕之夏六月荆徐二州大水十一月魏王拓拔珪擊慕容垂子寶于黍谷敗之

二十一年春正月造清暑殿三月慕容垂攻平城拔之夏四月新作永安宮丁

卯雨雹慕容垂死子寶嗣僞位五月甲子以望蔡公謝琰爲尙書左僕射大水六月呂光僭卽天王位秋九月庚申帝崩于清暑殿時年三十五葬隆平陵帝幼稱聰悟簡文之崩也時年十歲至晡不臨左右進諫答曰哀至則哭何常之有謝安嘗嘆以爲精理不減先帝既威權己出雅有人主之量既而溺於酒色始爲長夜之飲末年長星見帝心甚惡之於華林園舉酒祝之曰長星勸汝一杯酒自古何有萬歲天子邪太白連年晝見地震水旱爲變者相屬醒日既少而傍無正人竟不能改焉時張貴人有寵年幾三十帝戲之曰汝以年當廢矣貴人潛怒向夕帝醉遂暴崩時道子昏惑元顯專權竟不推其罪人初簡文帝見讖云晉祚盡昌明及帝之在孕也李太后夢神人謂之曰汝生男以昌明爲字及產東方始明因以爲名焉簡文帝後悟乃流涕及爲清暑殿有識者以爲清暑反爲楚聲哀楚之徵也俄而帝崩晉祚自此傾矣

史臣曰前史稱不有廢也君何以興若乃天挺惟神光膺嗣位邁油雲而驤首濟沈川而能躍少康一旅之衆所以闡帝圖成湯七十之基所以興王業靜河

海於既泄補穹圓於已紊事異於斯則弗由也簡皇以虛白之姿在屯如之會
政自桓氏祭則寡人太宗晏駕寧康纂業天誘其衷姦臣自隕于時西踰劍岫
而跨靈山北振長河而臨淸洛荆吳戰旅嘯吒成雲名賢間出舊德斯在謝安
可以鎭雅俗彪之足以正紀綱桓沖之夙夜王家謝玄之善斷軍事于時上天
乃眷彊氏自泯五尺童子振袂臨江思所以挂旆天山封泥函谷而條綱弗垂
威恩罕樹道子荒于朝政國寶彙以小人拜授之榮初非天旨鬻刑之貨自走
權門毒賦年滋愁民歲廣是以聞人許榮馳書詣闕烈宗知其抗直而惡聞逆
耳肆一醉於崇朝飛千觴於長夜雖復昌明表夢安聽神言而金行頹弛抑亦
人事語曰大國之政未陵夷小邦之亂已傾覆也屬苻堅百六之秋棄肥水之
衆帝號爲武不亦優哉

贊曰君若綴旒道非交泰簡皇凝寂不貽伊害孝武登朝姦雄自消燕之擊路
鄭叔分鑣倡臨帝席酒勸天妖金風不競人事先彫

晉書卷九

晉書卷九考證

孝武帝紀鎮遠將軍桓石虔○鎮遠一本作威遠　臣宗楷按石虔本傳稱寧遠將軍尋授奮威將軍進冠軍將軍並非威遠亦非鎮遠也

晉書卷九考證

晉書卷十

唐 太 宗 文 皇 帝 御 撰

帝紀第十

安帝

安皇帝諱德宗字德宗孝武帝長子也太元十二年八月辛巳立爲皇太子二十一年九月庚申孝武帝崩辛酉太子卽皇帝位大赦癸亥以司徒會稽王道子爲太傅攝政冬十月甲申葬孝武皇帝于隆平陵大雪隆安元年春正月己亥朔帝加元服改元增文武位一等太傅會稽王道子稽首歸政以尚書左僕射王珣爲尚書令領軍將軍王國寶爲尚書左僕射二月呂光將禿髮烏孤自稱大都督大單于國號南涼擊光將竇苟于金昌大破之甲寅尊皇太后李氏爲太皇太后戊午立皇后王氏三月呂光子纂爲乞伏乾歸所敗光建康太守段業自號涼州牧慕容寶敗魏師于薊夏四月甲戌兗州刺史王恭豫州刺史庾楷舉兵以討尚書左僕射王國寶建威將軍王緒爲名甲申殺國寶及緒以

說于恭恭乃罷兵戊子大赦五月前司徒長史王廞以吳郡反王恭討平之慕容寶將慕容詳僭卽皇帝位于中山寶奔黃龍秋八月呂光爲其僕射楊軌散騎常侍郭黁所攻光子纂擊走之九月慕容寶將慕容麟斬慕容詳于中山因僭卽皇帝位冬十月慕容麟爲魏師所殺

二年春三月龍舟二災夏五月蘭汗弒慕容寶而自稱大將軍昌黎王秋七月慕容寶子盛斬蘭汗僭稱長樂王攝天子位兗州刺史王恭豫州刺史庾楷荆州刺史殷仲堪廣州刺史桓玄南蠻校尉楊佺期等舉兵反八月江州刺史王渝奔于臨川景子寧朔將軍鄧啓及慕容德將慕容法戰于管城王師敗績景戌慕容盛僭卽皇帝位於黃龍桓玄大敗王師于白石九月辛卯加太傅會稽王道子黃鉞遣征虜將軍會稽王世子元顯前將軍王珣右將軍謝琰討桓玄等己亥破庾楷于牛渚景午會稽王道子屯中堂元顯守石頭己酉前將軍王珣守北郊右將軍謝琰備宣陽門輔國將軍劉牢之次新亭使子敬宣擊敗恭恭奔曲阿長塘湖湖尉收送京師斬之於是遣太常殷茂喻仲堪及玄玄等走

于尋陽冬十月新野言騶虞見景子大赦壬午仲堪等盟于尋陽推桓玄爲盟主十一月以琅邪王德文爲衞將軍開府儀同三司領軍將軍王雅爲尚書左僕射十二月己丑魏王珪卽尊位年號天興京兆人韋禮帥襄陽流人叛降于姚興己酉前新安太守杜炯反于京口會稽王世子元顯討斬之禿髮烏孤自稱武威王

三年春正月辛酉封宗室蘊爲淮陵王二月甲辰河閒王國鎭薨林邑范達陷日南九眞遂寇交阯太守杜瑗討破之段業自稱涼王仇池公楊盛遣使稱藩獻方物三月己卯追尊所生陳夫人爲德皇太后夏四月乙未加尚書令王珣衞將軍以會稽王世子元顯爲揚州刺史六月戊子以琅邪王德文爲司徒慕容德陷青州害龍驤將軍辟閭渾遂僭卽皇帝位于廣固秋八月禿髮烏孤死其弟利鹿孤嗣僞位冬十月姚興陷洛陽執河南太守辛恭靜十一月甲寅妖賊孫恩陷會稽內史王凝之死之吳國內史桓謙臨海太守新蔡王崇義興太守魏隱並委官而遁吳興太守謝邈永嘉太守司馬逸皆遇害遣衞將軍謝琰

輔國將軍劉牢之逆擊走之十二月桓玄襲江陵荊州刺史殷仲堪南蠻校尉楊佺期並遇害呂光立其太子紹爲天王自號太上皇是日光死呂纂弑紹而自立是歲荊州大水平地三丈
四年春正月乙亥大赦二月己丑有星孛于奎婁進至紫微三月彗星見於太微夏四月地震孫恩寇浹口五月景寅散騎常侍衞將軍東亭侯王珣卒己卯會稽內史謝琰爲孫恩所敗死之恩轉寇臨海六月庚辰朔日有蝕之旱輔國司馬劉裕破恩於南山恩將盧循陷廣陵死者三千餘人以琅邪王師何澄爲尚書左僕射秋七月壬子太皇太后李氏崩丁卯大赦是月姚興伐乞伏乾歸降之八月丁亥尚書右僕射王雅卒壬寅葬文太后于修平陵九月癸丑地震冬十一月寧朔將軍高雅之及孫恩戰于餘姚王師敗績以揚州刺史元顯爲後將軍開府儀同三司都督揚豫徐兗青幽冀并荊江司雍梁益交廣十六州諸軍事前將軍劉牢之爲鎮北將軍封元顯子彥璋爲東海王十二月戊寅有星孛于天市是歲河右諸郡奉涼武昭王李玄盛爲秦涼二州牧涼公年號庚

子
五年春二月景子孫恩復寇浹口呂超弒呂纂以其兄隆僭卽僞位三月甲寅衆星西流歷太微夏五月孫恩寇吳國內史袁山松死之沮渠蒙遜殺段業自號大都督北涼州牧六月甲戌孫恩至丹徒乙亥內外戒嚴百官入居于省冠軍將軍高素右衞將軍張崇之守石頭輔國將軍劉襲柵斷淮口丹陽尹司馬恢之戍南岸冠軍將軍桓謙輔國將軍司馬允之游擊將軍毛邃備白石左衞將軍王嘏領軍將軍孔安國屯中堂皇徵豫州刺史譙王尚之衞京師寧朔將軍高雅之擊孫恩於廣陵之郁洲爲賊所執秋七月段璣弒慕容盛盛叔父熙盡誅段氏因僭稱尊號九月呂隆降于姚興冬十月姚興帥師侵魏大敗而旋

是歲饑禁酒

元興元年春正月庚午朔大赦改元以後將軍元顯爲驃騎大將軍征討大都督鎮北將軍劉牢之爲元顯前鋒前將軍譙王尚之爲後部以討桓玄二月景午帝戎服餞元顯于西池丁巳遣兼侍中齊王柔之以騶虞幡宣告荆江二州

丁卯桓玄敗王師于姑孰譙王尚之齊王柔之並死之以右將軍吳隱之爲都督交廣二州諸軍事廣州刺史三月己巳劉牢之叛降于桓玄辛未王師敗績于新亭驃騎大將軍會稽王世子元顯東海王彥璋冠軍將軍毛泰游擊將軍毛邃並遇害壬申桓玄自爲侍中丞相錄尚書事以桓謙爲尚書僕射遷太傅會稽王道子于安成玄俄又自稱太尉揚州牧總百揆以瑯邪王德文爲太宰臨海太守辛景擊孫恩斬之是月禿髮利鹿孤死弟傉檀嗣僞位秋七月乙亥新蔡王崇爲其奴所害八月庚子尚書下舍災冬十月冀州刺史劉軌叛奔于慕容德十二月庚申會稽王道子爲桓玄所害曲赦廣陵彭城大逆以下

二年春二月辛丑建武將軍劉裕破徐道覆于東陽乙卯桓玄自稱大將軍丁巳冀州刺史孫無終爲桓玄所害夏四月癸巳朔日有蝕之秋八月玄又自號相國楚王九月南陽太守庾仄起義兵爲玄所敗冬十一月壬午玄遷帝于永安宮癸未移太廟神主于琅邪國十二月壬辰玄篡位以帝爲平固王辛亥帝蒙塵于尋陽

三年春二月帝在尋陽庚寅夜濤水入石頭漂殺人戶乙卯建武將軍劉裕帥沛國劉毅東海何無忌等舉義兵景辰斬桓玄所署徐州刺史桓修于京口青州刺史桓弘于廣陵丁巳義師濟江三月戊午劉裕斬玄將吳甫之于江乘斬皇甫敷于羅落己未玄衆潰而逃庚申劉裕置留臺具百官壬戌桓玄司徒王謐推劉裕行鎮軍將軍徐州刺史都督揚徐兗豫青冀幽并八州諸軍事假節劉裕以謐領揚州刺史錄尚書事辛酉劉裕誅尚書左僕射王愉愉子荊州刺史綏司州刺史溫詳辛未桓玄逼帝西上景戌密詔以幽逼於玄萬幾虛曠令武陵王遵依舊典承制總百官行事加侍中餘如故并大赦謀反大逆已下惟桓玄一祖之後不宥夏四月己丑大將軍武陵王遵稱制總萬幾庚寅帝至江陵庚戌輔國將軍何無忌振武將軍劉道規及桓玄將庾稚何澹之戰于湓口大破之玄復逼帝東下五月癸酉冠軍將軍劉毅及桓玄戰于崢嶸洲又破之己卯帝復幸江陵辛巳荊州別駕王康產南郡太守王騰之奉帝居于南郡壬午督護馮遷斬桓玄於貊盤洲乘輿反正于江陵甲申詔曰姦兇篡逆自古有

之朕不能式遏杜漸以致播越賴鎮軍將軍裕英略奮發忠勇絕世冠軍將軍
毅等誠心宿著協同嘉謀義聲既振士庶效節社稷載安四海齊慶其大赦凡
諸畏逼事屈逆命者一無所問戊寅奉神主入于太廟閏月己丑桓玄故將揚
武將軍桓振陷江陵劉毅何無忌退守尋陽帝復蒙塵于賊營六月益州刺史
毛璩討僞梁州刺史桓希斬之秋七月戊申永安皇后何氏崩八月癸酉祔葬
穆帝章皇后于永平陵九月前給事中刁騁祕書丞王邁之謀反伏誅冬十月
盧循寇廣州刺史吳隱之爲循所敗執始興相阮腆之而還慕容德死兄子超
嗣僞位

義熙元年春正月帝在江陵南陽太守魯宗之起義兵襲破襄陽己丑劉毅次
于馬頭桓振以帝屯于江津辛卯宗之破振將溫楷于柞溪進次紀南爲振所
敗振武將軍劉道規擊桓謙走之乘輿反正帝與琅邪王幸道規舟戊戌詔曰
朕以寡德夙纂洪緒不能緝熙遐邇式遏姦宄逆臣桓玄乘釁肆亂乃誣罔天
人篡據極位朕躬播越淪胥荒裔宣皇之基眇焉以墜賴鎮軍將軍裕忠武英

斷誠冠終古運謀機始貞賢協其契抆淚誓衆義士感其心故霜戈一揮巨猾奔迸三率稜威大憝授首而孽振猖狂嗣凶荆郢幸天祚社稷義旗載捷狡徒沮潰朕獲反正斯實宗廟之靈勤王之勳豈朕一人獨享伊祜思與億兆幸茲更始其大赦改元唯玄振一祖及同黨不在原例賜百官爵二級鰥寡孤獨穀人五斛大酺五日二月丁巳留臺備乘輿法駕迎帝於江陵弘農太守戴寧之建威主簿徐惠子等謀反伏誅平西參軍譙縱害平西將軍益州刺史毛璩以蜀叛三月桓振復襲江陵荆州刺史司馬休之奔于襄陽建威將軍劉懷肅討振斬之帝至自江陵乙未百官詣闕請罪詔曰此非諸卿之過其還率職戊戌舉章皇后哀三日臨于西堂劉裕及何無忌等抗表遜位不許庚子以琅邪王德文爲大司馬武陵王遵爲太保加鎮軍將軍劉裕爲侍中車騎將軍都督中外諸軍事甲辰詔曰自頃國難之後人物彫殘常所供奉猶不改舊豈所以視人如傷禹湯歸過之誠哉可籌量減省夏四月劉裕旋鎮京口戊辰餞于東堂五月癸未禁絹扇及摴蒱游擊將軍章武王秀益州刺史司馬軌之謀反伏誅

桓玄故將桓亮苻宏刁預寇湘州守將擊走之秋八月甲子封臨川王子修之
爲會稽王冬十一月乞伏乾歸伐仇池仇池公楊盛大破之是歲涼武昭王玄
盛遣使奉表稱藩
二年春正月益州刺史司馬榮期擊譙縱將譙子明于白帝破之夏五月封高
密王子法蓮爲高陽王秋七月梁州刺史楊孜敬有罪伏誅冬十月論匡復之
功封車騎將軍劉裕爲豫章郡公撫軍將軍劉毅南平郡公右將軍何無忌安
成郡公自餘封賞各有差乙亥以左將軍孔安國爲尚書左僕射十二月盜殺
零陵太守阮野
三年春二月己酉車騎將軍劉裕來朝誅東陽太守殷仲文南蠻校尉殷叔文
晉陵太守殷道叔永嘉太守駱球己丑大赦除酒禁夏五月大水六月姚興將
赫連勃勃僭稱天王于朔方國號夏秋七月戊戌朔日有蝕之汝南王遵之有
罪伏誅八月遣冠軍將軍劉敬宣持節監征蜀諸軍事冬十一月赫連勃勃大
敗禿髮傉檀傉檀奔于南山是歲高雲馮跋殺慕容熙雲僭卽帝位

四年春正月甲辰以琅邪王德文領司徒車騎將軍劉裕爲揚州刺史錄尚書事庚申侍中太保武陵王遵薨夏四月散騎常侍尚書左僕射孔安國卒甲午加吏部尚書孟昶尚書右僕射冬十一月辛卯雷梁州刺史楊思平有罪棄市癸丑大風拔樹是月禿髮傉檀僭即涼王位十二月陳留王曹靈誕薨

五年春正月辛卯大赦戊戌以撫軍將軍劉毅爲衞將軍開府儀同三司加輔國將軍何無忌鎭南將軍庚戌尋陽地震二月慕容超將慕容興宗寇宿豫陽平太守劉千載南陽太守趙元並爲賊所執三月乙亥大雪平地數尺車騎將軍劉裕帥師伐慕容超夏六月景寅震于太廟劉裕大破慕容超于臨朐秋七月姚興將乞伏乾歸僭稱西秦王於苑川九月戊辰離班弑高雲雲將馮跋攻班殺之跋僭即王位仍號燕冬十月魏清河王紹弑其主珪

六年春二月丁亥劉裕攻慕容超尅之齊地悉平是月廣州刺史盧循反寇江州三月禿髮傉檀及沮渠蒙遜戰于窮泉傉檀敗績壬申鎭南將軍江州刺史何無忌及循戰于豫章王師敗績無忌死之夏四月青州刺史諸葛長民兗州

刺史劉藩幷州刺史劉道憐乃入衞京師五月景子大風拔木戊子衞將軍劉
毅及盧循戰于桑落洲王師敗績尚書左僕射孟昶懼自殺己未大赦乙丑循
至淮口內外戒嚴大司馬琅邪王德文都督宮城諸軍事次中堂皇太尉劉裕
次石頭梁王珍之屯南掖門冠軍將軍劉敬宣屯北郊輔國將軍孟懷玉屯南
岸建武將軍王仲德屯越城廣武將軍劉懷默屯建陽門淮口築柤浦藥園廷
尉三壘以距之景寅震太廟鴟尾秋七月庚申盧循遁走甲子使輔國將軍王
仲德廣川太守劉鍾河閒內史蒯恩等帥衆追之是月盧循寇荊州刺史劉道
規雍州刺史魯宗之等敗之又破徐道覆于華容賊復走尋陽八月姚與將桓
謙寇江陵劉道規敗之冬十一月蜀賊譙縱陷巴東守將溫祚時延祖死之十
二月壬辰劉裕破盧循于豫章
七年春二月壬午右將軍劉藩斬徐道覆于始與傳首京師夏四月盧循走交
州刺史杜慧度斬之秋七月丁卯以荊州刺史劉道規爲征西大將軍開府儀
同三司冬十月沮渠蒙遜伐涼涼武昭王玄盛與戰敗之

八年春二月景子以吳興太守孔靖爲尙書右僕射三月甲寅山陰地陷四尺有聲如雷夏五月乞伏公府弒乞伏乾歸乾歸子熾盤誅公府僭卽僞位六月以平北將軍魯宗之爲鎭北將軍秋七月甲午武陵王季度薨庚子征西大將軍劉道規卒八月皇后王氏崩辛亥高密王純之薨九月癸酉葬僖皇后于休平陵己卯太尉劉裕害右將軍兗州刺史劉藩尙書左僕射謝混庚辰裕矯詔曰劉毅苞藏禍心構逆南夏藩混助亂志肆姦宄賴寧輔玄鑒撫機挫銳凶黨卽戮社稷乂安夫好生之德所因者本肆眚覃仁實資玄澤況事與大憝禍自元凶其大赦天下唯劉毅不在其例普增文武位一等孝順忠義隱滯遺逸必令聞達己丑劉裕帥師討毅裕參軍王鎭惡陷江陵城毅自殺冬十一月沮渠蒙遜僭號河西王十二月以西陵太守朱齡石爲建威將軍益州刺史帥師伐蜀分荆州十郡置湘州是歲廬陵南康地四震

九年春三月景寅劉裕害前將軍諸葛長民及其弟輔國大將軍黎民從弟寧朔將軍秀之三月戊寅加劉裕鎭西將軍豫州刺史林邑范湖達寇九眞交州

刺史杜慧度斬之夏四月壬戌罷臨沂湖熟皇后脂澤田四十頃以賜貧人弛
湖池之禁封鎮北將軍魯宗之爲南陽郡公秋七月朱齡石克成都斬譙縱益
州平九月封劉裕次子義真爲桂楊公冬十二月安平王球之薨是歲高句麗
倭國及西南夷銅頭大師並獻方物
十年春三月戊寅地震夏六月乞伏熾盤帥師伐秃髮傉檀滅之秋七月淮北
大風壞廬舍九月丁巳朔日有蝕之林邑遣使來獻方物是歲城東府
十一年春正月荊州刺史司馬休之雍州刺史魯宗之並舉兵貳於劉裕裕帥
師討之庚午大赦丁丑以吏部尚書謝裕爲尚書左僕射二月丁未姚興死子
泓嗣僞位三月辛巳淮陵王蘊薨壬午劉裕及休之戰于江津休之敗奔襄陽
夏四月乙卯青冀二州刺史劉敬宣爲其參軍司馬道賜所害五月甲申彗星
二見甲午休之宗之出奔于姚泓論平蜀功封劉裕子義隆彭城公朱齡石豐
城公己酉霍山崩出銅鍾六枚秋七月景戌京師大水壞太廟辛亥晦日有蝕
之八月丁未尚書左僕射謝裕卒以尚書右僕射劉穆之爲尚書左僕射九月

己亥大赦
十二年春正月姚泓使其將魯軌寇襄陽雍州刺史趙倫之擊走之二月加劉裕中外大都督夏六月赫連勃勃攻姚泓秦州陷之己酉新除尚書令都鄉亭侯劉柳卒秋八月劉裕及琅邪王德文帥衆伐姚泓景午大赦冬十月景寅姚泓將姚光以洛陽降己丑遣兼司空高密王恢之脩謁五陵
十三年春正月甲戌朔日有蝕之二月涼武昭王李玄盛薨世子士業嗣位爲涼州牧涼公三月龍驤將軍王鎮惡大破姚泓將姚紹于潼關夏劉裕敗魏將鵝青于河曲斬青裨將阿薄于是月涼公李士業大敗沮渠蒙遜于鮮支澗夏五月劉裕克潼關丁亥會稽王脩之薨六月癸亥林邑獻馴象白鸚鵡秋七月劉裕克長安執姚泓收其彝器歸諸京師南海賊徐道期陷廣州始興相劉謙之討平之冬十一月辛未左僕射前將軍劉穆之卒
十四年春正月辛巳大赦青州刺史沈田子害龍驤將軍王鎮惡于長安夏六月劉裕爲相國進封宋公冬十月以涼公士業爲鎮西將軍封酒泉公十一月

赫連勃勃大敗王師于青泥北雍州刺史朱齡石焚長安宮殿奔于潼關尋又大潰齡石死之十二月戊寅帝崩于東堂時年三十七葬休平陵帝不惠自少及長口不能言雖寒暑之變無以辨也凡所動止皆非己出故桓玄之篡因此獲全初讖云昌明之後有二帝劉裕將爲禪代故密使王韶之縊帝而立恭帝以應二帝云

恭帝

恭帝諱德文字德文安帝母弟也初封琅邪王歷中軍將軍散騎常侍衞將軍開府儀同三司加侍中領司徒錄尚書六條事元興初遷車騎大將軍桓玄執政進位太宰加衮冕之服綠綟綬玄篡位以帝爲石陽縣公與安帝俱居尋陽及玄敗隨至江陵玄死桓振奄至躍馬奮戈直至階下瞋目謂安帝曰臣門戶何負國家而屠滅若是帝乃下牀謂振曰此豈我兄弟意邪振乃下馬致拜振平復爲琅邪王又領徐州刺史尋拜大司馬領司徒加殊禮義熙二年置左右長史司馬從事中郎四人加羽葆鼓吹十二年詔曰大司馬明德懋親太尉道

勳光大並徽序彝倫燮和二氣髦俊引領思佐鼎飪而雅尙沖挹四門弗闢誠合大雅謙虛之道實違急賢贊世之務昔蒲輪載徵異人並出東平開府奇士嚮臻濟濟之盛朕有欽焉可勑二府依舊辟召必將明敭俊乂嗣軌前賢矣於是始辟召掾屬時太尉裕都督中外諸軍詔曰大司馬地隆任重親賢莫貳雖府受節度可身無致敬劉裕之北征也帝上疏請帥所莅啓行戎路修敬山陵朝廷從之乃與裕俱發及有司以卽戎不得奉辭陵廟帝復上疏曰臣推轂閫外將華寒暑不獲展情埏隧私心罔極伏願天慈特垂聽許使臣微誠粗申卽路無恨許之及姚泓滅歸于京都十四年十二月戊寅安帝崩劉裕矯稱詔曰唯我有晉誕膺明命業隆九有光宅四海朕以不德屬當多難幸賴宰輔拯厥顛覆仍恃保祐克黜禍亂遂冕旒辰極混一六合方憑阿衡維新洪業而遘疾大漸將遂弗興仰惟祖宗靈命親賢是荷咨爾大司馬琅邪王體自先皇明德光懋屬惟儲貳衆望攸集其君臨晉邦奉系宗祀允執其中燮和天下闡揚末誥無廢我高祖之景命是日卽帝位大赦

元熙元年春正月壬辰朔改元以山陵未厝不朝會立皇后褚氏甲午徵劉裕還朝戊戌有星孛于太微西藩庚申葬安皇帝于休平陵帝受朝懸而不樂以驃騎將軍劉道憐爲司空秋八月劉裕移鎮壽陽以劉懷慎爲前將軍北徐州刺史鎮彭城九月劉裕自解揚州冬十月乙酉裕以其子桂陽公義真爲揚州刺史十一月丁亥朔日有蝕之十二月辛卯裕加殊禮己卯太史奏黑龍四見于東方

二年夏六月壬戌劉裕至于京師傅亮承裕密旨諷帝禪位草詔請帝書之帝欣然謂左右曰晉氏久已失之今復何恨乃書赤紙爲詔甲子遂遜于琅邪第劉裕以帝爲零陵王居于秣陵行晉正朔車旗服色一如其舊有其文而不備其禮帝自是之後深慮禍機褚后常在帝側飲食所資皆出褚后故宋人莫得伺其隙宋永初二年九月丁丑裕使后兄叔度請后有間兵人踰垣而入弒帝于內房時年三十六謚恭皇帝葬沖平陵帝幼時性頗忍急及在藩國曾令善射者射馬爲戲既而有人云馬者國姓而自殺之不祥之甚帝亦悟甚悔之其

後復深信浮屠道鑄貨千萬造丈六金像親於瓦官寺迎之步從十許里安帝
既不惠帝每侍左右消息溫涼寢食之節以恭謹聞時人稱焉
始元帝以丁丑歲稱晉王置宗廟使郭璞筮之云享二百年自丁丑至禪代之
歲年在庚申爲一百四歲然丁丑始係西晉庚申終入宋年所餘惟一百有二
歲耳璞蓋以百二之期促故婉而倒之爲二百也
史臣曰安帝卽位之辰鍾無妄之日道子元顯並傾朝政主昏臣亂未有如斯
不亡者也雖有手握戎麾心存舊國迴首無良忽焉蕭散于是桓玄乘釁勢踰
飈指六師咸泯隻馬徂遷是以宋高非典午之臣孫恩豈金行之寇若乃世遇
顚覆則恭皇斯甚於越之民詎爕丹穴會稽之侶寧歎入臣去皇屋而歸來灑
丹書而不恨夫五運攸革三微數盡猶高秋彫候理之自然觀其搖落人有爲
之流漣者也
贊曰安承流湎大盜斯張恭乃寓命他人是綱猶存周赧始立懷王虛尊假號
異術同亡

晉書卷十

晉書卷十考證

安帝紀慕容麟爲魏師所殺○綱目魏王珪及慕容麟戰大破走之及次年麟上尊號於慕容德復謀反德殺之則此云爲魏師所殺誤也

晉書卷十考證

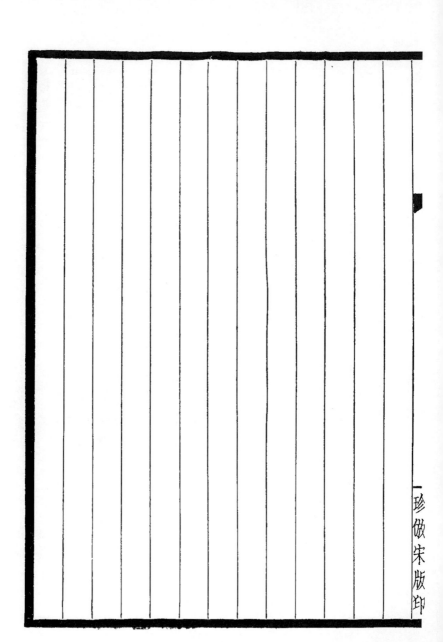

晉書卷十一

唐　太　宗　文　皇　帝　御　撰

志第一

天文上　天體　儀象　天文經星

二十八舍　二十八宿外星

天漢起沒　十二次度數　州郡躔次

昔在庖犧觀象察法以通神明之德以類天地之情可以藏往知來開物成務故易曰天垂象見吉凶聖人象之此則觀乎天文以示變者也尙書曰天聰明自我民聰明此則觀乎人文以成化者也是故政教兆於人理祥變應乎天文得失雖微罔不昭著然則三皇邁德七曜順軌日月無薄蝕之變星辰靡錯亂之妖黃帝創受河圖始明休咎故其星傳尙有存焉降在高陽乃命南正重司天北正黎司地爰洎帝嚳亦式序三辰唐虞則羲和繼軌有夏則昆吾紹德年代綿邈文籍靡傳至于殷之巫咸周之史佚格言遺記于今不朽其諸侯之史

則魯有梓慎晉有卜偃鄭有裨竈宋有子韋齊有甘德楚有唐昧趙有尹臯魏有石申夫皆掌著天人各論圖驗其巫咸甘石之說後代所宗暴秦燔書六經殘滅天官星占存而不毀及漢景武之際司馬談父子繼爲史官著天官書以明天人之道其後中壘校尉劉向廣洪範災條作皇極論以參往之行事及班固敘漢史馬遷續述天文而蔡邕譙周各有撰錄司馬彪採之以繼前志今詳衆說以著于篇

古言天者有三家一曰蓋天二曰宣夜三曰渾天漢靈帝時蔡邕於朔方上書言宣夜之學絕無師法周髀術數具存考驗天狀多所違失惟渾天近得其情今史官候臺所用銅儀則其法也立八尺圓體而具天地之形以正黃道占察發斂以行日月以步五緯精微深妙百代不易之道也官有其器而無本書前志亦闕蔡邕所謂周髀者卽蓋天之說也其本庖犧氏立周天歷度其所傳則周公受於殷商周人志之故曰周髀髀股也股者表也其言天似蓋笠地法覆槃天地各中高外下北極之下爲天地之中其地最高而滂沲四隤三光隱映

以爲晝夜天中高於外衡冬至日之所在六萬里北極下地高於外衡下地亦六萬里外衡高於北極下地二萬里天地隆高相從日去地恆八萬里日麗天而平轉分冬夏之間日前行道爲七衡六間每衡周經里數各依算術用句股重差推晷影極游以爲遠近之數皆得於表股者也故曰周髀又周髀家云天圓如張蓋地方如棋局天旁轉如推磨而左行日月右行隨天左轉故日月實東行而天牽之以西沒譬之於蟻行磨石之上磨左旋而蟻右去磨疾而蟻遲故不得不隨磨以左迴焉天形南高而北下日出高故見日入下故不見天之居如倚蓋故極在人北是其證也極在天之中而今在人北所以知天之形如倚蓋也日朝出陽中暮入陰中陰氣暗冥故沒不見也夏時陽氣多陰氣少陽氣光明與日同輝故日出即見無蔽之者故夏日長也冬天陰氣多陽氣少陰氣暗冥掩日之光雖出猶隱不見故冬日短也宣夜之書云惟漢祕書郎郄萌記先師相傳云天了無質仰而瞻之高遠無極眼瞀精絕故蒼蒼然也譬之旁望遠道之黃山而皆青俯察千仞之深谷而窈黑夫青非真色而黑非有體也

日月衆星自然浮生虛空之中其行其止皆須氣焉是以七曜或逝或住或順或逆伏見無常進退不同由乎無所根繫故各異也故辰極常居其所而北斗不與衆星同沒也攝提填星皆東行日行一度月行十三度遲疾任情其無所繫著可知矣若綴附天體不得爾也成帝咸康中會稽虞喜因宣夜之說作安天論以爲天高窮於無窮地深測於不測天確乎在上有常安之形地塊焉在下有居靜之體當相覆冒方則俱方圓則俱圓無方圓不同之義也其光曜布列各自運行猶江海之有潮汐萬品之有行藏也葛洪聞而譏之曰苟辰宿不麗於天天爲無用便可言無何必復云有之而不動乎由此而談稚川可謂知言之選也虞喜族祖河間相聳又立穹天論云天形穹隆如雞子幕其際周接四海之表浮於元氣之上譬如覆奩以抑水而不沒者氣充其中故也日繞辰極沒西而還東不出入地中天之有極猶蓋之有斗也天北下於地三十度極之傾在地卯酉之北亦三十度人在卯酉之南十餘萬里故斗極之下不爲地中當對天地卯酉之位耳日行黃道繞極極北去黃道百一十五度南去黃道

六十七度二至之所舍以爲長短也吳太常姚信造昕天論云人爲靈蟲形最似天今人頤前多臨胸而項不能覆背近取諸身故知天之體南低入地北則偏高又冬至極低而天運近南故日去人遠而斗去人近北天氣至故冰寒也夏至極起而天運近北而斗去人遠日去人近南天氣至故蒸熱也極之立時日行地中淺故夜短天去地高故晝長也極之低時日行地中深故夜長天去地下淺故晝短也自虞喜虞聳姚信皆好奇徇異之說非極數談天者也至於渾天理妙學者多疑漢王仲任據蓋天之說以駮渾儀云舊說天轉從地下過今掘地一丈輒有水天何得從水中行乎甚不然也日隨天而轉非入地夫人目所望不過十里天地合矣實非合也遠使然耳今視日入非入也亦遠耳當日入西方之時其下之人亦將謂之爲中也四方之人各以其近者爲出遠者爲入矣何以明之今試使一人把大炬火夜半行於平地去人十里火光滅矣非滅也遠使然耳今日西轉不復見是火滅之類也日月不員也望視之所以員者去人遠也夫日火之精也月水之精也水火在地不員在天何故員故丹

楊葛洪釋之曰渾天儀注云天如雞子地如雞中黃孤居於天內天太而地小
天表裏有水天地各乘氣而立載水而行周天三百六十五度四分度之一又
中分之則半覆地上半繞地下故二十八宿半見半隱天轉如車轂之運也諸
論天者雖多然精於陰陽者張平子陸公紀之徒咸以爲推步七曜之道度歷
象昏明之證候校以四八之氣考以漏刻之分占晷景之往來求形驗於事情
莫密於渾象者也張平子既作銅渾天儀於密室中以漏水轉之令伺之者閉
戶而唱之其伺之者以告靈臺之觀天者曰璇璣所加某星始見某星已中某
星今沒皆如合符也崔子玉爲其碑銘曰數術窮天地制作侔造化高才偉藝
與神合契蓋由於平子渾儀及地動儀之有驗故也若天果如渾者則天之出
入行於水中爲的然矣故黃帝書曰天在地外水在天外水浮天而載地者也
又易曰時乘六龍夫陽爻稱龍龍者居水之物以喻天天陽物也又出入水中
與龍相似故以比龍也聖人仰觀俯察審其如此故晉卦坤下離上以證日出
於地也又明夷之卦離下坤上以證日入於地也需卦乾下坎上此亦天入水

中之象也天爲金金水相生之物也天出入水中當有何損而謂爲不可乎故桓君山曰春分日出卯入酉此乃人之卯酉天之卯酉常值斗極爲天中今視之乃在北不正在人上而春秋分時日出入乃在斗極之南若如磨右轉則北方道遠而南方道近晝夜漏刻之數不應等也後奏事待報坐西廊廡下以寒故暴背有頃日光出去不復暴背君山乃告信蓋天者曰天若如推磨右轉而日西行者其光景當照此廊下稍而東耳不當拔出去拔出去是應渾天法也渾爲天之真形於是可知矣然則天出入水中無復疑矣又今視諸星出於東者初但去地小許耳漸而西行先經人上後遂西轉而下焉不旁旋也其先在西之星亦稍下而沒無北轉者日之出入亦然若謂天磨右轉者日之出入亦然衆星日月宜隨天而迴初在於東次經於南次到於西次及於北而復還於東不應橫過去也今日出於東冉冉轉上及其入西亦復漸漸稍下都不繞邊北去了了如此王生必固謂爲不然者疏矣今日徑千里圍周三千里中足以當小星之數十也若日以轉遠之故但當光曜不能復來照及人耳宜猶望見

其體不應都失其所在也日光既盛其體又大於星多矣今見極北之小星而不見日之在北者明其不北行也若日以轉遠之故不復可見其北入之間應當稍小而日方入之時乃更大此非轉遠之徵也王生以火炬喻日吾亦將借子之矛以刺子之楯焉把火之去人轉遠其光轉微而日月自出至入不漸小也王生以火喻之謬矣又日之入西方視之稍稍去初尚有半如橫破鏡之狀須臾淪沒矣若如王生之言日轉北去有半者其北都沒之頃宜先如豎破鏡之狀不應如橫破鏡也如此言之日入西方不亦孤子乎又月之光微不及日遠矣月盛之時雖有重雲蔽之不見月體而夕猶朗然是光猶從雲中而照外也日若繞西及北者其光故應如月在雲中之狀不得夜便大暗也又日入則星月出焉明知天以日月分主晝夜相代而照也若日常出者不應日亦入而星月亦出也又按河洛之文皆云水火者陰陽之餘氣也夫言餘氣也則不能生日月可知也顧當言日陽精生火者可耳若水火是日月所生則亦何得盡如日月之員乎今火出於陽燧陽燧員而火不員也水出於方諸方諸方而水

不方也又陽燧可以取火於日而無取日於火之理此則日精之生火明矣方諸可以取水於月而無取月於水之道此則月精之生水了矣王生又云遠故視之員若審然者月初生之時及既虧之後何以視之不員乎而日食或上或下從側而起或如鉤至盡若遠視見員不宜見其殘缺左右所起也此則渾天之理信而有徵矣

儀象

虞書曰在璇璣玉衡以齊七政考靈曜云分寸之晷代天氣生以制方員方員以成參以規矩昏明主時乃命中星觀玉儀之游鄭玄謂以玉爲渾儀也春秋文曜鉤云唐堯卽位羲和立渾儀此則儀象之設其來遠矣縣代相傳史官禁密學者不覩故宣蓋沸騰暨漢太初落下閎鮮于妄人耿壽昌等造員儀以考歷度後至和帝時賈逵繫作又加黃道至順帝時張衡又制渾象具內外規南北極黃赤道列二十四氣二十八宿中外星官及日月五緯以漏水轉之於殿上室內星中出沒與天相應因其關捩又轉瑞輪蓂莢於堦下隨月虛盈依歷

開落其後陸續亦造渾象至吳時中常侍廬江王蕃善數術傳劉洪乾象歷依
其法而制渾儀立論考度曰前儒舊說天地之體狀如鳥卵天包地外猶殼之
裹黄也周旋無端其形渾渾然故曰渾天也周天三百六十五度五百八十九
分度之百四十五半覆地上半在地下其二端謂之南極北極北極出地三十
六度南極入地三十六度兩極相去一百八十二度半彊繞北極徑七十二度
常見不隱謂之上規繞南極七十二度常隱不見謂之下規赤道帶天之紘去
兩極各九十一度少彊黄道日之所行也半在赤道外半在赤道內與赤道東
交於角五少弱西交於奎十四少彊其赤道外極遠者去赤道二十四度斗二
十一度是也其入赤道內極遠者亦二十四度井二十五度是也日南至在斗
二十一度去極百一十五度少彊是也日最南去極最遠故景最長黄道斗二
十一度出辰入申故日亦出辰入申日晝行地上百四十六度彊故日短夜行
地下二百一十九度少弱故夜長自南至之後日去極稍近故景稍短日晝行
地上度稍多故日稍長夜行地下度稍少故夜稍短日所在度稍北故日稍北

以至於夏至日在井二十五度去極六十七度少彊是日最北去極最近景最短黃道井二十五度出寅入戌故日亦出寅入戌日晝行地上二百一十九度少弱故日長夜行地下百四十六度彊故夜短自夏至之後日去極稍遠故景稍長日晝行地上度稍少故日稍短夜行地下度稍多故夜稍長日所在度稍南故日出入稍南以至於南至而復初焉斗二十一井二十五南北相應四十八度春分日在奎十四少彊秋分日在角五少弱此黃赤二道之交中也去極俱九十一度少彊南北處斗二十一井二十五之中故景居二至長短之中奎十四角五出卯入酉故日亦出卯入酉日晝行地上夜行地下俱百八十二度半彊故日見之漏五十刻不見之漏五十刻謂之晝夜同夫天之晝夜以日出沒爲分人之晝夜以昏明爲限日未出二刻半而明日入二刻半而昏故損夜五刻以益晝是以春秋分漏晝五十五刻三光之行不必有常術術家以算求之各有同異故諸家歷法參差不齊洛書甄曜度春秋考異郵皆云周天一百七萬一千里一度爲二千九百三十二里七十一步二尺七寸四分四百八十

七分分之三百六十二陸績云天東西南北徑三十五萬七千里此言周三徑一也考之徑一不啻周三率周百四十二而徑四十五則天徑三十二萬九千四百一里一百二十二步二尺二寸一分七十一分分之十周禮日至之景尺有五寸謂之地中鄭衆說土圭之長尺有五寸以夏至之日立八尺之表其景與土圭等謂之地中今頴川陽城地也鄭玄云凡日景於地千里而差一寸景尺有五寸者南戴日下萬五千里也以此推之日當去其下地八萬里矣日邪射陽城則天徑之半也體員如彈丸地處天之半而陽城爲中則日春秋冬夏昏明晝夜去陽城皆等無盈縮矣故知從日邪射陽城爲天徑之半也以句股法言之旁萬五千里句也立八極萬里股也從日邪射陽城弦也以句股求弦法入之得八萬一千三百九十四里三十步五尺三寸六分天徑之半而地上去天之數也倍之得十六萬二千七百八十八里六十一步四尺七寸二分天徑之數也以周率乘之徑率約之得五十一萬三千六百八十七里六十八步一尺八寸二分周天之數也減甄曜度考異郵五十五萬七千三百一十二里

有奇一度凡千四百六里二十四步六寸四分十萬七千五百六十五分分之
萬九千四十九減舊度千五百二十五里二百五十六步三尺三寸二十一萬
五千一百三十分分之十六萬七百三十分黃赤二道相與交錯其閒相去二
十四度以南儀推之二道俱三百六十五度有奇是以知天體員如彈丸也而
陸績造渾象其形如鳥卵然則黃道應長於赤道矣績云天東西南北徑三十
五萬七千里然則績亦以天形正員也而渾象爲鳥卵則爲自相違背古舊渾
象以二分爲一度凡周七尺三寸半分張衡更制以四分爲一度凡周一丈四
尺六寸蕃以古制局小星辰稠概衡器傷大難可轉移更制渾象以三分爲一
度凡周天一丈九寸五分分之三也

天文經星

洪範傳曰清而明者天之體也天忽變色是謂易常天裂陽不足是謂臣彊天
裂見人兵起國亡天鳴有聲至尊憂且驚皆亂國之所生也馬續云天文在圖
籍昭昭可知者經星常宿中外官凡一百一十八名積數七百八十三皆有州

國官宮物類之象張衡云文曜麗乎天其動者有七日月五星是也日者陽精之宗月者陰精之宗五星五行之精衆星列布體生於地精成於列列居錯峙各有攸屬在野象物在朝象官在人象神其以神差有五列焉是爲三十五名一居中央謂之北斗四布於方各七爲二十八舍日月運行歷示吉凶五緯躔次用告禍福中外之官常明者百有二十四可名者三百二十爲星二千五百微星之數蓋萬有一千五百二十庶物蠢蠢咸得繫命不然何得總而理諸後武帝時太史令陳卓總甘石巫咸三家所著星圖大凡二百八十三官一千四百六十四星以爲定紀今略其昭昭者以備天官云

中宮

北極五星鉤陳六星皆在紫宮中北極北辰最尊者也其紐星天之樞也天運無窮三光迭耀而極星不移故曰居其所而衆星拱之第一星主月太子也第二星主日帝王也亦太乙之坐謂最赤明者也第三星主五星庶子也中星不明主不用事右星不明太子憂鉤陳後宮也大帝之正妃也大帝之帝居也北

四星曰女御宮八十一御妻之象也鉤陳口中一星曰天皇大帝其神曰耀魄寶主御羣靈執萬神圖抱北極四星曰四輔所以輔佐北極而出度授政也大帝上九星曰華蓋所以覆蔽大帝之坐也蓋下九星曰杠蓋之柄也華蓋下五星曰五帝內坐設敘順帝所居也客星犯紫宮中坐大臣犯主華蓋杠旁六星曰六甲可以分陰陽而配節候故在帝旁所以布政教而授農時也極東一星曰柱下史主記過左右史此之象也柱史北一星曰女史婦人之微者主傳漏故漢有侍史傳舍九星在華蓋上近河賓客之館主胡人入中國客星守之備姦使亦曰胡兵起傳舍南河中五星曰造父御官也一曰司馬或曰伯樂星亡馬大貴其西河中九星如鉤狀曰鉤星直則地動天一星在紫宮門右星南天帝之神也主戰鬬知人吉凶者也太一星在天一南相近亦天帝神也主使十六神知風雨水旱兵革飢饉疾疫災害所在之國也紫宮垣十五星其西蕃七東蕃八在北斗北一曰紫微大帝之坐也天子之常居也主命主度也一曰長垣一曰天營一曰旗星爲蕃衞備蕃臣也宮闕兵起旌旗星直天子出自將宮

中兵東垣下五星曰天柱建政教懸圖法門內東南維五星曰尚書主納言夙夜諮謀龍作納言此之象也尚書西二星曰陰德陽德主周急振撫宮門左星內二星曰大理主平刑斷獄也門外六星曰天牀主寢舍解息燕休西南角外二星曰內廚六宮之內飲食王后妃夫人與太子宴飲東北維外六星曰天廚主盛饌北斗七星在太微北七政之樞機陰陽之元本也故運乎天中而臨制四方以建四時而均五行也魁四星爲璇璣杓三星爲玉衡又曰斗爲人君之象號令之主也又爲帝車取乎運動之義也又魁第一星曰天樞二曰璇三曰璣四曰權五曰玉衡六曰開陽七曰搖光一至四爲魁五至七爲杓樞爲天璇爲地璣爲人權爲時玉衡爲音開陽爲律搖光爲星石氏云第一曰正星主陽德天子之象也二曰法星主陰刑女主之位也三曰令星主中禍四曰伐星主天理伐無道五曰殺星主中央助四旁殺有罪六曰危星主天倉五穀七曰部星亦曰應星主兵又一主天二主地三主火四主水五主土六主木七主金又曰一主秦二主楚三主梁四主吳五主燕六主趙七主齊魁中四星爲貴人之

牢曰天理也輔星傅乎開陽所以佐斗成功丞相之象也七政星明其國昌輔星明則臣彊杓南三星及魁第一星西三星皆曰三公主宣德化調七政和陰陽之官也

文昌六星在北斗魁前天之六府也主集計天道一曰上將大將軍建威武二曰次將尚書正左右三曰貴相太常理文緒四曰司祿司中司隸賞功進五曰司命司怪太史主滅咎六曰司寇大理佐理寶所謂一者起北斗魁前近內階者也明潤大小齊天瑞臻文昌北六星曰內階天皇之階也相一星在北斗南相者總領百司而掌邦教以佐帝王安邦國集衆事也其星明吉太陽守在相西大將大臣之象也主戒不虞設武備西北四星曰勢勢腐刑人也天牢六星在北斗魁下貴人之牢也太微天子庭也五帝之座也十二諸侯府也其外蕃九卿也一曰太微爲衡衡主平也又爲天庭理法平辭監升授德列宿受符諸神考節舒情稽疑也南蕃中二星間曰端門東曰左執法廷尉之象也西曰右執法御史大夫之象也執法所以舉刺凶姦者也左執法之東左掖門也右執

法之西右掖門也東蕃四星南第一曰上相其北東太陽門也第二星曰次相
其北中華東門也第三星曰次將其北東太陰門也第四星曰上將所謂四輔
也西蕃四星南第一星曰上將其北西太陽門也第二星曰次將其北中華西
門也第三星曰次相其北西太陰門也第四星曰上相次亦曰四輔也東西蕃
有芒及動搖者諸侯謀執法移刑罰尤急月五星入太微軌道吉其所犯中坐
成刑其西南角外三星曰明堂天子布政之宮明堂西三星曰靈臺觀臺也主
觀雲物察符瑞候災變也左執法東北一星曰謁者主贊賓客也謁者東北三
星曰三公內坐朝會之所居也三公北三星曰九卿內坐治萬事九卿西五星
曰內五諸侯內侍天子不之國也辟雍之禮得則太微諸侯明
黃帝坐在太微中含樞紐之神也天子動得天度止得地意從容中道則太微
五帝坐明以光黃帝坐不明人主求賢士以輔法不然則奪勢四帝星夾黃帝
坐東方蒼帝靈威仰之神也南方赤帝赤熛怒之神也西方白帝白招矩之神
也北方黑帝叶光紀之神也五帝坐北一星曰太子帝儲也太子北一星曰從

官侍臣也帝坐東北一星曰幸臣屏四星在端門之內近右執法屏所以壅蔽帝庭也執法主刺舉臣尊敬君上則星光明潤澤郎位十五星在帝坐東北一曰依烏郎府也周官之元士漢官之光祿中散諫議議郎三署郎中是其職也郎主守衞也其星不具后妃死幸臣誅星明大及客星入之大臣爲亂郎將在郎位北主閱具所以爲武備也武賁一星在太微西蕃北下名南靜室旄頭之騎官也常陳七星如畢狀在帝坐北天子宿衞武賁之士以設彊禦也星搖動天子自出明則武兵用微則兵弱三台六星兩兩而居起文昌列抵太微一曰天柱三公之位也在人曰三公在天曰三台主開德宣符也西近文昌二星曰上台爲司命主壽次二星曰中台爲司中主宗室東二星曰下台爲司祿主兵所以昭德塞違也又曰三台爲天階太一躡以上下一曰泰階上階上星爲天子下星爲女主中階上星爲諸侯三公下星爲卿大夫下階上星爲士下星爲庶人所以和陰陽而理萬物也君臣和集如其常度有變則占其人南四星曰內平近職執法平罪之官也中台之北一星曰太尊貴戚也

攝提六星直斗杓之南主建時節伺禨祥攝提爲楯以夾擁帝座也主九卿明大三公恣客星入之聖人受制西三星曰周鼎主流亡大角在攝提閒大角者天王座也又爲天棟正經紀也北三星曰帝席主宴獻酬酢北三星曰梗河天矛也一曰天鋒主胡兵又爲喪故其變動應以兵喪也星亡其國有兵謀其北一星曰招搖一曰矛楯其北一星曰玄戈皆主胡兵占與梗河略相類也招搖與北斗杓閒曰天庫星去其所則有庫開之祥也招搖欲與棟星梗河北斗相應則胡兵當來受命於中國玄戈又主北夷客星守之胡大敗天槍三星在北斗杓東一曰天鉞天之武備也故在紫宮之左右所以禦難也女牀三星在紀星北後宮御也主女事天棓五星在女牀北天子先驅也主分爭與刑罰藏兵亦所以禦兵亦所以禦難也槍棓皆所以備非常也一星不具其國兵起東七星曰扶筐盛桑之器主勸蠶也七公七星在招搖東天之相也三公之象也主七政貫索九星在其前賤人之牢也一曰連索一曰連營一曰天牢主法律禁暴彊也牢口一星爲門欲其開也九星皆明天下獄煩七星見小赦六星五星

大赦動則斧鑕用中空則更元漢志云十五星天紀九星在貫索東九卿也主萬事之紀理怨訟也明則天下多辭訟亡則政理壞國紀亂散絕則地震山崩織女三星在天紀東端天女也主果蓏絲帛珍寶也王者至孝神祇咸喜則織女星俱明天下和平大星怒角布帛貴東足四星曰漸臺臨水之臺也主晷漏律呂之事西足五星曰輦道王者嬉游之道也漢輦道通南北宮其象也左右角間二星曰平道之官平道西一星曰進賢主卿相舉逸才亢東咸西咸各四星在房心北日月五星之道也房之戶所以防佚淫也星明則信吉月五星犯守之有陰謀鍵閉一星在房東北鉤鈐主關籥天市垣二十二星在房心東北主權衡主聚衆一曰天旗庭主斬戮之事也市中星衆潤澤則歲實熒惑守之戮不忠之臣彗星除之爲徙市易都客星入之兵大起出之有貴喪帝坐一星在天市中星西天庭也光而潤則天子吉威令行候一星在帝坐東北主伺陰陽也明大輔臣彊四夷開候細微則國安亡則主失位移則不安宦者四星在帝坐西南侍主刑餘之人也星微吉非其常宦者有憂宗正二星在帝坐東南

宗大夫也彗星守之若失色宗正有事客星守之更號令也宗人四星在宗正
東主錄親踈享祀族人有序則如綺文而明正動則天子親屬有變客星守之
貴人死宗星二在候星東宗室之象帝輔血脈之臣也客星守之宗支不和天
江四星在尾北主太陰江星不具天下津河關道不通明若動搖大水出大兵
起參差則馬貴熒惑守之有立主客星入之河津絕天籥八星在南斗柄西主
關閉建星六星在南斗北亦曰天旗天之都關也爲謀事爲天鼓爲天馬南二
星天庫也中央二星市也鈇鑕也上二星旗跗也斗建之間三光道也星動則
衆勞月暈之蛟龍見牛馬疫月五星犯之大臣相譖有謀亦爲關梁不通有大
水東南四星曰狗國主鮮卑烏丸沃且熒惑守之外夷爲變狗國北二星曰天
雞主候時天辯九星在建星北市官之長也以知市珍也星欲明吉彗星犯守
之糴貴因徒起兵河鼓三星旗九星在牽牛北天鼓也主軍鼓主鈇鉞一曰三
武主天子三將軍中央大星爲大將軍左星爲左將軍右星爲右將軍左星南
星也所以備關梁而距難也設守阻險知謀徵也旗卽天鼓之旗所以爲旌表

也左旗九星在鼓左旁鼓欲正直而明色黃光澤將吉不正爲兵憂也星怒馬
貴動則兵起曲則將失計奪勢旗星差戾亂相陵旗端四星南北列曰天桴鼓
桴也星不明漏刻失時前近河鼓若桴鼓相直皆爲桴鼓用離珠五星在須女
北須女之藏府女子之星也天津九星橫河中一曰天漢一曰天江主四瀆津
梁所以度神通四方也一星不備津關道不通螣蛇二十二星在營室北天蛇
也主水蟲王良五星在奎北居河中天子奉車御官也其四星曰天駟旁一星
曰王良亦曰天馬其星動爲策馬策車騎滿野亦曰梁爲天橋主禦風雨水道
故或占車騎或占津梁客星守之橋不通道前一星曰策星王良之御策也主
天子之僕在王良旁若移在王良前居馬後是謂策馬則車騎滿野閣道六星
在王良前飛道也從紫宮至河神所乘也一曰閣道星天子游別宮之道也傅
路一星在閣道南旁別道也東壁北十星曰天廄主馬之官若今驛亭也主傳
令置驛逐漏馳騖謂其行急疾與晷漏競馳也天將軍十二星在婁北主武兵
中央大星天之大將也南一星曰軍南門主誰何出入太陵八星在胃北亦曰

積京主大喪也積京中星衆則諸侯有喪民多疾兵起太陵中一星曰積尸明
則死人如山北九星曰天船一曰舟星所以濟不通也中一星曰積水候水災
昴西二星曰天街三光之道主伺候關梁中外之境卷舌六星在昴北主口語
以知佞讒也曲吉直而動天下有口舌之害中一星曰天讒主巫醫五車五星三
柱九星在畢北五車者五帝車舍也五帝坐也主天子五兵一曰主五穀豐耗
西北大星曰天庫主太白主秦次東北星曰獄主辰星主燕趙次東星曰天倉
主歲星主魯衞次東南星曰司空主塡星主楚次西南星曰卿星主熒惑主魏
五星有變皆以其所主占之三柱一曰三泉天子得靈臺之禮則五車三柱均
明有常其中五星曰天潢天潢南三星曰咸池魚囿也月五星入天潢兵起道
不通天下亂五車南六星曰諸王察諸侯存亡其西八星曰八穀主候歲八穀
一星亡一穀不登天關一星在五車南亦曰天門日月之所行也主邊事主關
閉芒角有兵五星守之貴人多死東井鉞前四星曰司怪主候天地日月星辰
變異及鳥獸草木之妖明主聞災修德保福也司怪西北九星曰坐旗君臣設

位之表也坐旗西四星曰天高臺榭之高主遠望氣象天高西一星曰天河主
察山林妖變南河北河各三星夾東井一曰天高之闕門也主關梁南河曰南
戍一曰南宮一曰陽門一曰越門一曰權星主火北河曰北戍一曰北宮一曰
陰門一曰胡門一曰衡星主水兩河戍閒日月五星之常道也河戍動搖中國
兵起南河南三星曰闕丘主宮門外象魏也五諸侯五星在東井北主剌舉戒
不虞又曰理陰陽察得失亦曰主帝心一曰帝師二曰帝友三曰三公四曰博
士五曰太史此五者常爲帝定疑議星明大潤澤則天下大治芒角則禍在中
五諸侯南三星曰天樽主盛饘粥以給貧餒積水一星在北河西北水河也所
以供酒食之正也積薪一星在積水東北供庖廚之正也水位四星在積薪東
主水衡客星若水火守犯之百川流溢軒轅十七星在七星北軒轅黃帝之神
黃龍之體也后妃之主士職也一曰東陵一曰權星主雷雨之神南大星女主
也次北一星夫人也屏也上將也次北一星妃也次將也其次諸星皆次妃之
屬也女主南小星女御也左一星少民后宗也右一星大民太后宗也欲其色

黄小而明也軒轅右角南三星曰酒旗酒官之旗也主饗宴飲食五星守酒旗天下大酺有酒肉財物賜若爵宗室酒旗南三星曰天相丞相之象也軒轅西四星曰爟爟者烽火之爟也邊亭之警候爟北四星曰內平平罪之官明刑罰少微四星在太微西士大夫之位也一名處士亦天子副主或曰博士官一曰主衞掖門南第一星處士第二星議士第三星博士第四星大夫明大而黄則賢士舉也月五星犯之處士女主憂宰相易南四星曰長垣主界域及胡夷熒惑入之胡入中國太白入之九卿謀

二十八舍

東方角二星爲天關其間天門也其內天庭也故黄道經其中七曜之所行也左角爲天田爲理主刑其南爲太陽道右角爲將主兵其北爲太陰道蓋天之三門猶房之四表其星明大王道太平賢者在朝動搖移徙王者行亢四星天子之內朝也總攝天下奏事聽訟理獄錄功者也一曰疏廟主疾疫星明大輔納忠天下寧氐四星王者之宿宮后妃之府休解之房前二星適也後二星妾

也後二星大則臣奉度房四星爲明堂天子布政之宮也亦四輔也下第一星上將也次次將也次次相也上星上相也南二星君位北二星夫人位又爲四表中間爲天衢爲天關黃道之所經也南間曰陽環其南曰太陽北間曰陰間其北曰太陰七曜由乎天衢則天下平和由陽道則旱喪由陰道則水兵亦曰天駟爲天馬主車駕南星曰左驂次左服次右服次右驂亦曰天廄又主開閉爲蓄藏之所由也房星明則王者明驂星大則兵起星離民流又北二小星曰鉤鈐房之鈐鍵天之管籥主閉鍵天心也明而近房天下同心鉤鈐間有星及疎坼則地動河清心三星天王正位也中星曰明堂天子位爲大辰主天下之賞罰天下變動心星見祥星明大天下同前星爲太子後星爲庶子心星直則王失勢尾九星後宮之場妃后之府上第一星后也次三星夫人次星后嬪妾第三星傍一星名曰神宮解衣之內室尾亦爲九子星色欲均明大小相承則後宮有敘多子孫箕四星亦後宮妃后之府亦曰天津一曰天雞主八風凡日月宿在箕東壁翼軫者風起又主口舌主客蠻夷胡貉故蠻胡將動先表箕焉

北方南斗六星天廟也丞相太宰之位主褒賢進士稟授爵祿又主兵一曰天機南二星魁天梁也中央二星天相也北二星天府庭也亦爲壽命之期也將有天子之事占於斗斗星盛明王道平和爵祿行牽牛六星天之關梁主犧牲事其北二星一曰卽路一曰聚火又曰上一星主道路次二星主關梁次三星主南越搖動變色則占之星明大王道昌關梁通須女四星天少府也須賤妾之稱婦職之卑者也主布帛裁製嫁娶虛二星冢宰之官也主北方邑居廟堂祭祀祝禱事又主死喪哭泣危三星主天府天市架屋餘同虛占墳墓四星屬危之下主死喪哭泣爲墳墓也營室二星天子之宮也一曰玄宮一曰清廟又爲軍糧之府及土功事星明國昌小不明祠祀鬼神不享離宮六星天子之別宮主隱藏休息之所東壁二星主文章天下圖書之祕府也星明王者興道術行國多君子星失色大小不同王者好武經士不用圖書隱星動則有土功

西方奎十六星天之武庫也一曰天豕亦曰封豕主以兵禁暴又主溝瀆西南大星所謂天豕目亦曰大將欲其明婁三星爲天獄主苑牧犧牲供給郊祀胃

二星天之廚藏主倉廩五穀府也明則和平昴七星天之耳也主西方主獄事又爲旄頭胡星也昴畢間爲天街天子出旄頭罕畢以前驅此其義也黃道之所經也昴明則天下牢獄平昴六星皆明與大星等大水七星皆黃兵大起一星亡爲兵喪搖動有大臣下獄及有白衣之會大而數盡動若跳躍者胡兵大起畢八星主邊兵主弋獵其大星曰天高一曰邊將主四夷之尉也星明大則遠夷來貢天下安失色則邊兵亂附耳一星在畢下主聽得失伺僽邪察不祥星盛則中國微有盜賊邊候驚外國反移動佞讒行月入畢多雨觜觿三星爲三軍之候行軍之藏府葆旅收斂萬物明則軍儲盈將得勢參十星一曰參伐一曰大辰一曰天市一曰鈇鉞主斬刈又爲天獄主殺伐又主權衡所以平理也又主邊城爲九譯故不欲其動也參白獸之體其中三星横列三將也東北曰左肩主左將西北曰右肩主右將東南曰左足主後將軍西南曰右足主偏將軍故黃帝占參應七將中央三小星曰伐天之都尉也主胡鮮卑戎狄之國故不欲明七將皆明大天下兵精也王道缺則芒角張伐星明與參等大臣皆

謀兵起參星失色軍散敗參芒角動揺邊候有急兵起有斬伐之事參星移客
伐主參左足入玉井中兵大起秦大水若有喪山石爲怪參星差戾王臣貳
南方東井八星天之南門黄道所經天之亭候主水衡事法令所取平也王者
用法平則井星明而端列鉞一星附井之前主伺淫奢而斬之故不欲其明明
與井齊則用鉞於大臣月宿井有風雨輿鬼五星天目也主視明察姦謀東北
星主積馬東南星主積兵西南星主積布帛西北星主積金玉隨變占之中央
星爲積尸主死喪祠祀一曰鈇鑕主誅斬鬼星明大穀成不明百姓散鑕欲其
忽忽然不明明則兵起大臣誅柳八星天之廚宰也主尚食和滋味又主雷雨
七星七星一名天都主衣裳文繡又主急兵盜賊故星明王道昌闇則賢良不
處天下空張六星主珍寶宗廟所用及衣服又主天廚飲食賞賚之事星明則
王者行五禮得天之中翼二十二星天之樂府俳倡又主夷狄遠客負海之賓
星明大禮樂興四夷賓動則蠻夷使來離徙則天子舉兵軫四星主冢宰輔臣
也主車騎主載任有軍出入皆占於軫又主風主死喪軫星明則車駕備動則

車駕用轄星傅軫兩傍主王侯左轄爲王者同姓右轄爲異姓星明兵大起遠
軫凶轄舉南蠻侵長沙一星在軫之中主壽命明則主壽長子孫昌又曰車無
轄國有憂轄就聚兵大起

星官在二十八宿之外者

庫樓十星六大星爲庫南四星爲樓在角南一曰天庫兵甲之府也旁十五星
三三而聚者柱也中央四小星衡也主陳兵東北二星曰陽門主守隘塞也南
門二星在庫樓南天之外門也主守兵平星二星在庫樓北平天下之法獄事
廷尉之象也天門二星在平星北亢南七星曰折威主斬殺頓頑二星在折威
東南主考囚情狀察詐僞也騎官二十七星在氐南若天子武賁主宿衞東端
一星騎陣將軍騎將也南三星車騎騎之將也陣車三星在騎官東北革車也
積卒十二星在房心南主爲衞也他星守之近臣誅從官二星在積卒西北龜
五星在尾南主占以吉凶傅說一星在尾後傅說主章祝巫官也魚一星在尾
後河中主陰事知雲雨之期也杵三星在箕南杵給庖舂客星入杵曰天下有

急糠星在箕舌前杵西北鼈十四星在南斗南鼈爲水蟲歸太陰有星守之白
衣會主有水令農丈人一星在南斗西南老農主穡也狗二星在南斗魁前主
吠守天田九星在牛南羅堰九星在牽牛東岠馬也以壅蓄水潦灌溉渠也九
坎九星在牽牛南坎溝渠也所以導達泉源疏盈瀉溢通溝洫也九坎間十星
曰天池一曰三池一曰天海主灌溉田疇事虛南二星曰哭哭東二星曰泣泣
哭皆近墳墓泣南十三星曰天壘城如貫索狀主北夷丁零匈奴南二星曰蓋
屋治宮室之官也其南四星曰虛梁園陵寢廟之所也羽林四十五星在營室
南一曰天軍主軍騎又主翼王也壘壁陣十二星在羽林北羽林之垣壘也主
軍衞爲營壅也五星有在天軍中者皆爲兵起熒惑太白辰星尤甚北落師門
一星在羽林西南北者宿在北方也落天之藩落也師衆也師門猶軍門也長
安城北門曰北落門以象此也主非常以候兵有星守之虜入塞中兵起其西
北有十星曰天錢北落西南一星曰天綱主武帳北落東南九星曰八魁主張
禽獸天倉六星在婁南倉穀所藏也南四星曰天庾積廚粟之所也天囷十三

星在胃南囷倉廩之屬也主給御糧也天廩四星在昴南一曰天廥主蓄黍稷以供饗祀春秋所謂御廩此之謂也天苑十六星昴畢南天子之苑囿養獸之所也苑南十三星曰天園植果菜之所也畢附耳南八星曰天節主使臣之所持者也天節下九星曰九州殊口曉方俗之官通重譯者也參旗九星在參西一曰天旗一曰天弓主司弓弩之張候變禦難玉井四星在參左足下主水漿以給廚西南九星曰九斿天子之旗也玉井東南四星曰軍井行軍之井也軍井未達將不言渴名取此也軍市十三星在參東南天軍貿易之市使有無通也野雞一星主變怪在軍市中軍市西南二星曰丈人丈人東二星曰子子東二星曰孫東井西南四星曰水府主水之官也東井南垣之東四星曰四瀆江河淮濟之精也狼一星在東井東南狼爲野將主侵掠色有常不欲動也北七星曰天狗主守財弧九星在狼東南天弓也主備盜賊常向於狼弧矢動移不如常者多盜賊胡兵大起狼弧張害及胡天下乖亂又曰天弓張天下盡兵弧南六星爲天社昔共工氏之子句龍能平水土故祀以配社其精爲星老人一星

在弧南一曰南極常以秋分之旦見于景春分之夕而沒于丁見則治平主壽昌常以秋分候之南郊柳南六星曰外廚廚南一星曰天紀主禽獸之齒稷五星在七星南稷農正也取乎百穀之長以爲號也張南十四星曰天廟天子之祖廟也客星守之祠官有憂翼南五星曰東甌蠻夷星也軫南三十二星曰器府樂器之府也青丘七星在軫東南蠻夷之國號也青丘西四星曰土司空主界域亦曰司徒土司空北二星曰軍門主營候彪尾威旗

天漢起沒

天漢起東方經尾箕之間謂之漢津乃分爲二道其南經傳說魚天籥天弁河鼓其北經龜貫箕下次絡南斗魁左旗至天津下而合南道乃西南行又分夾匏瓜絡人星杵造父騰蛇王良傳路閣道北端太陵天船卷舌而南行絡五車經北河之南入東井水位而東南行絡南河闕丘天狗天紀天稷在七星南而沒

十二次度數

十二次班固取三統歷十二次配十二野其言最詳又有費直說周易蔡邕月令章句所言頗有先後魏太史令陳卓更言郡國所入宿度今附而次之

自軫十二度至氐四度爲壽星於辰在辰鄭之分野屬兗州費直周易分野壽星起軫七度蔡邕月令章句壽星起軫六度

自氐五度至尾九度爲大火於辰在卯宋之分野屬豫州費直起氐十一度蔡邕起亢八度

自尾十度至南斗十一度爲析木於辰在寅燕之分野屬幽州費直起尾九度蔡邕起尾四度

自南斗十二度至須女七度爲星紀於辰在丑吳越之分野屬揚州費直起斗十度蔡邕起斗六度

自須女八度至危十五度爲玄枵於辰在子齊之分野屬青州費直起女六度蔡邕起女二度

自危十六度至奎四度爲諏訾於辰在亥衞之分野屬并州費直起危十四度蔡邕起危十度

自奎五度至胃六度爲降婁於辰在戌魯之分野屬徐州費直起奎二度蔡邕起奎八度

自胃七度至畢十一度爲大梁於辰在酉趙之分野屬冀州費直起婁十度蔡邕起胃一度

自畢十二度至東井十五度爲實沉於辰在申魏之分野屬益州費直起畢九度蔡邕起畢

六度

自東井十六度至柳八度爲鶉首於辰在未秦之分野屬雍州費直起井十二度蔡邕起井十

度

自柳九度至張十六度爲鶉火於辰在午周之分野屬三河費直起柳五度蔡邕起柳三度

自張十七度至軫十一度爲鶉尾於辰在巳楚之分野屬荊州費直起張十三度蔡邕起張十

二度

州郡躔次

陳卓范蠡鬼谷先生張良諸葛亮譙周京房張衡並云角亢氐鄭兗州

東郡入角一度　東平任城山陰入角六度

泰山入角十二度　濟北陳留入亢五度

濟陰入氐一度　東平入氐七度

房心宋豫州

潁川入房一度　汝南入房二度

沛郡入房四度　梁國入房五度
淮陽入心一度　魯國入心三度
楚國入房四度
尾箕燕幽州
涼州入箕中十度　上谷入尾一度
漁陽入尾三度　右北平入尾七度
西河上郡北地遼西東入尾十度　涿郡入尾十六度
渤海入箕一度　樂浪入箕三度
玄菟入箕六度　廣陽入箕九度
斗牽牛須女吳越揚州
九江入斗一度　廬江入斗六度
豫章入斗十度　丹陽入斗十六度
會稽入牛一度　臨淮入牛四度

廣陵入牛八度　泗水入女一度
六安入女六度
虛危齊青州
齊國入虛六度　北海入虛九度
濟南入危一度　樂安入危四度
東萊入危九度　平原入危十一度
菑川入危十四度
營室東壁衞幷州
安定入營室一度　天水入營室八度
隴西入營室四度　酒泉入營室十一度
張掖入營室十二度　武都入東壁一度
金城入東壁四度　武威入東壁六度
敦煌入東壁八度

奎婁胃魯徐州

東海入奎一度　琅邪入奎六度

高密入婁一度　城陽入婁九度

膠東入胃一度

昴畢趙冀州

魏郡入昴一度　鉅鹿入昴三度

常山入昴五度　廣平入昴七度

中山入昴一度　清河入昴九度

信都入畢三度　趙郡入畢八度

安平入畢四度　河間入畢十度

真定入畢十三度

觜參魏益州

廣漢入觜一度　越嶲入觜三度

蜀郡入參一度　犍爲入參三度
牂牱入參五度　巴郡入參八度
漢中入參九度　益州入參七度
東井輿鬼秦雍州
雲中入東井一度　定襄入東井八度
鴈門入東井十六度　代郡入東井二十八度
太原入東井二十九度　上黨入輿鬼二度
柳七星張周三輔
弘農入柳一度　河南入七星三度
河東入張一度　河內入張九度
翼軫楚荆州
南陽入翼六度　南郡入翼十度
江夏入翼十二度　零陵入軫十一度

桂陽入軫十度　　武陵入軫十度
長沙入軫十六度

晉書卷十一

晉書卷十一考證

天文志上至和帝時賈逵繫作○繫當作繼

凡日景於地千里而差一寸○臣永祚按謂日景千里差一寸日景不能如是之齊不若依各省北極出地度數查緯北內減緯南外加得距天頂度查切線即表景也立表如股切線如句其表顛至切線顛如弦據下文在漢時亦用句股法測景但所測不同耳

衆星列布體生於地精成於列○列疑天字之誤

一曰依烏郎府也○臣人龍按史記天官書聚一十五星蔚然曰郎位索隱曰蔚然漢書作哀烏星之狀貌故星經轉作依烏後人謂郎官署爲依烏府者此也

左旗九星在鼓左旁○臣永祚按句下似脫右旗九星在牽牛北八字

旁一星曰王良亦曰天馬其星動爲策馬策車騎滿野○臣龍官按星書云王良策馬車騎滿野則下策字當作主

南河曰南戍○臣龍官按天官星書戍當作戉卽斧鉞之義下北河曰北戍及

兩河戍閒河戍動搖俱放此

王者用法平則井星明而端列○監本脫明字今增入

星明大穀成○大似當作六

羅堰九星在牽牛東岠馬也○臣龍官按羅堰無九星誤也

晉書卷十一考證

晉書卷十二

唐　太　宗　文　皇　帝　御　撰

志第二

天文中

七曜

日爲太陽之精主生養恩德人君之象也人君有瑕必露其慝以告示焉故日月行有道之國則光明人君吉昌百姓安寧人君乘土而王其政太平則日五色無主日變色有軍軍破無軍喪侯王其君無德其臣亂國則日赤無光日失色所臨之國不昌日晝昏行人無影到暮不止者上刑急下不聊生不出一年有大水日晝昏烏烏羣鳴國失政日中烏見主不明爲政亂國有白衣會將軍出旌旗舉日中有黑子黑氣黑雲乍三乍五臣廢其主日蝕陰侵陽臣掩君之

象有亡國
月爲太陰之精以之配日女主之象以之比德刑罰之義列之朝廷諸侯大臣之類故君明則月行依度臣執權則月行失道大臣用事兵刑失理則月行乍南乍北女主外戚擅權則或進或退月變色將有殃月晝明姦邪並作君臣爭明女主失行陰國兵強中國饑天下謀僭數月重見國以亂亡
歲星曰東方春木於人五常仁也五事貌也仁虧貌失逆春令傷木氣則罰見歲星歲星盈縮以其舍命國其所居久其國有德厚五穀豐昌不可伐其對爲衝歲乃有殃歲星安靜中度吉盈縮失次其國有憂不可舉事用兵又曰人主之象也色欲明光色潤澤德合同又曰進退如度姦邪息變色亂行主無福又主福主大司農主齊吳主司天下諸侯人君之過主歲五穀赤而角其國昌赤黃而沉其野大穰
熒惑曰南方夏火禮也視也禮虧視失逆夏令傷火氣罰見熒惑熒惑法使行無常出則有兵入則兵散以舍命國爲亂爲賊爲疾爲喪爲饑爲兵所居國受

殃環繞鉤已芒角動搖變色乍前乍後乍左乍右其爲殃愈甚其南丈夫北女子喪周旋止息乃爲死喪寇亂其野亡地其失行而速兵聚其下順之戰勝又曰熒惑主大鴻臚主死喪主司空又爲司馬主楚吳越以南又司天下羣臣之過司驕奢亡亂妖孽主歲成敗又曰熒惑不動兵不戰有誅將其出色赤怒逆行成鉤已戰凶有圍軍鉤已有芒角如鋒刃人主無出宮下有伏兵芒大則人衆怒又爲理外則理兵內則理政爲天子之理也故曰雖有明天子必視熒惑所在其入守犯太微軒轅營室房心主命惡之

填星曰中央季夏土信也思心也仁義禮智以信爲主貌言視聽以心爲正故四星皆失填乃爲之動動而盈侯王不寧縮有軍不復所居之宿國吉得地及女子有福不可伐去之失地若有女憂居宿久國福厚易則薄失次而上二三宿曰盈有主命不成不乃水火失次而下曰縮后戚其歲不復不乃天裂若地動一曰填爲黃帝之德女主之象主德厚安危存亡之機司天下女主之過又曰天子之星也天子失信則填星大動

太白曰西方秋金義也言也義虧言失逆秋令傷金氣罰見太白太白進退以
候兵高卑遲速靜躁見伏用兵皆象之吉其出西方失行夷狄敗出東方失行
中國敗未盡期曰過參天病其對國若經天天下革民更王是謂亂紀人衆流
亡晝見與日爭明強國弱小國強女主昌又曰太白主大臣其號上公也大司
馬位謹候此
辰星曰北方冬水智也聽也智虧聽失逆冬令傷水氣罰見辰星辰星見則主
刑主廷尉主燕趙又爲燕趙代以北宰相之象亦爲殺伐之氣戰鬬之象又曰
軍於野辰星爲偏將之象無軍爲刑事和陰陽應效不效其時不和出失其時
寒暑失其節邦當大饑當出不出是謂擊卒兵大起在於房心間地動亦曰辰
星出入躁疾常主夷狄又曰蠻夷之星也亦主刑法之得失色黃而小地大動
光明與月相逮其國大水
凡五星有色大小不同各依其行而順時應節色變有類凡青皆比參左肩赤
比心大星黃比參右肩白比狼星黑比奎大星不失本色而應其四時者吉色

害其行凶
凡五星所出所行所直之辰其國爲得位得位者歲星以德熒惑有禮填星有福太白兵強辰星陰陽和所行所直之辰順其色而有角者勝其色害者敗居實有德也居虛無德也色勝位行勝色行得盡勝之
營室爲清廟歲星廟也心爲明堂熒惑廟也南斗爲文太室填星廟也亢爲疏廟太白廟也七星爲員官辰星廟也五星行至其廟謹候其命
凡五星盈縮失位其精降于地爲人歲星降爲貴臣熒惑降爲童兒歌謠嬉戲填星降爲老人婦女太白降爲壯夫處於林麓辰星降爲婦人吉凶之應隨其象告
凡五星木與土合爲內亂饑與水合爲變謀而更事與火合爲饑爲旱與金合爲白衣之會合鬭國有內亂野有破軍爲水太白在南歲星在北名曰牝牡年穀大熟太白在北歲星在南年或有或無火與金合爍爲喪不可舉事用兵從軍爲軍憂離之軍却出太白陰分宅出其陽偏將戰與土合爲憂主孽卿與水

合爲北軍用兵舉事大敗一曰火與水合曰焠不可舉事用兵土與水合爲壅沮不可舉事用兵有覆軍下師一曰爲變謀更事必爲旱與金合爲疾爲白衣會爲內兵國亡地與木合國饑水與金合爲變謀爲兵憂入太白中而上出破軍殺將客勝下出客亡地視旗所指以命破軍環繞太白若與鬬大戰客勝凡木火土金與水鬬皆爲戰兵不在外皆爲內亂凡同舍爲合相陵爲鬬二星相近其殃大相遠毋傷七寸以內必之

凡月蝕五星其國皆亡歲以飢熒惑以亂填以殺太白以強國戰辰以女亂

凡五星入月歲其野有逐相太白將僇

凡五星所聚其國王天下從歲以義從熒惑以禮從填以重從太白以兵從辰以法從各以其事致天下也三星若合是謂驚立絕行其國外內有兵與喪百姓饑乏改立侯王四星若合是謂太陽其國兵喪並起君子憂小人流五星若合是謂易行有德承慶改立王者掩有四方子孫蕃昌亡德受殃離其國家滅其宗廟百姓離去被滿四方五星皆大其事亦大皆小事亦小

凡五星色皆圜白爲喪爲旱赤中不平爲兵青爲憂爲水黑爲疾疫爲多死黃爲吉皆角赤犯我城黃地之爭白哭泣聲青有兵憂黑有水五星同色天下偃兵百姓安寧歌舞以行不見災疾五穀蕃昌

凡五星歲政緩則不行急則過分逆則占熒惑緩則不出急則不入違道則占填緩則不還急則過舍逆則占太白緩則不出急則不入逆則占辰緩則不出急則不入非時則占五星不失行則年穀豐昌

凡五星分天之中積于東方中國利積于西方外國用兵者利辰星不出太白爲客其出太白爲主出而與太白不相從及各出一方爲格野雖有軍不戰

凡五星見伏留行逆順遲速應歷度者爲得其行政合于常違歷錯度而失路盈縮者爲亂行亂行則爲天矢彗孛而有亡國革政兵饑喪亂之禍云

雜星氣

圖緯舊說及漢末劉表爲荊州牧命武陵太守劉叡集天文衆占名荊州占其雜星之體有瑞星有妖星有客星有流星有瑞氣有妖氣有日月傍氣皆略其

名狀舉其占驗次之於此云
瑞星一曰景星如半月生於晦朔助月爲明或曰星大而中空或曰有三星在
赤方氣與青方氣相連黃星在赤方氣中亦名德星二曰周伯星黃色煌煌然
所見之國大昌三曰含譽光耀似彗喜則含譽射四曰格澤如炎火下大上銳
色黃白起地而上見則不種而穫有土功有大客
妖星一曰彗星所謂掃星本類星末類彗小者數寸長或竟天見則兵起大水
主掃除除舊布新有五色各依五行本精所主史臣按彗體無光傅日而爲光
故夕見則東指晨見則西指在日南北皆隨日光而指頓挫其芒或長或短光
芒所及則爲災二曰孛星彗之屬也偏指曰彗芒氣四出曰孛孛者孛孛然非
常惡氣之所生也內不有大亂則外有大兵天下合謀闇蔽不明有所傷害晏
子曰君若不政孛星將出彗星何懼乎由是言之災甚於彗三曰天棓一名覺
星本類星末銳長四丈或出東北方西方主奮爭四曰天槍其出不過三月必
有破國亂君伏死其辜殃之不盡當爲旱飢暴疾五曰天欃石氏曰雲如牛狀

甘氏本類星末銳巫咸曰彗星出西方長可二三丈主捕制六曰蚩尤旗類彗而後曲象旗或曰赤雲獨見或曰其色黃上白下或曰若植雚而長名曰蚩尤之旗或曰如箕可長二丈末有星主伐枉逆主惑亂所見之方下有兵兵大起不然有喪也七曰天衝出如人蒼衣赤頭不動見則臣謀主武卒發天子亡八曰國皇大而赤類南極老人星或曰去地三丈如炬火主內寇內難或曰其下起兵兵強或曰外內有兵喪九曰昭明象如太白光芒不行或曰大而白無角乍上乍下一曰赤彗分爲昭明昭明滅光以爲起霸起德之徵所起國兵多變一曰大人凶兵大起十曰司危如太白有目或曰出正西西方之野星去地可六丈大而白或曰大而有毛兩角或曰類太白數動察之而赤爲乖爭之徵主擊強兵見則主失法豪傑起天子以不義失國有聲之臣行主德十一曰天讒彗出西北狀如劍長四五丈或曰如鉤長四丈或曰狀白小數動主殺罰出則其國內亂其下相讒爲饑兵赤地千里枯骨藉藉十二曰五殘一名五鏠出正東東方之星狀類辰可去地六七丈或曰蒼彗散爲五殘如辰星出角或曰星

表有氣如暈有毛或曰大而赤數動察之而青主乖亡爲五分毀敗之徵亦爲
備急兵見則主誅政在伯野亂成有急兵有喪不利衝十三曰六賊見出正南
南方之星去地可六丈大而赤動有光或曰形如彗五殘六賊出禍合天下逆
侵關樞其下有兵衝不利十四曰獄漢一名咸漢出正北北方之野星去地可
六丈大而赤數動察之中青或曰赤表下有三彗從橫主逐王主刺王出則陰
精橫兵起其下又爲喪動則諸侯驚十五曰旬始出北斗旁如雄雞其怒有青
黑象伏鼈或曰怒雌也主爭兵又曰黃彗分爲旬始爲立主之題主亂主招橫
見則臣亂兵作諸侯虐期十年聖人起伐羣猾橫恣或曰出則諸侯雄鳴十六
曰天鋒彗象矛鋒天下從橫則天鋒星見十七曰燭星如太白其出也不行見
則不久而滅或曰主星上有三彗上出所出城邑亂有大盜不成又以五色占
十八曰蓬星大如二斗器色白一名王星狀如夜火之光多至四五少一二一
曰蓬星在西南長數丈左右兌出而易處星見不出三年有亂臣戮死又曰所
出大水大旱五穀不收人相食十九曰長庚如一疋布著天見則兵起二十曰

四填星出四隅去地六丈餘或曰可四丈或曰星大而赤去地二丈常以夜半時出見十月而兵起皆爲兵起其下二十一曰地維藏光出四隅或曰大而赤去地二三丈如月始出見則下有亂者亡有德者昌

河圖云歲星之精流爲天棓　天槍　天猾　天衝　國皇　及登　蒼彗

熒惑散爲昭旦　蚩尤之旗　昭明　司危　天欃　赤彗

填星散爲五殘　獄漢　大賁　昭星　絀流　旬始　蚩尤　虹蜺　擊咎

黃彗

太白散爲天杵　天柎　伏靈　大敗　司姦　天狗　天殘　卒起　白彗

辰星散爲枉矢　破女　拂樞　滅寶　繞綎　驚理　大奮祀　黑彗

五色之彗各有長短曲折應象

漢京房著風角書有集星章所載妖星皆見於月旁互有五色方雲以五寅日見各有五星所生云

天槍　天根　天荊　真若　天猿　天樓　天垣　皆歲星所生也見以甲

寅其星咸有兩青方在其旁
天陰　晉若　官張　天惑　天崔　赤若　蚩尤　皆熒惑之所生也出在
景寅日有兩赤方在其旁
天上　天伐　從星　天樞　天翟　天沸　荊彗　皆塡星所生也出在戊
寅日有兩黃方在其旁
若星　帚星　若彗　竹彗　牆星　榬星　白雚　皆太白之所生也出在
庚寅日有兩白方在其旁
天美　天毚　天社　天麻　天林　天蒿　端下　皆辰星之所生也出以
壬寅日有兩黑方在其旁
已前三十五星卽五行氣所生皆出於月左右方氣之中各以其所生星將出
不出日數期候之當其未出之前而見見則有水旱兵喪饑亂所指亡國失地
王死破軍殺將
客星

張衡曰老子四星及周伯王蓬絮芮各一錯乎五緯之閒其見無期其行無度
荆州占云老子星色淳白然所見之國爲饑爲凶爲善爲惡爲喜爲怒周伯星黃色煌煌所至之國大昌蓬絮星色青而熒熒然所至之國風雨不節焦旱物不生五穀不登多蝗蟲又云東南有三星出名曰盜星出則天下有大盜西南有三大星出名曰種陵出則天下穀貴十倍西北三大星出而白名天狗出則人相食大凶東北有三大星出名曰女帛見則有大喪

流星

流星天使也自上而降曰流自下而升曰飛大者曰奔奔亦流星也星大者使大星小者使小聲隆隆者怒之象也行疾者期速行遲者期遲大而無光者衆人之事小而有光者貴人之事大而光者其人貴且衆也乍明乍滅者賊敗成也前大後小者恐憂也前小後大者喜事也蛇行者姦事也往疾者往而不反也長者其事長久也短者事疾也奔星所墜其下有兵無風雲有流星見良久閒乃入爲大風發屋折木小流星百數四面行者衆庶流移之象流星之類有

音如炬火下地野雉鳴天保也所墜國安有喜若小流星色青赤名曰地鴈其所墜者起兵流星有光青赤長二三丈名曰天鴈軍中之精華也其國起兵將軍當從星所之流星暉然有光光白長竟天者人主之星也主相將軍從星所之飛星大如缶若甕後皎然白前卑後高此謂頓頑其所從者多死亡飛星大如缶若甕後皎然白星滅後白者曲環如車輪此謂解銜其國人相斬爲爵祿飛星大如缶若甕其後皎然白長數丈星滅後白者化爲雲流下名曰大滑所下有流血積骨

枉矢類流星色蒼黑蛇行望之如有毛目長數匹著天主反萌主射愚見則謀反之兵合射所誅亦爲以亂伐亂

天狗狀如大奔星色黃有聲其止地類狗所墜望之如火光炎炎衝天其上銳其下員如數頃田處或曰星有毛旁有短彗下有狗形者或曰星出其狀赤白有光下卽爲天狗一曰流星有光見人面墜無音若有足者名曰天狗其色白其中黃黃如遺火狀主候兵討賊見則四方相射千里破軍殺將或曰五將鬬

人相食所往之鄉有流血其君失地兵大起國易政戒守禦

營頭有雲如壞山墮所謂營頭之星所墮其下覆軍流血千里亦曰流星晝隕

名營頭

雲氣

瑞氣一曰慶雲若煙非煙若雲非雲郁郁紛紛蕭索輪囷是謂慶雲亦曰景雲

此喜氣也太平之應二曰歸邪如星非星如雲非雲或曰星有兩赤彗上向有

蓋下連星見必有歸國者三曰昌光赤如龍狀聖人起帝受終則見

妖氣一曰虹蜺日旁氣也斗之亂精主惑心主內淫主臣謀君天子詘后妃顓

妻不一二曰牂雲如狗赤色長尾爲亂君爲兵喪

十煇

周禮眂祲氏掌十煇之法以觀妖祥辯吉凶一曰祲謂陰陽五色之氣浸淫相

侵或曰抱珥背璚之屬如虹而短是也二曰象謂雲氣成形象如赤烏夾日以

飛之類是也三曰鑴日傍氣刺日形如童子所佩之鑴四曰監謂雲氣臨在日

上也五曰闇謂日月蝕或曰脫光也六曰瞢謂瞢瞢不光明也七曰彌謂白虹彌天而貫日也八曰序謂氣若山而在日上或曰冠珥背璚重疊次序在于日旁也九曰隮謂暈氣也或曰虹也詩所謂朝隮于西者也十曰想謂氣五色有形想也青饑赤兵白喪黑憂黃熟或曰想思也赤氣爲人狩之形可思而知其吉凶也

凡遊氣蔽天日月失色皆是風雨之候也沉陰日月俱無光晝不見日夜不見星有雲障之兩敵相當陰相圖議也日濛濛無光士卒內亂又曰數日俱出若鬬天下兵起大戰日鬬下有拔城日戴者形如直狀其上微起在日上爲戴戴者德也國有喜也一云立日上爲戴青赤氣抱在日上小者爲冠國有喜事青赤氣小而交於日下爲纓青赤氣小而員一二在日下左右者爲紐青赤氣如小半暈狀在日上爲負負者得地爲喜又曰青赤氣長而斜倚日旁爲戟青赤氣員而小在日左右爲珥黃白者有喜又曰有軍日有一珥爲喜在日西西軍戰勝在日東東軍戰勝南北亦如之無軍而珥爲拜將又日旁如半環向日爲

抱青赤氣如月初生背日者爲背又曰背氣青赤而曲外向爲叛象分爲反城璚者如帶璚在日四方青赤氣長而立旁爲直日旁有一直敵在一旁欲自立從直所擊者勝日旁有二直三抱欲自立者不成順抱擊者勝殺將氣形三角在日四方爲提青赤氣橫在日上下爲格氣如半暈在日下爲承承者臣承君也又曰日下有黃氣三重若抱名曰承福人主有吉喜且得地青白氣如履在日下者爲履日旁抱五重戰順抱者勝日一抱一背爲破走抱者順氣也背者逆氣也兩軍相當順抱擊逆者勝故曰破走日抱且兩珥一虹貫抱至日順虹擊者勝殺將日抱兩珥且璚二虹貫抱至日順虹擊者勝日重抱內有璚順抱擊者勝亦曰軍內有欲反者日重抱左右二珥有白虹貫抱順抱擊勝得二將有三虹得三將日抱黃白潤澤內赤外青天子有喜有和親來降者軍不戰敵降軍罷色青黃將喜赤將兵爭白將有喪黑將死日重抱且背順抱擊者勝得地若有罷師日重抱抱內外有璚兩珥順抱擊者勝破軍軍中不和不相信日旁有氣員而周匝內赤外青名爲暈日暈者軍營之象周環匝日無厚薄敵

與軍勢齊等若無軍在外天子失御民多叛日暈有五色有喜不得五色者有憂

凡占兩軍相當必謹審日月暈氣知其所起留止遠近應與不應疾遲大小厚薄長短抱背爲多少有無虛實久亟密疎澤枯相應等者勢等近勝遠疾勝遲大勝小厚勝薄長勝短抱勝背多勝少有勝無實勝虛久勝亟密勝疎澤勝枯重背大破重抱爲和親抱多親者益多背爲天下不和分離相去背於內者離於內背於外者離於外也

雜氣

天子氣內赤外黃四方所發之處當有王者若天子欲有遊往處其地亦先發此氣或如城門隱隱在氣霧中恆帶殺氣森森然或如華蓋在氣霧中或氣象青衣人無手在日西或如龍馬或雜色鬱鬱衝天者此皆帝王氣

猛將之氣如龍如猛獸或如火烟之狀或白如粉沸或如火光之狀夜照人或白而赤氣繞之或如山林竹木或紫黑如門上樓或上黑下赤狀似黑旌或如

張弩或如埃塵頭銳而卑本大而高此皆猛將之氣也氣發漸漸如雲變作山形將有深謀

凡軍勝之氣如堤如坂前後磨地或如火光將軍勇士卒猛或如山堤山上若林木將士驍勇或如埃塵粉沸其色黃白或如人持斧向敵或如蛇舉首向敵或氣如覆舟雲如牽牛或有雲如鬬雞赤白相隨在氣中或發黃氣皆將士精勇

凡氣上黃下白名曰善氣所臨之軍敵欲求和退

凡負氣如馬肝色或如死灰色或類偃蓋或類偃魚或黑氣如壞山墜軍上者名曰營頭之氣或如羣羊羣猪在氣中此衰氣也或如懸衣如人相隨或紛紛如轉蓬或如揚灰或雲如卷席如匹布亂穰者皆爲敗徵氣如繫牛如人臥如雙蛇如飛鳥如決隄垣如壞屋如驚鹿相逐如兩雞相向此皆爲敗軍之氣

凡降人氣如人十十五五皆叉手低頭又云如人叉手相向或氣如黑山以黃爲緣者皆欲降伏之象也

凡堅城之上有黑雲如屋名曰軍精或白氣如旌旗或青雲黃雲臨城皆有大喜慶或氣青色如牛頭觸人或城上氣如煙火如雙蛇如杵形向外或有雲分爲兩彗狀者皆不可攻

凡屠城之氣或赤如飛鳥或赤氣如敗車或有赤黑氣如貍皮斑或城中氣聚如樓出見於外營上有雲如衆人頭赤色其城營皆可屠氣如雄雉臨城其下必有降者

凡伏兵有黑氣渾渾員長赤氣在其中或白氣粉沸起如樓狀或如幢節狀在烏雲中或如赤杵在烏雲中或如烏人在赤雲中

凡暴兵氣白如瓜蔓連結部隊相逐須臾罷而復出或白氣如仙人如仙人衣千萬連結部隊相逐罷而復興當有千里兵來或氣如人持刀楯雲如人色赤所臨城邑有卒兵至或赤氣如人持節兵來未息雲如方虹此皆有暴兵之象

凡戰氣青白如膏如人無頭如死人臥如丹蛇赤氣隨之必大戰殺將四望無雲見赤氣如狗入營其下有流血

凡連陰十日晝不見日夜不見月亂風四起欲雨而無雨名曰蒙臣有謀霧氣若晝若夜其色青黃更相掩冒乍合乍散亦然視四方常有大雲五色具者其下賢人隱也青雲潤澤蔽日在西北爲舉賢良雲氣如亂穰大風將至視所從來雲甚潤而厚大雨必暴至四始之日有黑雲氣如陣厚大重者多雨氣若霧非霧衣冠不濡見則其城帶甲而趨日出沒時有霧雲横截之白者喪烏者驚三日內雨者各解有雲如蛟龍所見處將軍失魄有雲如鵠尾來蔭國上三日亡有雲赤黃色四塞終日竟夜照地者大臣縱恣有雲如氣昧而濁賢人去小人在位

凡白虹者百殃之本衆亂所基霧者衆邪之氣陰來冒陽凡白虹霧姦臣謀君擅權立威晝霧夜明臣志得申凡夜霧白虹見臣有憂晝霧白虹見君有憂虹頭尾至地流血之象

凡霧氣不順四時逆相交錯微風小雨爲陰陽氣亂之象積日不解晝夜昏闇天下欲分離

凡天地四方昏濛若下塵十日五日已上或一月或一時雨不沾衣而有土名

曰霾故曰天地霾君臣乖

凡海旁蜃氣象樓臺廣野氣成宫闕北夷之氣如牛羊羣畜穹廬南夷之氣類

舟船幡旗自華以南氣下黑上赤嵩高三河之郊氣正赤恆山之北氣青勃碣

海岱之閒氣皆正黑江淮之閒氣皆白東海氣如員簦附漢河水氣如引布江

漢氣勁如杼濟水氣如黑豘渭水氣如狼白尾淮南氣如白羊少室氣如白兎

青尾恆山氣如黑牛青尾東夷氣如樹西夷氣如室屋南夷氣如閣臺或類舟

船陣雲如立垣杼軸雲類軸摶兩端兌杓雲如繩居前亘天其半半天其蛪者

類闕旗故鉤雲句曲諸此雲見以五色占而澤摶密其見動人及有兵必起合

鬭其直雲氣如三疋帛廣前銳後大軍行氣也韓雲如布趙雲如牛楚雲如日

宋雲如車魯雲如馬衛雲如犬周雲如車輪秦雲如行人魏雲如鼠鄭雲如絳

衣越雲如龍蜀雲如囷車氣乍高乍下往往而聚騎氣卑而布卒氣摶前卑後

高者疾前方而高後銳而卑者卻其氣平者其行徐前高後卑者不止而返校

騎之氣正蒼黑長數百丈遊兵之氣如彗掃一云長數百丈無根本喜氣上黃下赤怒氣上下赤憂氣上下黑土功氣黃白徙氣白凡候氣之法氣初出時若雲非雲若霧非霧髣髴若可見初出森森然若桑榆上高五六尺者是千五百里外平視則千里舉目望即五百里仰瞻中天即百里內平望桑榆閒二千里登高而望下屬地者三千里敵在東日出候之在南日中候之在西日入候之在北夜半候之軍上氣高勝下厚勝薄實勝虛長勝短澤勝枯氣見以知大占期內有大風雨久陰則災不成

天變史傳驗事

惠帝元康二年二月天西北大裂案劉向說天裂陽不足地動陰有餘是時人主昏瞀妃后專制

太安二年八月庚午天中裂爲二有聲如雷者三君道虧而臣下專僭之象也是日長沙王奉帝出距成都河閒二王後成都河閒東海又迭專威命是其應也

穆帝升平五年八月己卯夜天中裂廣三四丈有聲如雷野雉皆鳴是後哀帝荒疾海西失德皇太后臨朝太宗總萬機桓温專權威振內外陰氣盛陽道微

元帝太興二年八月戊戌天鳴東南有聲如風水相薄京房易妖占曰天有聲人主憂

三年十月壬辰天又鳴甲午止其後王敦入石頭王師敗績元帝屈辱制於強臣既而晏駕大恥不雪

安帝隆安五年閏月癸丑天東南鳴十六年九月戊子天東南又鳴是後桓玄簒位安帝播越憂莫大焉鳴每東南者蓋中興江外天隨之而鳴也

義熙元年八月天鳴在東南京房易傳曰萬姓勞厥妖天鳴是時安帝雖反政而兵革歲動衆庶勤勞也

日蝕

魏文帝黃初二年六月戊辰晦日有蝕之有司奏免太尉詔曰災異之作以譴元首而歸過股肱豈禹湯罪己之義乎其令百官各虔厥職後有天地眚勿復

劾三公

三年正月景寅朔日有蝕之十一月庚申晦又日有蝕之

五年十一月戊申晦日有蝕之

明帝太和初太史令許芝奏日應蝕與太尉於靈星祈禳帝曰蓋聞人主政有不德則天懼之以災異所以譴告告使得自修也故日月薄蝕明治道有不當者朕即位以來既不能光明先帝聖德而施化有不合於皇神故上天有以寤之宜勅政自修有以報於神明天之於人猶父之於子未有父欲有責其子而可獻盛饌以求免也今外欲遣上公與太史令俱禳之於義未聞也羣公卿士大夫其各勉修厥職有可以補朕不逮者各封上之

太和五年十一月戊戌晦日有蝕之

六年正月戊辰朔日有蝕之見吳歷

青龍元年閏月庚寅朔日有蝕之

少帝正始元年七月戊申朔日有蝕之

三年四月戊戌朔日有蝕之
四年五月丁丑朔日有蝕之
五年四月景辰朔日有蝕之
六年四月壬子朔日有蝕之　十月戊申朔又日有蝕之
八年二月庚午朔日有蝕之是時曹爽專政丁謐鄧颺等轉改法度會有日蝕之變詔羣臣問得失蔣濟上疏曰昔大舜佐治戒在比周周公輔政慎於其朋齊侯問災晏子對以布惠魯君問異臧孫答以緩役塞變應天乃實人事濟旨譬甚切而君臣不悟終至敗亡
九年正月乙未朔日有蝕之
嘉平元年二月己未日有蝕之
高貴鄉公甘露四年七月戊子朔日有蝕之
五年正月乙酉朔日有蝕之京房易占曰日蝕乙酉君弱臣強司馬將兵反征其王五月有成濟之變

元帝景元二年五月丁未朔日有蝕之
三年十一月己亥朔日有蝕之
武帝泰始二年七月景午晦日有蝕之　十月景午朔日有蝕之
七年十月丁丑朔日有蝕之
八年十月辛未朔日有蝕之
九年四月戊辰朔日有蝕之　又七月丁酉朔日有蝕之
十年正月乙未三月癸亥並日有蝕之
咸寧元年七月甲申晦日有蝕之
三年正月景子朔日有蝕之
四年正月庚午朔日有蝕之
太康四年三月辛丑朔日有蝕之
七年正月甲寅朔日有蝕之
八年正月戊申朔日有蝕之

九年正月壬申朔六月庚子朔並日有蝕之
永熙元年四月庚申帝崩
惠帝元康九年十一月甲子朔日有蝕之十二月廢皇太子遹爲庶人尋殺之
永康元年正月己卯四月辛卯朔並日有蝕之
永寧元年閏月景戌朔日有蝕之
光熙元年正月戊子朔七月乙酉朔並日有蝕之十一月惠帝崩　十二月壬
午朔又日有蝕之
懷帝永嘉元年十一月戊申朔日有蝕之
二年正月景子朔日有蝕之
六年二月壬子朔日有蝕之
愍帝建興四年六月丁巳朔十二月甲申朔並日有蝕之
五年五月景子十一月景子並日有蝕之時帝蒙塵于平陽
元帝大興元年四月丁丑朔日有蝕之

明帝太寧三年十一月癸巳朔日有蝕之在卯至斗斗吳分也其後蘇峻作亂
成帝咸和二年五月甲申朔日有蝕之在井井主酒食女主象也明年皇太后以憂崩
六年三月壬戌朔日有蝕之是時帝已年長每幸司徒第猶出入見王導夫人曹氏如子弟之禮以人君而敬人臣之妻有虧君德之象也
九年十月乙未朔日有蝕之是時帝既冠當親萬幾而委政大臣者君道有虧也
咸康元年十月乙未朔日有蝕之
七年二月甲子朔日有蝕之三月杜皇后崩
八年正月乙未朔日有蝕之京都大雨郡國以聞是謂三朝王者惡之六月而帝崩
穆帝永和二年四月己酉七年正月丁酉八年正月辛卯並日有蝕之
十二年十月癸巳朔日有蝕之在尾尾燕分北狄之象也是時邊表姚襄苻生

互相呑噬朝廷憂勞征伐不止
升平四年八月辛丑朔日有蝕之幾既在角凡蝕淺者禍淺深者禍大角爲天
門人主惡之明年而帝崩
哀帝隆和元年三月甲寅朔十二月戊午朔並日有蝕之明年而帝有疾不識
萬幾
海西公太和三年三月丁巳朔五年七月癸酉朔並日有蝕之皆海西被廢之
應也
孝武帝寧康三年十月癸酉朔日有蝕之
太元四年閏月己酉朔日有蝕之是時苻堅攻沒襄陽執朱序
六年六月庚子朔日有蝕之
九年十月辛亥朔日有蝕之
十七年五月丁卯朔日有蝕之
二十年三月庚辰朔日有蝕之明年帝崩

安帝隆安四年六月庚辰朔日有蝕之是時元顯執政
元興二年四月癸巳朔日有蝕之其冬桓玄篡位
義熙三年七月戊戌朔日有蝕之
十年九月丁巳朔日有蝕之
十一年七月辛亥晦日有蝕之
十三年正月甲戌朔日有蝕之明年帝崩
恭帝元熙元年十一月丁亥朔日有蝕之自義熙元年至是日蝕日從上始皆
爲革命之徵
周禮眡祲氏掌十煇之法以觀妖祥辯吉凶有祲象鑴監闇瞢彌序隮想凡十
後代名變說者莫同今錄其著應以次之云
吳孫權赤烏十一年二月白虹貫日權發詔戒懼
武帝泰始五年七月甲寅日暈再重白虹貫之
太康元年正月己丑朔五色氣冠日自卯至酉占曰君道失明丑爲斗牛主吳

越是時孫晧淫暴四月降
惠帝元康元年十一月甲申日暈再重青赤有光
九年正月日中有若飛燕者數日乃消王隱以爲愍懷廢死之徵
永康元年正月癸亥朔日暈三重十月乙未日闇黃霧四塞占曰不及三年下有拔城大戰十二月庚戌日中有黑氣京房易傳曰祭天不順茲謂逆厥異日中有黑氣
永寧元年九月甲申日中有黑子京房易占黑者陰也臣不掩君惡令下見百姓惡君則有此變又曰臣有蔽主明者
太安元年十一月日中有黑氣
永興元年十一月日中有黑氣分日
光熙元年五月壬辰癸巳日光四散赤如血流照地皆赤甲午又如之占曰君道失明
懷帝永嘉元年十一月乙亥黃黑氣掩日所照皆黃案河圖占曰日薄也其說

曰凡日蝕皆於朔晦有不於晦朔者爲日薄雖非日月同宿時陰氣盛掩日光也占類日蝕
二年正月戊申白虹貫日二月癸卯白虹貫日青黃暈五重占曰白虹貫日近臣爲亂不則諸侯有反者暈五重有國者受其祥天下有兵破亡其地明年司馬越暴蔑人主五年劉聰破京都帝蒙塵于寇庭
五年三月庚申日散光如血下流所照皆赤日中有若飛燕者
愍帝建興二年正月辛朱庚時日隕于地又有三日相承出於西方而東行
五年正月庚子三日並照虹蜺彌天日有重暈左右兩珥占曰白虹兵氣也三四五六日俱出並爭天下兵作丁巳亦如其數又曰三日並出不過三旬諸侯爭爲帝日重暈天下有立王暈而珥天下有立侯故陳卓曰當有大慶天下其三分乎三月而江東改元爲建武劉聰李雄亦跨曹劉疆宇於是兵連累葉
元帝太興元年十一月乙卯日夜出高三丈中有赤青珥
四年二月癸亥日鬭三月癸未日中有黑子辛亥帝親錄訊囚徒

永昌元年十月辛卯日中有黑子時帝寵幸劉隗擅威福虧傷君道王敦因之舉兵逼京都禍及忠賢
明帝太寧元年正月己卯朔日暈無光癸巳黃霧四塞占曰君道失明陰陽昏臣有陰謀京房曰下專刑茲謂分威蒙微而日不明先是王敦害尚書令刁協僕射周顗驃騎將軍戴若思等是專刑之應敦既陵上卒伏其辜十一月景子白虹貫日史官不見桂陽太守華包以聞
成帝咸和九年七月白虹貫日
咸康元年七月白虹貫日
二年七月白虹貫日自後庾氏專政由后族而貴蓋亦婦人擅國之義故頻年白虹貫日
八年正月壬申日中有黑子景子乃滅夏帝崩
穆帝永和八年張重華在涼州日暴赤如火中有三足烏形見分明五日乃止
十年十月庚辰日中有黑子大如雞卵

十一年三月戊申日中有黑子大如桃二枚時天子幼弱久不親國政
升平三年十月景午日中有黑子大如雞卵少時而帝崩
海西公太和三年九月戊辰夜二虹見東方
四年四月戊辰日暈厚密白虹貫日中　十月乙未日中有黑子
五年二月辛酉日中有黑子大如李
六年三月辛未白虹貫日日暈五重十一月桓温廢帝卽簡文咸安元年也
簡文咸安二年十一月丁丑日中有黑子
孝武寧康元年十一月己酉日中有黑子大如李
三年三月庚寅日中有黑子二枚大如鴨卵十一月己巳日中有黑子大如雞
卯時帝已長而康獻皇后以從嫂臨朝實傷君道故日有瑕也
太元十三年二月庚子日中有黑子二大如李
十四年六月辛卯日中又有黑子大如李
二十年十一月辛卯日中又有黑子是時會稽王以母弟干政

安帝隆安元年十二月壬辰日暈有背璚是後不親萬幾會稽王世子元顯專行威罰
四年十一月辛亥日中有黑子
元興元年二月甲子日暈白虹貫日中三月庚子白虹貫日未幾桓玄剋京都王師敗績明年玄簒位
義熙元年五月庚午日有彩珥
六年五月景子日暈有璚時有盧循逼京都內外戒嚴七月循走
七年七月五虹見東方占曰天子黜其後劉裕代晉
十年日在東井有白虹十餘丈在南干日災在秦分秦亡之象
恭帝元熙二年正月壬辰白氣貫日東西有直珥各一丈白氣貫之交匝
月變
魏文帝黃初四年十一月月暈北斗占曰有大喪赦天下七年五月帝崩明帝即位大赦天下

孝懷帝永嘉五年三月壬申丙夜月蝕既丁夜又蝕既占曰月蝕盡大人憂又曰其國貴人死

海西公太和四年閏月乙亥月暈軫復有白暈貫月北暈斗柄三星占曰王者惡之六年桓温廢帝

安帝隆安五年三月甲子月生齒占曰月生齒天子有賊臣羣下自相殘桓玄篡逆之徵也

義熙九年十二月辛卯朔月猶見東方是謂之仄慝則侯王其肅是時劉裕輔政威刑自己仄慝之應云

十一年十一月乙未月入輿鬼見而暈占曰主憂財寶出一曰月暈有赦

月奄犯五緯

凡月蝕五星其國皆亡五星入月其野有逐相

魏明帝太和五年十二月甲辰月犯填星

青龍二年十月乙丑月又犯填星占同上戊寅月犯太白占曰人君死又爲兵

景初元年七月公孫懿叛二年正月遣宣帝討之三年正月天子崩
四年三月己巳太白與月俱加景晝見月犯太白占同上
景初元年十月丁未月犯熒惑占曰貴人死二年四月司徒韓曁薨
齊王嘉平元年正月甲午太白襲月宣帝奏永寧太后廢曹爽等
惠帝太安二年十一月庚辰歲星入月中占曰國有逐相十二月壬寅太白犯
月占曰天下有兵
三年正月己卯月犯太白占同青龍元年七月左衞將軍陳眕等率衆奉帝伐
成都王六軍敗績兵逼乘輿後二年帝崩
元帝太興二年十一月辛巳月犯熒惑占曰有亂臣
三年十二月己未太白入月在斗郭璞曰月屬坎陰府法象也太白金行而來
犯之天意若曰刑理失中自毀其法
四年十二月丁亥月犯歲星在房占曰其國兵饑人流亡
永昌元年三月王敦作亂率江荆之衆來攻敗京師殺將相又鎮北將軍劉隗

出奔百姓並去南畝困於兵革四月又殺湘州刺史譙王司馬承鎮南將軍甘卓

成帝咸康元年二月乙未太白入月四月甲午月犯太白

四年四月己巳七月乙巳月俱奄太白占曰人君死又爲兵人主惡之明年石季龍之衆大寇沔南於是內外戒嚴

五年四月辛未月犯歲星在胃占曰國饑人流乙未月犯歲星在昴及冬有沔南邾城之敗百姓流亡萬餘家

六年二月乙未太白入月占曰人主死四月甲午月犯太白占曰人主惡之

穆帝永和八年十二月月在東井犯歲星占曰秦饑人流亡是時兵革連起

十年十一月月奄塡星在輿鬼占曰秦有兵時桓溫伐苻健健堅壁長安溫退

十二年八月桓溫破姚襄

升平元年十一月壬午月奄歲星在房占曰人飢一曰豫州有災

二年閏三月乙亥月犯歲星在房占同上三年豫州刺史謝萬敗

三年三月乙酉月犯太白在昴占曰人君死一曰趙地有兵四年正月慕容儁
卒
五年正月乙丑辰時月在危宿奄太白占曰天下靡散三月丁未月犯塡星在
軫占曰爲大喪五月穆帝崩七月慕容恪攻冀州刺史呂護於野王拔之護奔
走時桓溫以大衆次宛聞護敗乃退
哀帝興寧元年十月景戌月奄太白在須女占曰天下靡散一曰災在揚州三
年洛陽沒其後桓溫傾揚州資實北討敗績死亡大半及征袁眞淮南殘破後
慕容暐及苻堅互來侵境
二年正月乙卯月奄歲星在參占曰參益州分也六月鎭西將軍益州刺史周
撫卒十月梁州刺史司馬勳入益州以叛朱序率衆助刺史周楚討平之
海西太和元年二月景子月奄熒惑在參占曰爲內亂帝不終之徵一曰參魏
地五年慕容暐爲苻堅所滅
孝武太元十二年二月戊寅熒惑入月占曰有亂臣死若有相戮者一曰女親

爲政天下亂是時琅邪王輔政王妃從兄王國寶以姻娅受寵又陳郡人袁悅昧私苟進交遘主相扇揚朋黨十三年帝殺悅於市於是主相有隙亂階興矣
十三年十一月戊子辰星入月在危占曰賊臣欲殺主不出三年必有內惡是後慕容垂翟遼姚萇苻登慕容永並阻兵爭強
十四年十二月乙未月犯歲星占並同上十五年翟遼據司兗衆軍累討弗剋慕容氏又跨略并冀七月旱八月諸郡大水兗州又蝗
十八年正月乙酉熒惑入月占曰憂在宮中非賊乃盜也一曰有亂臣若有戮者二十一年九月帝暴崩內殿兆庶宣言夫人張氏潛行大逆又王國寶邪狡卒伏其辜
十九年四月己巳月奄歲星在尾占曰爲饑燕國亡二十年慕容垂遣息寶伐魏反爲所破死者數萬人二十一年垂死國遂衰亡
安帝隆安元年六月庚午月奄太白在太微端門外占曰國受兵乙酉月奄歲星在東壁占曰爲饑衞地有兵二年六月郄恢遣鄧啓方等以萬人伐慕容寶

於滑臺啓方敗三年九月桓玄等並舉兵於是內外戒嚴
四年正月乙亥月犯填星在牽牛占曰吳越有兵喪女主憂六月乙未月又犯
填星在牽牛十月乙未月奄歲星在北河占曰爲饑胡有兵其四年五月孫恩
破會稽殺內史謝琰後又破高雅之於餘姚死者十七八七月太和太后李氏
崩元興元年孫恩寇臨海人衆餓死散亡殆盡
元興元年四月辛丑月奄辰星七月大饑人相食
二年十一月辛巳月犯熒惑占悉同上二年十二月桓玄篡位放還帝后於尋
陽以永安何皇后爲零陵君三年二月劉裕盡誅桓氏
三年二月甲辰月奄歲星於左角占曰天下兵起是年三月景辰劉裕起義兵
殺桓修等明年正月衆軍攻桓振卒滅諸桓
義熙元年四月己卯月犯填星在東壁占曰其地亡國一曰貴人死七月己未
月奄填星東壁占曰其國以伐亡一曰人流十月丁巳月奄填星在營室占同
上十一月荆州刺史魏詠之卒二年二月司馬國璠等攻沒弋陽三年司徒揚

州刺史王謐薨四年正月太保武陵王遵薨三月左僕射孔安國薨
二年十二月景午月奄太白在危占曰齊亡國一曰彊國君死五年四月劉裕
大軍北討慕容超卒滅之
七年六月庚子月犯歲星在畢占曰有邊兵且饑八月乙未月犯歲星在參占
曰益州兵飢七月朱齡石剋蜀蜀人尋反又討之
八年正月庚戌月犯歲星在畢占同上九年七月朱齡石滅蜀
十二年五月甲申月犯歲星在左角占曰爲饑
十四年四月壬申月犯塡星於張占曰天下有大喪其明年帝崩
恭帝元熙元年七月月犯歲星占悉同上十二月丁巳月犯太白于羽林二年
六月帝遜位禪宋
五星聚舍
魏明帝太和四年十一月壬戌太白犯歲星占曰太白犯五星有大兵五年三
月諸葛亮以大衆寇天水時宣帝爲大將軍距退之

青龍二年二月己未太白犯熒惑占曰大兵起有大戰是年四月諸葛亮據渭
南吳亦起兵應之魏東西奔命
惠帝元康三年填星歲星太白三星聚于畢昴占曰爲兵喪畢昴趙地也後賈
后陷殺太子趙王廢后又殺之斬張華裴頠遂簒位廢帝爲太上皇天下從此
遘亂連禍
永寧二年十一月熒惑太白鬭于虛危占曰大兵起破軍殺將虛危又齊分也
十二月熒惑襲太白于營室占曰天下兵起亡君之戒一曰易相初齊王冏之
京都因留輔政遂專慠無君是月成都河間檄長沙王乂討之冏乂交戰攻焚
宮闕冏兵敗夷滅又殺其兄上軍將軍實以下二十餘人太安二年成都又攻
長沙於是公私饑困百姓力屈
太安三年正月熒惑犯歲星占曰有戰七月左衛將軍陳眕奉帝伐成都六軍
敗績
光熙元年九月填星犯歲星占曰填與歲合爲內亂是時司馬越專權終以無

禮破滅內亂之應也十二月癸未太白犯塡星占曰爲內兵有大戰是後河閒
王爲東海王越所殺明年正月東海王越殺諸葛玫等五月汲桑破馮嵩殺東
燕王八月苟晞大破汲桑
懷帝永嘉六年七月熒惑歲星太白聚牛女之閒徘徊進退案占曰牛女揚州
分是後兩都傾覆而元帝中興揚土
建武元年五月癸未太白熒惑合於東井占曰金火合曰爍爲喪是時愍帝蒙
塵于平陽七月崩于寇庭
元帝太興二年七月甲午歲星熒惑會于東井八月乙未太白犯歲星合在翼
占曰爲兵饑
三年六月景辰太白與歲星合于房占同上永昌元年王敦攻京師六軍敗績
王敦尋死
成帝咸康三年十一月乙丑太白犯歲星于營室占曰爲兵饑四年二月石季
龍破幽州遷萬餘家以南五年季龍衆五萬寇沔南略七千餘家而去又騎二

萬圍陷邾城殺略五千餘人

四年十二月癸丑太白犯塡星在箕占曰王者亡地七年慕容皝自稱燕王

七年三月太白熒惑合于太微中犯左執法明年顯宗崩

八年十二月己酉太白犯熒惑于胃占曰大兵起其後庾翼大發兵謀伐石季龍專制上流

康帝建元元年八月丁未太白犯歲星在軫占曰有大兵是年石季龍將劉寧寇沒狄道

穆帝永和四年五月熒惑入婁犯塡星占曰兵大起有喪災在趙其年石季龍死來年冉閔殺石遵及諸胡十萬餘人其後褚裒北伐喪衆而薨

六年三月戊戌熒惑犯歲星占曰爲戰

七年三月戊子歲星熒惑合于奎其年劉顯殺石祗及諸胡帥中土大亂

十二年七月丁卯太白犯塡星在柳占曰周地有大兵其年八月桓温伐苻健退因破姚襄於伊水定周地

升平二年八月戊午熒惑犯填星在張占曰兵大起
三年八月庚午太白犯填星在太微中占曰王者惡之
五年十月丁卯熒惑犯歲星在營室占曰大臣有匿謀一曰衞地有兵時桓溫
擅權謀移晉室
海西公太和元年八月戊午太白犯歲星在太微中
三年六月甲寅太白奄熒惑在太微端門中六年海西公廢
簡文咸安二年正月己酉歲星犯填星在須女占曰爲內亂七月帝崩桓溫擅
權謀殺中侍王坦之等內亂之應
孝武寧康二年十一月癸酉太白奄熒惑在營室占曰金火合爲爍爲兵喪太
元元年七月苻堅伐涼州破之虜張天錫
太元十一年十二月己丑太白犯歲星占曰爲兵饑是時河朔未平兵連在外
冬大饑
十七年九月丁丑歲星熒惑填星同在亢氐十二月癸酉填星去熒惑歲星猶

合占曰三星合是謂驚立絶行內外有兵喪與饑改立王公

十九年十月太白塡星熒惑辰星合于氐十二月癸丑太白犯歲星在斗占曰爲亂饑爲內兵斗吳越分至隆安元年王恭等舉兵顯王國寶之罪朝廷殺之是後連歲水旱饑

安帝隆安元年二月歲星熒惑皆入羽林占曰中軍兵起四月王恭等舉兵內外戒嚴

元興元年八月庚子太白犯歲星在上將東南占曰楚兵饑一曰災在上將二年桓玄簒位三年劉裕盡誅桓氏

二年十月丁丑太白犯塡星在婁占同上

三年二月壬辰太白熒惑合于羽林二年十二月桓玄簒位放遷帝后三年二月劉裕起義兵桓玄逼帝東下

義熙二年十二月丁未熒惑太白皆入羽林又合于壁

三年正月慕容超寇淮北徐州至下邳八月遣劉敬宣伐蜀

三年二月癸亥熒惑填星太白辰星聚于奎婁從填星也徐州分是時慕容超僭號於齊兵連徐兗連歲寇抄至于淮泗姚興譙縱僭號秦蜀盧循及魏南北交侵其五年劉裕北殄慕容超其六月辛卯熒惑犯辰星在翼占曰天下兵起八月己卯太白奄熒惑占曰有大兵其四年姚略遣衆征赫連勃勃大爲所破

五年四月甲戌熒惑犯辰星在東井占曰皆爲兵十二月辛丑太白犯歲星在奎占曰大兵起魯有兵是年四月劉裕討慕容超六年二月滅慕容超于魯地

七年七月丁卯歲星犯填星在參占曰歲填合爲內亂一曰益州戰不勝亡地是時朱齡石伐蜀後竟滅之明年誅謝混劉毅

八年十月甲申太白犯填星在東井占曰秦有大兵

九年二月景午熒惑填星皆犯東井占曰秦有兵三月壬辰歲星熒惑填星太白聚于東井從歲星也東井秦分十三年劉裕定關中其後遂移晉祚

十四年十月癸巳熒惑入太微犯西蕃上將仍順行至左掖門內留二十日乃逆行至恭帝元熙元年三月五日出西蕃上將西三尺許又順還入太微時填

星在太微熒惑繞填星成鉤已其年四月景戌從端門出占曰熒惑與填星鉤

已天庭天下更紀十二月安帝母弟琅邪王踐阼是曰恭帝來年禪于宋

晉書卷十二

晉書卷十二考證

天文志中十一曰天讒○史記天官書作天攙其正義解釋大略亦同下文引河圖作天欃引風角書作天毚

日夜出高三丈中有赤青珥○臣汞祚按珥不應在中疑中爲衍字

熒惑塡星太白辰星聚于奎婁從塡星也徐州分○臣龍官按汲古閣本也作北又徐州分上當有奎婁二字

晉書卷十二考證

晉書卷十三

唐　太　宗　文　皇　帝　御　撰

志第三

天文下　月五星犯列舍　經星變附見　妖星客星　星流隕　雲氣

月五星犯列舍經星變附見

魏文黃初四年三月癸卯月犯心大星占曰心爲天王位王者惡之六月甲申太白晝見案劉向五紀論曰太白少陰弱不得專行故以己未爲界不得經天而行經天則晝見其占爲兵喪爲不臣爲更王彊國弱小國彊是時孫權受魏爵號而稱兵距守其十二月景子月犯心大星占同上

五年十月乙卯太白晝見占同上又歲星入太微逆行積百四十九日乃出占曰五星入太微從右入三十日以上人主有大憂一曰有赦至七年五月帝崩明帝卽位大赦天下

六年五月壬戌熒惑入太微至壬申與歲星相及俱犯右執法至癸酉乃出占

曰從右入三十日以上人主有大憂又日月五星犯左右執法大臣有憂一曰
執法者誅金火尤甚十一月皇子東武陽王鑒薨七年正月驃騎將軍曹洪免
爲庶人四月征南大將軍夏侯尙薨五月帝崩蜀記稱明帝問黃權曰天下鼎
立何地爲正對曰當驗天文往者熒惑守心而文帝崩吳蜀無事此其徵也案
三國史並無熒惑守心之文疑是入太微八月吳遂圍江夏寇襄陽大將軍宣
帝救襄陽斬吳將張霸等兵喪更王之應也
明帝太和五年五月熒惑犯房占曰房四星股肱臣將相位也月五星犯守之
將相有憂其七月車騎將軍張郃追諸葛亮爲亮所害十二月太尉華歆薨其
十一月乙酉月犯軒轅大星占曰女主憂
六年三月乙亥月又犯軒轅大星十一月景寅太白晝見南斗遂歷八十餘日
恆見占曰吳有兵明年孫權遣張彌等將兵萬人錫授公孫文懿爲燕王文懿
斬彌等虜其衆青龍二年正月太后郭氏崩
青龍三年三月辛卯月犯輿鬼輿鬼主斬殺占曰人多病國有憂又曰大臣憂

是年夏及冬大疫四年五月司徒董昭薨其五月丁亥太白晝見積三十餘日以晷度推之非秦魏則楚也是時諸葛亮據渭南宣帝與相持孫權寇合肥又遣陸議孫昭等入淮沔天子親東征蜀本秦地則爲秦魏及楚兵悉起矣其七月己巳月犯楗閉占曰有火災三年七月崇華殿災三年六月丁未塡星犯井鉞戊戌太白又犯之占曰凡月五星犯井鉞悉爲兵災一曰斧鉞用大臣誅七月己丑塡星犯東井距星占曰塡星入井大人憂行近距爲行陰其占曰大水五穀不成景初元年夏大水傷五穀其年十月壬申太白晝見在尾歷二百餘日恆晝見占曰尾爲燕有兵十二月戊辰月犯鉤鈐占曰王者憂

四年閏正月己巳塡星犯井鉞三月癸卯塡星犯東井己巳太白與月加景晝見五月壬寅太白犯畢左股第一星占曰畢爲邊兵又主刑罰九月涼州塞外胡阿畢師使侵犯諸國西域校尉張就討之斬首捕虜萬計其年七月甲寅太白犯軒轅大星占曰女主憂景初元年皇后毛氏崩

景初元年二月乙酉月犯房第二星占曰將軍有憂其七月司徒陳矯薨二年

四月司徒韓暨薨其七月辛卯太白晝見積二百八十餘日時公孫文懿自立
爲燕王署置百官發兵拒守宣帝討滅之
二年二月己丑月犯心距星又犯中央大星五月乙亥月又犯心距星及中央
大星案占曰王者惡之犯前星太子有憂三年正月帝崩太子立卒見廢其年
十月甲午月犯箕占曰將軍死正始元年四月車騎將軍黃權薨其閏十一月
癸丑月犯心中央大星
少帝正始元年四月戊午月犯昴東頭第一星十月庚寅月又犯昴北第四星
占曰月犯昴胡不安二年六月鮮卑阿妙兒等寇西方燉煌太守王延破之斬
二萬餘級三年又斬鮮卑大帥及千餘級
二年九月癸酉月犯輿鬼西北星三年二月丁未又犯西南星占曰有錢令一
曰大臣憂三年二月太尉滿寵薨四年正月帝加元服賜羣臣錢各有差
四年十月十一月月再犯井鉞是月宣帝討諸葛恪恪棄城走五年二月曹爽
征蜀

五年十一月癸巳填星犯亢距星占曰諸侯有失國者
七年七月丁丑月犯左角占曰天下有兵左將軍死七月乙亥熒惑犯畢距星
占曰有邊兵一曰刑罰用
九年正月辛亥月犯亢南星占曰兵起一曰軍將死七月癸丑填犯楗閉占曰
王者不宜出宮下殿嘉平元年天子謁陵宣帝奏誅曹爽等天子野宿於是失
勢
嘉平元年六月壬戌太白犯東井距星占曰國失政大臣爲亂四月辛巳太白
犯輿鬼占曰人臣誅一曰兵起二年三月己未太白又犯井距星三年七月王
淩與楚王彪有謀皆伏誅人主遂卑
吳孫權赤烏十三年夏五月日北至熒惑逆行入南斗秋七月犯魁第三星而
東漢晉春秋云逆行案占熒惑入南斗三月吳王死一曰熒惑逆行其地有死
君太和二年權薨是其應也故國志書於吳是時王淩謀立楚王彪謂斗中有
星當有暴貴者以問知星人浩詳詳疑有故欲悅其意不言吳有死喪而言淮

南楚分吳楚同占當有王者興故淩討遂定
嘉平二年十二月景申月犯輿鬼
三年四月戊寅月犯東井五月甲寅月犯亢距星占曰將軍死一曰爲兵是月
王淩楚王彪等誅七月皇后甄氏崩四年三月吳將爲寇鎮東將軍諸葛誕破
走之其年七月己巳月犯輿鬼九月乙巳又犯之十月癸未熒惑犯亢南星占
曰臣有亂四年十一月丁未月又犯鬼積尸五年六月戊午太白犯角占曰羣
臣有謀不成庚辰月犯箕星占曰將軍死七月月犯井鉞景午月又犯鬼西北
星占曰國有憂十一月癸酉月犯東井距星占曰將軍死正元元年正月鎮東
將軍毋丘儉揚州刺史文欽反兵俱敗誅死二月李豐及弟翼后父張緝等謀
亂事泄悉誅皇后張氏廢九月帝廢爲齊王蜀將姜維攻隴西車騎將軍郭淮
討破之
高貴鄉公正元二年二月戊午熒惑犯東井北轅西頭第一星甘露元年七月
乙卯熒惑犯東井鉞星壬戌月又犯鉞星八月辛亥月犯箕吳廢孫亮

太平元年九月壬辰太白犯南斗吳志所書也占曰太白犯斗國有兵大臣有
反者其明年諸葛誕反又明年孫綝廢亮吳魏竝有兵事也
甘露元年九月丁巳月犯東井二年六月己酉月犯心中央大星八月壬子歲
星犯井鉞九月庚寅歲星逆行乘井鉞十月景寅太白犯亢距星占曰逆臣爲
亂人君憂景元元年五月有成濟之變及諸葛誕誅皆其應也
二年三月庚子太白犯東井占曰國失政大臣爲亂是夜歲星又犯東井占曰
兵起至景元元年高貴鄉公敗
三年八月壬辰歲星犯輿鬼鑕星占曰斧鑕用大臣誅
四年四月甲申歲星又犯輿鬼東南星占曰鬼東南星主兵木入鬼大臣誅景
元元年殺尚書王經
元帝景元元年二月月犯建星案占月五星犯建星大臣相譖是後鍾會鄧艾
破蜀會譖艾
二年四月熒惑入太微犯右執法占曰人主有大憂一云大臣憂

四年十月歲星守房占曰將相憂一云有大赦明年鄧艾鍾會皆夷滅赦蜀土

五年帝遜位

武帝咸寧四年九月太白當見不見占曰是謂失舍不有破軍必有亡國是時

羊祜表求伐吳上許之五年十一月兵出太白始夕見西方太康元年三月大

破吳軍孫皓面縛請罪吳國遂亡

太康八年三月熒惑守心占曰王者惡之太熙元年四月乙酉帝崩

惠帝元康三年四月熒惑守太微六十日占曰諸侯三公謀其上必有斬臣一

曰天子亡國是春太白守畢至是百餘日占曰有急令之憂一曰相死又爲邊

境不安後賈后陷殺太子

六年十月乙未太白晝見九年六月熒惑守心占曰王者惡之八月熒惑入羽

林占曰禁兵大起其後帝見廢爲太上皇俄而三王起兵討趙王倫倫悉遣中

軍兵相距累月

永康元年三月中台星拆太白晝見占曰台星失常三公憂太白晝見爲不臣

是月賈后殺太子趙王倫尋廢殺后斬司空張華其五月熒惑入南斗占曰宰相死兵大起斗又吳分野是時趙王倫爲相明年篡位三公與師誅之太安二年石冰破揚州其八月熒惑入箕占曰人主失位兵起明年趙王倫篡位改元二年二月太白出西方逆行入東井占曰國失政大臣爲亂是時齊王冏起兵討趙王倫倫滅冏擁兵不朝專權淫奢明年誅死

永寧元年自正月至於閏月五星互經天縱橫無常星傳曰日陽君道也星陰臣道也日出則星亡臣不得專也晝而星見于上者爲經天其占爲不臣爲更王今五星悉經天天變所未有也石氏說曰辰星晝見其國不亡則大亂是後台鼎方伯互執大權二帝流亡遂至六夷更王迭據華夏亦載籍所未有也其四月歲星晝見五月太白晝見占同前七月歲星守虛危占曰木守虛危有兵憂虛危齊分一曰守虛饑守危徭役煩多下屈竭辰星入太微占曰爲內亂一曰羣臣相殺太白守右掖門占曰爲兵爲亂爲賊八月戊午塡星犯左執法又犯上相占曰上相憂熒惑守昴占曰趙魏有災辰星守輿鬼占曰秦有災九月

丁未月犯左角占曰人主憂一曰左衞將軍死天下有兵
二年四月癸酉歲星晝見占曰爲臣彊初齊王冏定京都因留輔政遂專慠無
君是月成都河間檄長沙王乂討之冏乂交戰攻焚宮闕冏兵敗夷滅乂殺其
兄上軍將軍寔以下二十餘人太安二年成都攻長沙於是公私饑困百姓力
屈
太安二年二月太白入昴占曰天下擾兵大起七月熒惑入東井占曰兵起國
亂是秋太白守太微上將占曰上將以兵亡是年冬成都河間攻洛陽八月長
沙王奉帝出距二王三年正月東海王越執長沙王乂張方又殺之
三年正月熒惑入南斗占同永康七月左衞將軍陳眕率衆奉帝伐成都六軍
敗績兵偪乘輿是時天下盜賊羣起張昌尤盛
永興元年七月庚申太白犯角亢經房心歷尾箕九月入南斗占曰犯角天下
大戰犯亢有大兵人君憂入房心爲兵喪犯尾箕女主憂一曰天下大亂入南
斗有兵喪一曰將軍爲亂其所犯守又兗豫幽冀揚州之分野是年七月有蕩

陰之役九月王浚殺幽州刺史和演攻鄴鄴潰於是兗豫爲天下兵衝陳敏又亂揚土劉元海石勒李雄等並起微賤跨有州郡皇后羊氏數被幽廢皆其應也

二年四月景子太白犯狼星占曰大兵起九月歲星守東井占曰有兵井又秦分野是年苟晞破公師藩張方破范陽王虓關西諸將攻河間王顒奔走東海王迎殺之

光熙元年四月太白失行自翼入尾箕占曰太白失行而北是謂反生不有破軍必有屠城五月汲桑攻鄴魏郡太守馮嵩出戰大敗桑遂害東燕王騰殺萬餘人焚燒魏時宮室皆盡其九月丁未熒惑守心占曰王者惡之己亥塡星守房心占曰塡守房多禍喪守心國內亂天下赦是時司馬越專權終以無禮破滅內亂之應也十一月帝崩懷帝卽位大赦天下

懷帝永嘉元年十二月丁亥星流震散按劉向說天官列宿在位之象其衆小星無名者衆庶之類此百官衆庶將流散之象也是後天下大亂百官萬姓流

移轉死矣
二年正月庚午太白伏不見二月庚子始晨見東方是謂當見不見占同上條
其後破軍殺將不可勝數帝崩虜庭中夏淪覆
三年正月庚子熒惑犯紫微占曰當有野死之王又爲火燒宮是時太史令高
堂沖奏乘輿宜遷幸不然必無洛陽五年六月劉曜王彌入京都焚燒宮廟執
帝歸平陽
三年填星久守南斗占曰填星所居久者其國有福是時安東將軍琅邪王始
有揚土其年十一月地動陳卓以爲是地動應也
五年十月熒惑守心六年六月丁卯太白犯太微占曰兵入天子庭王者惡之
七月帝崩于寇庭天下行服大臨
元帝太興元年七月太白犯南斗占曰吳越有兵大人憂
二年二月甲申熒惑犯東井占曰兵起貴臣相戮八月己卯太白犯軒轅大星
占曰後宮憂

三年五月戊子太白入太微又犯上將星占曰天子自將上將誅九月太白犯南斗十月己亥熒惑在東井居五諸侯南踟蹰留積三十日占曰熒惑守井二十日以上大人憂守五諸侯諸侯有誅者永昌元年三月王敦率江荆之衆來攻京都六軍距戰敗績人主謝過而已於是殺護軍將軍周顗尚書令刁協車騎將軍戴若思又鎮北將軍劉隗出奔四月又殺湘州刺史譙王司馬承鎮南將軍甘卓閏十二月帝崩

明帝太寧三年正月熒惑逆行入太微占曰爲兵喪王者惡之閏八月帝崩後二年蘇峻反攻焚宮室太后以憂偪崩天子幽劫于石頭城遠近兵亂至四年乃息

成帝咸和六年正月景辰月入南斗占曰有兵是月石勒殺略婁武進二縣人明年石勒衆又抄略南沙海虞其十一月熒惑守胃昴占曰趙魏有兵八年七月石勒死石季龍自立是時雖二石僭號而其彊弱常占於昴不關太微紫宮也

八年三月己巳月入南斗與六年占同其年七月石勒死彭彪以譙石生以長安郭權以秦州並歸順於是遣督護喬球率衆救彪彪敗球退又石季龍石斌攻滅生權其七月熒惑入昴占曰胡王死一曰趙地有兵是月石勒死石季龍多所攻沒八月月又犯昴占曰胡不安

九年三月己亥熒惑入輿鬼犯積尸占曰兵在西北有沒軍死將六月八月月又犯昴是時石弘雖襲勒位而石季龍擅威橫暴十一月廢弘自立遂幽殺之

咸康元年二月己亥太白犯昴占曰兵起歲中旱四月石季龍略騎至歷陽加司徒王導大司馬治兵列戍衝要是時石季龍又圍襄陽六月旱其年二月景戌月入昴占曰胡王死八月戊戌熒惑入東井占曰無兵兵起有兵兵止十一月月犯昴

二年正月辛亥月犯房南第二星八月月又犯昴九月庚寅太白犯南斗因晝見占曰斗爲宰相又揚州分金犯之死喪之象晝見爲不臣又爲兵喪其後石季龍僭稱天王發衆七萬四年二月自隴西攻段遼于薊又襲慕容皝於棘城

不克，眺擊破其將麻秋，犇虜段遼殺之。

三年七月己酉，月犯房上星。八月，熒惑入輿鬼，犯積尸。甲戌，月犯東井距星。九月戊子，月犯建星。

四年四月己巳，太白晝見，在柳。占曰「爲兵，爲不臣」。明年，石季龍大寇沔南，於是內外戒嚴。其五月戊戌，熒惑犯右執法。占曰「大臣死，執政者憂」。九月，太白又犯右執法。案占，五星災同，金水尤甚。十一月戊子，太白犯房上星。占曰「上相憂」。

五年四月乙未，月犯畢距星。占曰「兵起」。七月己酉，月犯房上星。占曰「將相憂」。是月庚申，丞相王導薨。庚冰代輔政。八月，太尉郗鑒薨。又有沔南、邾城之敗，百姓流亡萬餘家。六年正月，征西大將軍庾亮薨。

六年三月甲辰，熒惑犯太微上將星。占曰「上將憂」。四月丁丑，熒惑犯右執法。占曰「執政者憂」。六月乙亥，月犯牽牛中央星。占曰「大將憂」。是時尚書令何充爲執法，有讜欲避其咎。明年，求爲中書令。其四月景午，太白犯畢距星。占曰「兵革起」，一曰「女主憂」。六月乙卯，太白犯軒轅大星。占曰「女主憂」。七年三月，皇后杜氏崩。

七年三月壬午月犯房四月己丑太白入輿鬼五月太白晝見八月辛丑月犯
輿鬼
八年六月熒惑犯房上第二星占曰次相憂八月壬寅月犯畢占曰下犯上兵
革起十月月又掩畢大星占同上其建元元年車騎將軍庾冰薨庾翼大發兵
謀伐石季龍專制上流朝廷憚之
康帝建元二年正月壬午太白入昴占曰趙地有兵又曰天下兵起四月乙酉
太白晝見是年石季龍殺其子邃又遣將寇沒狄道及屯薊東謀慕容晃三年
歲星犯天關安西將軍庾翼與兄冰書曰歲星犯天關占云關梁當分比來江
東無他故江道亦不艱難而石季龍頻年再閉關不通信使此復是天公憒憒
無皂白之徵也其閏月乙酉太白犯斗占曰爲喪天下受爵祿九月帝崩太子
立大赦賜爵
穆帝永和元年正月丁丑月入畢占曰兵大起戊寅月犯天關占曰有亂臣更
天子之法五月辛巳太白晝見在東井占曰爲臣彊秦有兵六月辛丑月入太

微犯屏西南星占曰輔臣有免罷者七月八月月皆犯畢占同上己未月犯輿鬼占曰大臣有誅九月庚戌月犯畢是年初庾翼在襄陽七月翼疾將終輒以子爰之爲荆州刺史代己任爰之尋被廢明年桓温又輒率衆伐蜀執李勢送至京都蜀本秦地也

二年二月壬子月犯房上星四月景戌月又犯房上星八月壬申太白犯左執法

三年正月壬午月犯南斗第五星占曰將軍死近臣去五月壬申月犯南斗第四星因入魁占曰有兵一曰有大赦六月月犯東井距星占曰將軍死國有憂戊戌月犯五諸侯占曰諸侯有誅九月庚寅太白犯南斗第五星占曰爲喪爲兵

四年七月景申太白犯左執法甲寅月犯房丁巳月入南斗犯第二星乙丑太白犯左執法占悉同上十月甲辰月犯亢占曰兵起將軍死十一月戊戌月犯上將星三年六月大赦是月陳逵征壽春敗而還七月氐蜀餘寇反亂益土九

月石季龍伐涼州五年征北大將軍褚裒卒
四年四月太白入昴是時戎晉相侵趙地連兵尤甚七月太白犯軒轅占曰在趙及爲兵喪甲寅月犯房十月甲戌月犯亢占曰兵起將軍死八月石季龍太子宣殺弟韜宣亦死其十一月戊戌月犯上將星五年正月石季龍僭號稱皇帝尋死
五年四月丁未太白犯東井占曰秦有兵九月戊戌太白犯左角占曰爲兵十月月犯昴占曰胡有憂將軍死是年八月褚裒北征兵敗十月關中二十餘壁舉兵內附石遵攻沒南陽十一月冉閔殺石遵又盡殺胡十餘萬人於是趙魏大亂十二月褚裒薨八年劉顯苻健慕容儁並僭號殷浩北伐敗績見廢
六年二月辛酉月犯心大星占曰大人憂又豫州分野也丁丑月犯房占曰將相憂六月己丑月犯昴占同上乙未月犯五諸侯占同上七月壬寅月始出西方犯左角占曰大將軍死一曰天下有兵丁未月犯箕占曰將軍死景寅熒惑犯鉞星占曰大臣有誅八月辛卯月犯左角太白晝見在南斗月犯右執法占

並同上是歲司徒蔡謨免爲庶人
七年二月太白犯昴占同上三月乙卯熒惑入輿鬼犯積尸占曰貴人有憂五月乙未熒惑犯軒轅大星占曰女主憂太白入畢口犯左股占曰將相當之六月乙亥月犯箕占曰國有兵景子月犯斗丁丑熒惑入太微犯右執法八月庚午太白犯軒轅戊子太白犯右執法占悉同上七年劉顯殺石祗及諸將帥山東大亂疾疫死亡
八年三月戊戌月犯軒轅大星癸丑月入南斗犯第二星五月月犯心星六月癸酉月犯房七月壬子歲星犯東井距星占曰內亂兵起八月戊戌熒惑入輿鬼占曰忠臣戮死景辰太白入南斗犯第四星占曰將爲亂一曰丞相免
九年二月乙巳月入南斗犯第三星三月戊戌月犯房八月歲星犯輿鬼東南星占曰兵起是時帝幼沖母后稱制將相有隙兵革連起慕容儁僭號稱燕王攻伐不休
十年正月己卯月蝕昴星占曰趙魏有兵癸酉填星奄鉞星占曰斧鉞用三月

甲申月犯心大星占曰王者惡之七月庚午太白晝見晷度推之災在秦鄭九月辛酉太白犯左執法是時桓温擅命朝臣多見迫脅四月温伐苻健破其嶢柳軍十二月慕容恪攻齊

十一年三月辛亥月奄軒轅占同上四月庚寅月犯牛宿南星占曰國有憂八月己未太白犯天江占曰河津不通

十二年六月庚子太白晝見在東井占如上己未月犯鉞星八月癸酉月奄建星九月戊寅熒惑入太微犯西蕃上將星十一月丁丑熒惑犯太微東蕃上將星十二年十一月齊城陷執段龕殺三千餘人永和三年鮮卑侵略河冀升平元年慕容儁遂據臨漳盡有幽并青冀之地緣河諸將奔散河津隔絕時權在方伯九服交兵

升平元年四月壬子太白入輿鬼丁亥月奄井南轅西頭第二星占曰秦地有兵一曰將死六月戊戌太白晝見在軫占同上軫是楚分野壬子月犯畢占曰爲邊兵七月辛巳熒惑犯天江占曰河津不通十一月歲星犯房占曰豫州有

災其年五月苻堅殺苻生而立十二月慕容儁入屯鄴二年八月豫州刺史謝奕薨

二年十二月辛卯填星犯軒轅大星占曰人主惡之甲午月犯東井六月辛酉月犯房十月己未太白犯哭星占曰有大哭泣

三年正月壬辰熒惑犯楗閉星案占曰人主憂三月乙酉熒惑逆行犯鉤鈐案占王者惡之六月太白犯東井七月乙酉熒惑犯天江景戌太白犯輿鬼占悉同上戊子月犯牽牛中央大星占曰牽牛天將也犯中央大星將軍死八月丁未太白犯軒轅大星甲子月犯畢大星占曰爲邊兵一曰下犯上三年十月諸葛攸舟軍入河敗績豫州刺史謝萬入朝衆潰而歸萬除名十一月司徒會稽王以郗曇謝萬二鎮敗求自貶三等四年正月慕容儁死子暐代立慕容恪殺其尚書令陽騖等

四年正月乙亥月犯牽牛中央大星六月辛亥辰星犯軒轅占曰女主憂己未太白入太微右掖門從端門出占曰貴奪勢一曰有兵又曰出端門臣不臣八

月戊申太白犯氐占曰國有憂景辰熒惑犯太微西蕃上將星九月壬午太白
入南斗口犯第四星占曰爲喪有赦天下受爵祿十二月甲寅熒惑犯房景寅
太白晝見庚寅月犯楗閉占曰人君惡之
五年正月乙巳塡星逆行犯太微五月壬寅月犯太微庚戌月犯建星占曰大
臣相謀是時殷浩敗績卒致遷徙其月辛亥月犯牽牛宿占曰國有憂六月癸
亥月犯氐東北星占曰大將當之五年正月北中郎將郗曇薨五月帝崩哀帝
立大赦賜爵褚后失勢七月慕容恪攻冀州刺史呂護於野王護奔滎陽是時
桓溫以大衆次宛聞護敗乃退
五年六月癸酉月奄氐東北星占曰大將軍當之九月乙酉月奄畢占曰有邊
兵十月丁未月犯畢大星占曰下犯上又曰有邊兵八月范汪廢隆和元年慕
容暐遣將寇河陰
哀帝興寧三年七月庚戌月犯南斗占曰女主憂歲星犯輿鬼占曰人君憂十
月太白晝見在亢占曰亢爲朝廷有兵喪爲臣彊明年五月皇后庾氏崩

海西太和二年正月太白入昴五年慕容暐爲苻堅所滅又據司冀幽幷四州也
六年閏月熒惑守太微端門占曰天子亡國又曰諸侯三公謀其上一曰有斬
臣辛卯月犯心大星占曰王者惡之十一月桓溫廢帝幷奏誅武陵王簡文不
許溫乃徙之新安皆臣彊之應也
簡文咸安元年十二月辛卯熒惑逆行入太微二年三月猶不退占曰國不安
有憂是時帝有桓溫之逼
二年五月丁未太白犯天關占曰兵起歲星形色如太白占曰進退如度姦邪
息變色亂行主無福歲星於仲夏當細小而不明此其失常也又爲臣彊六月
太白晝見在七星乙酉太白犯輿鬼占曰國有憂七月帝崩桓溫以兵威擅權
將誅王坦之等內外迫脅又庾希入京城盧悚入宮並誅滅之
孝武寧康元年正月戊申月奄心大星案占曰災不在王者則在豫州一曰王
命惡之三月景午月奄南斗第五星占曰大臣有憂死亡一曰將軍死七月桓
溫薨九月癸巳熒惑入太微是時女主臨朝政事多缺

二年閏月己未月奄牽牛南星占曰左將軍死十二月甲申太白晝見在氐氐
兗州分野三年五月景午北中郎將王坦之薨
三年六月辛卯太白犯東井占曰秦地有兵九月戊申熒惑奄左執法占曰執
法者死太元元年苻堅破涼州二年十月尙書令王彪之卒
太元元年四月景戌熒惑犯南斗第三星景申又奄第四星占曰兵大起中國
饑一曰有赦八月癸酉太白晝見在氐氐兗州分野九月熒惑犯哭泣星遂入
羽林占曰天子有哭泣事中軍兵起十一月己未月奄氐角占曰天下有兵一
曰國有憂
二年二月熒惑守羽林占曰禁兵大起九月壬午太白晝見在角角兗州分野
升平元年五月大赦三年八月秦人寇樊鄧襄陽彭城四年二月襄陽陷朱序
沒四月魏興陷賊聚廣陵三河衆五六萬於是諸軍外次衛要丹陽尹屯衛京
都六月兗州刺史謝玄討賊大破之是時中外連兵比年荒儉
四年十一月丁巳太白犯哭星占曰天子有哭泣事

五年七月景子辰星犯軒轅占曰女主當之九月癸未皇后王氏崩
六年九月景子太白晝見
七年十一月太白又晝見在斗占曰吳有兵喪
八年四月甲子太白又晝見在參占曰魏有兵喪是月桓沖征沔漢楊亮伐蜀並拔城略地八月苻堅自將號百萬九月攻沒壽陽十月劉牢之破苻堅將梁成斬之殺獲萬餘人謝玄等又破苻堅於淝水斬其弟融堅大衆奔潰九年六月皇太后褚氏崩八月謝玄出屯彭城經略中州矣
九年七月景戌太白晝見十一月丁巳又晝見
十年四月乙亥又晝見于畢昴占曰魏國有兵喪是時苻堅大衆奔潰趙魏兵連相攻堅爲姚萇所殺
十一年三月戊申太白晝見在東井占曰秦有兵臣彊六月甲申又晝見于輿鬼占曰秦有兵時魏姚萇苻登連兵相征不息甲午歲星晝見在胃占曰魯有兵臣彊十二年慕容垂寇東阿翟遼寇河上姚萇假號安定苻登自立隴上呂

光竊據涼土

十二年六月癸酉太白晝見在柳十月庚午太白晝見在斗

十三年正月景戌又晝見十二月熒惑在角亢形色猛盛占曰熒惑失其常吏且棄其法諸侯亂其政自是後慕容垂翟遼姚萇苻登慕容永並阻兵爭疆十四年正月彭城妖賊又稱號於皇丘劉牢之破滅之三月張道破合鄉圍泰山向欽之擊走之是年翟遼又攻沒滎陽侵略陳項于時政事多弊君道陵遲矣

十四年四月己巳太白晝見于柳六月辛卯又晝見于翼九月景寅又晝見于軫十二月熒惑入羽林占並同上十五年翟遼掠司兗衆軍累討不剋慕容垂又跨略并冀等州七月旱八月諸郡大水兗州又蝗

十五年九月癸未熒惑入太微十月太白入羽林

十六年四月癸卯朔太白晝見十一月癸巳月奄心前星占曰太子憂是時太子常有篤疾

十七年七月丁丑太白晝見十月丁酉又晝見

十八年六月又晝見
十九年五月又晝見于柳六月辛酉又晝見于輿鬼九月又見于軫
二十年六月熒惑入天囷占曰大饑七月丁亥太白晝見在太微占曰太白入
太微國有憂晝見爲兵喪十二月己巳月犯楗閉及東西咸占曰楗閉司心腹
喉舌東西咸主陰謀
二十一年二月壬申太白晝見三月癸卯太白連晝見在羽林占曰有彊臣有
兵喪中軍兵起三月太白晝見于胃占曰中軍兵起四月壬午太白入天囷占
曰爲饑六月歲星犯哭泣星占曰有哭泣事是年九月帝崩隆安元年王恭等
舉兵脅朝廷於是內外戒嚴殺王國寶以謝之及連歲水旱三方動衆人飢
安帝隆安元年正月癸亥熒惑犯哭泣星占曰有哭泣事四月丁丑太白晝見
在東井占曰秦有兵喪六月姚興攻洛陽郗恢遣兵救之冬姚萇死子略代立
魏王圭卽位於中山其八月熒惑守井鉞占曰大臣有誅
二年六月戊辰攝提移度失常歲星晝見在胃兗州分野是年六月郗恢遣鄧

啓方等以萬人伐慕容寶於滑臺敗而還閏月太白晝見在羽林十一月犯東
上相
三年五月辛酉月又奄東上相辛未辰星犯軒轅大星占悉同上二年九月庚
楷等舉兵表誅王愉等於是內外戒嚴三年六月洛陽沒于寇桓玄破荊雍州
殺殷仲堪等孫恩聚衆攻沒會稽殺內史
四年六月辛酉月犯哭泣星
五年正月太白晝見自去年十二月在斗晝見至于是月乙卯案占災在吳越
七月癸亥大角星散搖五色占曰王者流散丁卯月犯天關占曰王者憂九月
庚子熒惑犯少微又守之占曰處士誅十月甲子月犯東次相其年七月太皇
太后李氏崩十月妖賊大破高雅之於餘姚死者十七八五年孫恩攻侵郡縣
殺內史至京口進軍蒲洲於是內外戒嚴恩遣別將攻廣陵殺三千餘人退據
郁洲是時劉裕又追破之九月桓玄表至逆𠰥陵上十月司馬元顯大治水軍
將以伐玄元興元年正月盧循自稱征虜將軍領孫恩餘衆略有永嘉晉安之

地二月帝戎服遣西軍三月桓玄剋京都殺司馬元顯放太傅會稽王道子

元興元年三月戊子太白犯五諸侯因晝見占曰諸侯有誅七月戊寅熒惑在

東井熒惑犯輿鬼積尸占並同上八月景寅太白奄右執法九月癸未太白犯

進賢占曰進賢者誅

二年二月歲星犯西上將六月甲辰月奄斗第四星占曰大臣誅不出三年八

月癸丑太白犯房北第二星九月己丑歲星犯進賢熒惑犯西上將十月甲戌

太白犯泣星十一月丁酉熒惑犯東上相十二月乙巳月奄軒轅第二星占悉

同上升平元年冬魏破姚興軍二年十二月桓玄篡位放遷帝后於尋陽以永

安何皇后爲零陵君三年二月劉裕盡誅桓氏

三年正月戊戌熒惑逆行犯太微西上相占曰天子戰於野上相死二月景辰

熒惑逆行在左執法西北占曰執法者誅四月甲午月奄軒轅第二星五月壬

申月奄斗第二星填星入羽林占並同上是年二月景辰劉裕殺桓修等三月

己未破走桓玄遣軍西討辛未誅左僕射王愉桓玄劫天子如江陵五月玄下

至崢嶸洲義軍破滅之桓振又攻沒江陵幽劫天子七月永安何皇后崩
義熙元年三月壬辰月奄左執法占同上丁酉月奄心前星占曰豫州有災太
白犯東井占曰秦有兵七月庚辰太白晝見在翼軫占曰爲臣彊荊州有兵喪
八月丁巳犯斗第一星占曰天下有兵一曰大臣憂九月甲子熒惑犯少微占
曰處士誅庚寅熒惑犯右執法癸卯熒惑犯左執法占並同上十一月景戌太
白犯鉤鈐占曰喉舌憂十二月己卯歲星犯天關占曰有兵亂河津不通十一
月荊州刺史魏詠之薨二年二月司馬國璠等攻沒弋陽四月姚興伐仇池公
楊盛擊走之九月益州刺史司馬榮期爲其參軍楊承祖所害三年十二月司
徒揚州刺史王謐薨四年正月太保武陵王遵薨三月左僕射孔安國卒自後
政在劉裕人主端拱而已
二年二月太白犯南斗占曰兵起己丑月犯心後星占曰豫州有災四月癸丑
月犯太微西上將己未月犯房南第二星乙丑歲星犯天江占曰有兵亂河津
不通五月癸未月犯左角占曰左將軍死天下有兵壬寅熒惑犯氐占曰氐爲

宿宮人主憂六月庚午熒惑犯房北第二星八月癸亥熒惑犯南斗第五星丁巳犯建星占曰爲兵九月壬午熒惑犯哭星又犯泣星是年二月甲戌司馬國璠等攻沒弋陽又慕容超侵略徐兗三年正月又寇北徐州至下邳十二月司徒王謐薨四年正月武陵王遵薨五年慕容超復寇淮北四月劉裕大軍討之拔臨朐又圍廣固拔之

三年正月景子太白晝見在奎二月庚申月奄心後星占同上五月癸未月犯左角己丑太白晝見在參占曰益州有兵喪臣彊八月己卯太白犯左執法辛卯熒惑犯左執法九月壬子熒惑犯進賢星是年八月劉敬宣伐蜀不剋而旋

四年三月左僕射孔安國卒七月司馬叔璠等攻沒鄒山魯郡太守徐邕破走之姚略遣衆征赫連勃勃大爲所破五年劉裕討慕容超滅之

四年正月庚子熒惑犯天關五月丁未月奄斗第二星壬子塡星犯天廩占曰天下饑倉粟少六月己丑太白犯太微西上將乙卯又犯左執法十月戊子熒惑入羽林占悉同上五年劉裕討慕容超後南北軍旅運轉不息

五年二月甲子月犯昴占曰胡不安天子破匈奴五月戊戌歲星入羽林九月
壬寅月犯昴十月熒惑犯氐閏月丁酉月犯昴辛亥熒惑犯鉤鈐己巳月奄心
大星占曰王者惡之是年四月劉裕討慕容超十月魏王圭遇弑殂六年五月
盧循逼郊甸宮衞被甲
六年三月丁卯月奄房南第二星災在次相己巳又奄斗第五星占曰斗主吳
吳地兵起太白犯五諸侯占曰諸侯有誅五月甲子月奄斗第五星己亥月奄
昴第三星占曰國有憂一曰有白衣之會六月己丑月犯房南第二星甲午太
白晝見七月己亥月犯輿鬼占曰國有憂一曰秦有兵八月壬午太白犯軒轅
大星甲申月犯心前星災在豫州景戌月犯斗第五星占同上丁亥月奄牛宿
南星占曰天下有大誅乙未太白犯少微景午太白在少微而晝見九月甲寅
太白犯左執法丁丑塡星犯畢占曰有邊兵是年三月始興太守徐道覆反四
月盧循寇湘中沒巴陵率衆逼京畿是月左僕射孟昶懼王威不振仰藥自殺
七年十二月劉蕃梟徐道覆首杜慧度斬盧循並傳首京都八年六月劉道規

卒時爲豫州刺史八月皇后王氏崩九月兗州刺史劉蕃尚書左僕射謝混伏誅劉裕西討劉毅斬首徇之十二月遣益州刺史朱齡石伐蜀

七年四月辛丑熒惑入輿鬼占曰秦有兵一曰雍州有災六月太白晝見在翼己亥填星犯天關占曰臣謀主八月太白犯房南第二星十一月景子太白犯哭星其七月朱齡石剋蜀蜀又反討滅之

八年七月癸亥月奄房北第二星己未月犯井鉞八月戊申月犯泣星十月辛亥月奄天關占曰有兵十一月丁丑填星犯東井占曰大人憂十二月癸卯填星犯井鉞是年八月皇后王氏崩九年誅劉蕃謝混討滅劉毅十二月朱齡石滅蜀

九年二月熒惑入輿鬼占曰有兵喪太白犯南河占曰兵起五月壬辰太白犯右執法晝見七月庚午月奄鉤鈐占曰喉舌臣憂九月庚午歲星犯軒轅大星己丑月犯左角時劉裕擅命兵革不休十年裕討司馬休之王師不利休之等奔長安

十年正月丁卯月犯畢占曰將相有以家坐罪者二月己酉月犯房北星五月壬寅月犯牽牛南星乙丑歲星犯軒轅大星占悉同上六月景申月奄氐占曰將死之國有誅者七月庚辰月犯天關占曰兵起熒惑犯井鉞塡星犯輿鬼遂守之占曰大人憂宗廟改八月丁酉月奄牽牛南星占同上九月塡星犯輿鬼占曰人主憂丁巳太白入羽林十二月己酉月犯西咸占曰有陰謀十一年林邑寇交州距敗之

十一年三月丁巳月入畢占曰天下兵起一曰有邊兵己卯熒惑入輿鬼閏月景午塡星又入輿鬼占曰爲旱大疫爲亂臣五月癸卯熒惑入太微甲辰犯右執法六月己未太白犯東井占曰秦有兵戊寅犯輿鬼占曰國有憂七月辛丑月犯畢占同上八月壬子月犯氐占同上庚申太白順行從右掖門入太微丁卯奄左執法十一月癸亥月入畢占同上乙未月入輿鬼而暈

十二年五月甲申歲星留房心之閒宋之分野始封劉裕爲宋公六月壬子太白順行入太微右掖門己巳月犯畢占同上七月月犯牛宿十月景戌月入畢

十三年五月景子月犯軒轅丁亥犯牽牛癸巳熒惑犯右執法八月己酉月犯
牽牛丁卯月犯太微占曰人君憂九月壬辰熒惑犯軒轅十月戊申月犯畢占
悉同上月犯箕占曰國有憂甲寅月犯畢占同上乙卯填星犯太微留積七十
餘日占曰亡君之戒壬戌月犯太微
十四年三月癸巳太白犯五諸侯五月庚子月犯太微七月甲辰熒惑犯輿鬼
占曰秦有兵又爲旱爲兵喪亦曰大人憂宗廟改亦爲亂臣時劉裕擅命軍旅
數興饑旱相屬其後卒移晉室丁巳月犯東井占曰將軍死八月甲子太白犯
軒轅癸酉填星入太微犯右執法因留太微中積二百餘日乃去占曰填星守
太微亡君之戒有徙王九月乙未太白入太微犯左執法丁巳入太微占曰大
人憂十月甲申月入太微癸巳熒惑入太微犯西蕃上將仍順行至左掖門內
留二十日乃逆行義熙十二年七月劉裕伐姚泓十三年八月擒姚泓司兗秦
雍悉平十四年劉裕還彭城受宋公十一月左僕射前將軍劉穆之卒明年西
虜寇長安雍州刺史朱齡石諸軍陷沒官軍捨而東十二月帝崩

恭帝元熙元年正月景午三月壬寅五月景申月皆犯太微占悉同上己卯辰
星犯軒轅六月庚辰太白犯太微七月己卯月犯太微太白晝見自義熙元年
至是太白經天者九月蝕者四皆從上始革代更王臣失君之象也是夜太白
犯哭星十二月丁巳月入太白俱入羽林
二年三月庚午塡星犯太微占悉同上元年七月劉裕受宋王是年六月帝遜
位于宋
妖星客星
魏文帝黃初三年九月甲辰客星見太微左掖門内占曰客星出太微國有兵
喪十月帝南征孫權是後累有征役
六年十月乙未有星孛于少微歷軒轅占爲兵喪除舊布新之象時帝軍廣陵
辛丑親御甲冑觀兵明年五月帝崩
明帝太和六年十一月景寅有星孛于翼近太微上將星占曰爲兵喪甘氏曰
孛彗所當之國是受其殃翼又楚分野孫權封略也明年權有遼東之敗又明

年諸葛亮入秦川孫權發兵緣江淮屯要衝權自圍新城以應亮天子東征權遁
青龍四年十月甲申有星孛于大辰長三尺乙酉又孛于東方十一月己亥彗
星見犯宦者天紀星占曰大辰爲天王天下有喪劉向五紀論曰春秋星孛于
東方不言宿者不加宿也宦者在天市爲中外有兵天紀爲地震孛彗主兵喪
景初元年六月地震九月吳將朱然圍江夏皇后毛氏崩二年正月討公孫文
懿三年正月明帝崩
景初二年八月彗星見張長三尺逆西行四十一日滅占同上張周分野十月
癸巳客星見危逆行在離宮北騰蛇南甲辰犯宗星己酉滅占曰客星所出有
兵喪虛危爲宗廟又爲墳墓客星近離宮則宮中將有大喪就先君於宗廟之
象也三年正月帝崩
少帝正始元年十月乙酉彗星見西方在尾長二丈拂牽牛犯太白十一月甲
子進犯羽林占曰尾爲燕又爲吳牛亦吳越之分太白爲上將羽林中軍兵爲
吳越有喪中軍兵動二年五月吳遣三將寇邊吳太子登卒六月宣帝討諸葛

咎於皖太尉滿寵甍

六年八月戊午彗星見七星長二尺色白進至張積二十三日滅七年十一月癸亥又見軫長一尺積百五十六日滅九年三月又見昴長六尺色青白芒西南指七月又見翼長二尺進至軫積四十二日滅案占曰七星張爲周分野翼軫爲楚昴爲趙魏彗所以除舊布新主兵喪也嘉平元年宣帝誅曹爽兄弟及其黨與皆夷三族京師嚴兵三年誅楚王彪又襲王淩於淮南淮南東楚也魏諸王幽於鄴

嘉平三年十一月癸亥有星孛于營室西行積九十日滅占曰有兵喪室爲後宮後宮且有亂

四年二月丁酉彗星見西方在胃長五六丈色白芒南指貫參積二十日滅五年十一月彗星又見軫長五丈在太微左執法西東南指積百九十日滅案占胃兗州之分野參主兵太微天子庭執法爲執政孛彗爲兵喪除舊布新之象正元元年二月李豐豐弟翼后父張緝等謀亂皆誅皇后亦廢九月廢帝爲齊

王

高貴鄉公正元元年十一月，白氣出南斗側，廣數丈，長竟天。王肅曰「蚩尤之旗也。東南其有亂乎」二年正月，有彗星見于吳楚分，西北竟天。鎮東大將軍毌丘儉等據淮南叛，景帝討平之。案占，蚩尤旗見，王者征伐四方。自後又征淮南，西平巴蜀。是歲，吳主孫亮五鳳元年也。斗牛，吳越分。案占，吳有兵喪，除舊布新之象也。太平三年，孫綝盛兵圍宮，廢亮為會稽王，故國志又書於吳也。淮南江東同揚州地，故于時變見吳楚，楚之分則魏之淮南，多與吳同災，是以毌丘儉以孛為己應，遂起兵而敗。後三年，即魏甘露二年，諸葛誕又反淮南，吳遣將救之，及城陷，誕衆與吳兵死沒各數萬人，猶前長星之應也。

甘露二年十一月，彗星見角，色白。占曰：「彗星見兩角閒，色白者，軍起不戰，邦有大喪。」景元元年，高貴鄉公為成濟所害。

四年十月丁丑，客星見太微中，轉東南行，歷軫宿，積七日滅。占曰：「客星出太微，有兵喪。」景元元年，高貴鄉公被害。

元帝景元三年十一月壬寅彗星見亢色白長五寸轉北行積四十五日滅占
曰爲兵喪一曰彗星見亢天子失德四年鍾會鄧艾伐蜀剋之二將反亂皆誅
咸熙二年五月彗星見王良長丈餘色白東南指積十二日滅占曰王良天子
御駟彗星掃之禪代之表除舊布新之象也色白爲喪王良在東壁宿又幷州
之分野八月文帝崩十二月武帝受魏禪
武帝泰始四年正月景戌彗星見軫青白色西北行又轉東行占曰爲兵喪軫
又楚分野三月皇太后王氏崩十月吳寇江夏襄陽
五年九月星孛于紫宮占如上紫宮天子內宮十年武元楊皇后崩
十年十二月有星孛于軫占曰天下兵起軫又楚分野
咸寧二年六月甲戌星孛于氐占曰天子失德易政氐又兗州分七月星孛大
角大角爲帝坐八月星孛太微至翼北斗三台占曰太微天子庭大人惡之一
曰有改王翼又楚分野北斗主殺罰三台爲三公
三年正月星孛于西方三月星孛于胃胃徐州分四月星孛女御女御爲後宮

五月又孛于東方七月星孛紫宮占曰天下易王
四年四月蚩尤旗見于東井後二年傾三方伐吳是其應也
五年三月星孛于柳四月又孛于女御七月孛于紫宮占曰外臣陵主柳又三河分野大角太微紫宮女御並爲王者明年吳亡是其應也孛主兵喪征吳之役三河徐兗之兵悉出交戰於吳楚之地吳丞相都督以下梟戮十數偏裨行陣之徒馘斬萬計皆其徵也
太康二年八月有星孛于張占曰爲兵喪十一月星孛于軒轅占曰後宮當之
四年三月戊申星孛于西南是年齊王攸任城王陵琅邪王伷新都王該薨
八年九月星孛于南斗長數十丈十餘日滅占曰斗主爵祿國有大憂一曰孛于斗王者疾病天下易政大亂兵起
太熙元年四月客星在紫宮占曰爲兵喪太康末武帝耽宴遊多疾病是月己酉帝崩永平元年賈后誅楊駿及其黨與皆夷三族楊太后亦見弒又誅汝南王亮太保衛瓘楚王瑋王室兵喪之應也

惠帝元康五年四月有星孛于奎至軒轅太微經三台大陵占曰奎爲魯又爲庫兵軒轅爲後宮太微天子庭三台爲三司大陵有積尸死喪之事其後武庫火西羌反後五年司空張華遇禍賈后廢死魯公賈謐誅又明年趙王倫簒位於是三王興兵討倫兵士戰死十餘萬人

永康元年三月妖星見南方占曰妖星出天下大兵將起是月賈后殺太子趙王倫尋廢殺后斬司空張華又廢帝自立於是三王並起迭總大權其十二月彗星出牽牛之西指天市占曰牛者七政始彗出之改元易號之象也天市一名天府一名天子旗帝坐在其中明年趙王倫簒位改元尋爲大兵所滅

二年四月彗星見齊分占曰齊有兵喪是時齊王冏起兵討趙王倫倫滅冏擁兵不朝專權淫奢明年誅

太安元年四月彗星晝見

二年三月彗星見東方指三台占曰兵喪之象三台爲三公三年正月東海王越執太尉長沙王乂張方又殺之

永興元年五月客星守畢占曰天子絕嗣一曰大臣有誅時諸王擁兵其後惠帝失統終無繼嗣

二年八月有星孛于昴畢占曰爲兵喪昴畢又趙魏分野十月丁丑有星孛于北斗占曰璇璣更授天子出走又曰彊國發兵諸侯爭權是後諸王交兵皆有應明年惠帝崩

成帝咸和四年七月有星孛于西北犯斗二十三日滅占曰爲兵亂十二月郭默殺江州刺史劉胤荊州刺史陶侃討默斬之時石勒又始僭號

咸康二年正月辛巳彗星夕見西方在奎占曰爲兵喪奎又爲邊兵三年正月石季龍僭天王位四年石季龍伐慕容皝不剋旣退皝追擊之又破麻秋時皝稱藩邊兵之應也

六年二月庚辰有星孛于太微七年三月杜皇后崩

康帝建元元年十一月六日彗星見亢長七尺白色占曰亢爲朝廷主兵喪二年康帝崩

穆帝永和五年十一月乙卯彗星見于亢芒西向色白長一丈六年正月丁丑
彗星又見于亢占曰爲兵喪疾疫其五年八月褚裒北征兵敗十一月冉閔殺
石遵又盡殺胡十餘萬人於是中土大亂十二月褚裒薨是年大疫
升平二年五月丁亥彗星出天船在胃占曰爲兵喪除舊布新出天船外夷侵
一曰爲大水四年五月天下大水五年穆帝崩
哀帝興寧元年八月有星孛于角亢入天市案占曰爲兵喪三年正月皇后王
氏崩二月帝崩三月慕容恪攻沒洛陽沈勁等戰死
海西太和四年二月客星見紫宮西垣至七月乃滅占曰客星守紫宮臣弒主
六年桓溫廢帝爲海西公
孝武寧康二年正月丁巳有星孛于女虛經氐亢角軫翼張至三月景戌彗星
見於氐九月丁丑有星孛于天市占曰爲兵喪太元元年七月苻堅破涼州虜
張天錫
太元十一年三月客星在南斗至六月乃沒占曰有兵有赦是後司雍兗冀常

有兵役十二年正月大赦八月又大赦

十五年七月壬申有星孛于北河或經太微三台文昌入北斗色白長十餘丈八月戊戌入紫宮乃滅占曰北河或一名胡門胡門有兵喪掃太微入紫微王者當之三台爲三公文昌爲將相將相三公有災入北斗諸侯戮一曰掃北斗彊國發兵諸侯爭權大人憂二十一年帝崩隆安元年王恭殷仲堪桓玄等並發兵表以誅王國寶爲名朝廷順而殺之幷斬其從弟緒司馬道子由是失勢禍亂成矣

十八年二月客星在尾中至九月乃滅占曰燕有兵喪二十年慕容垂息寶伐魏爲所破死者數萬人二十一年垂死國遂衰亡

二十年九月有蓬星如粉絮東南行歷女虛至哭星占曰蓬星見不出三年必有亂臣戮死於市是時王國寶交構朝廷二十一年九月帝崩隆安元年王恭等與兵而朝廷殺王國寶王緒

安帝隆安四年二月己丑有星孛于奎長三丈上至閣道紫宮西蕃入北斗魁

至三台三月遂經于太微帝坐端門占曰彗星掃天子庭閣道易主之象經三
台入北斗占同上條十二月戊寅有星孛于貫索天市天津占曰貴臣獄死內
外有兵喪天津爲賊斷王道天下不通案占災在吳越五年二月有孫恩兵亂
攻侵郡國於是內外戒嚴營陣屯守柵斷淮口九月桓玄表至逆旨陵上其後
玄遂篡位亂京都大饑人相食百姓流亡皆其應也
元興元年十月有客星色白如粉絮在太微西至十二月入太微占曰兵入天
子庭二年十二月桓玄篡位放遷帝后於尋陽以永安何皇后爲零陵君三年
二月劉裕盡誅桓氏
義熙十一年五月甲申彗星二出天市掃帝坐在房心北房心宋之分野案占
得彗柄者興除舊布新宋興之象
十四年五月庚子有星孛于北斗魁中七月癸亥彗星出太微西柄起上相星
下芒漸長至十餘丈進掃北斗紫微中台占曰彗出太微社稷亡天下易王入
北斗紫微帝宮空十四年劉裕還彭城受宋公十二月帝崩

恭帝元年正月戊戌有星孛于太微西蕃占曰革命之徵其年宋有天下

星流隕

蜀後主建興十三年諸葛亮帥大衆伐魏屯于渭南有長星赤而芒角自東北西南流投亮營三投再還往大還小占曰兩軍相當有大流星來走軍上及墜軍中者皆破敗之徵也九月亮卒于軍焚營而退羣帥交怨多相誅殘

魏明帝景初二年宣帝圍公孫文懿於襄平八月景寅夜有大流星長數十丈白色有芒鬣從首山東北流墜襄平城東南占曰圍城而有流星來走城上及墜城中者破又曰星墜當其下有戰場又曰凡星所墜國易姓九月文懿突圍走至星墜所被斬屠城坑其衆

元帝景元四年六月有大流星二並如斗見西方分流南北光照地隆隆有聲案占流星爲貴使星大者使大是年鍾鄧剋蜀二星蓋二帥之象二帥相背又分流南北之應鍾會既叛三軍憤怒隆隆有聲兵將怒之徵也

武帝泰始四年七月星隕如雨皆西流占曰星隕爲百姓叛西流吳人歸晉之

象也二年吳夏口督孫秀率部曲二千餘人來降
太康九年八月壬子星隕如雨劉向傳云下去其上之象後三年帝崩而惠帝
立天下自此亂矣
惠帝元康四年九月甲午枉矢東北行竟天
六年六月景午夜有枉矢自斗魁東南行案占曰以亂伐亂北斗主執殺出斗
魁居中執殺者不直之象也是後趙王殺張裴廢賈后以理太子之冤因自篡
盜以至屠滅以亂伐亂之應也一曰氐帥齊萬年反之應也
太安二年十一月辛巳有星晝隕中天北下光變白有聲如雷案占名曰營首
營首所在下有大兵流血明年劉元海石勒攻略并州多所殘滅王浚起燕代
引鮮卑攻掠鄴中百姓塗地有聲如雷怒之象也
永興元年七月乙丑星隕有聲
二年十月星又隕有聲占同上是後遂亡中夏
光熙元年五月枉矢西南流是時司馬越西破河間兵奉迎大駕尋收繆胤何

綏等肆無君之心天下惡之及死而石勒焚其屍柩是其應也

懷帝永嘉元年九月辛卯有星大如日自西南流于東北小者如斗相隨天盡赤聲如雷占曰流星爲貴使星大者使大是年五月汲桑殺東燕王騰遂據河北十一月始遣和郁爲征北將軍鎮鄴西田甄等大破汲桑斬于樂陵於是以甄爲汲郡太守弟蘭鉅鹿太守小星相隨者小將別帥之象也司馬越忿魏郡以東平原以南皆黨於桑以賞甄等於是侵掠桑地有聲如雷忿怒之象也

四年十月庚子大星西北墜有聲尋而帝蒙塵于平陽

元帝太興三年四月壬辰枉矢出虛危沒翼軫占曰枉矢所觸天下之所伐翼軫荊州之分野太寧二年王敦殺譙王承及甘卓而敦又梟夷枉矢觸翼之應也

永昌元年七月甲午有流星大如瓮長百餘丈青赤色從西方來尾分爲百餘岐或散時王敦之亂百姓流亡之應也

成帝咸寧三年六月辛未流星大如二斗魁色青赤光耀地出奎中沒婁北案

占爲饑五穀不藏是月大旱饑六年二月庚午朔有流星大如斗光耀地出天
市西行入太微占曰大人當之八年六月成帝崩
穆帝永和八年六月辛巳日未入有流星大如三斗魁從辰巳上東南行暑度
推之在箕斗之間蓋燕分也案占爲營首營首之下流血滂沲是時慕容儁僭
稱大燕攻伐無已
十年四月癸未流星大如斗色赤黃出織女沒造父有聲如雷占曰燕齊有兵
百姓流亡其年十二月慕容儁遂據臨漳盡有幽幷青冀之地緣河諸將奔散
河津隔絕慕容恪攻齊
升平二年十二月枉矢自東南流于西北其長半天四年十月庚戌天狗見西
南占曰有大兵流血
海西太和四年十月壬申有大流星西下有聲如雷明年遣使免袁真爲庶人
桓溫征壽春真病死息瑾代立求救於苻堅溫破苻堅軍六月壽春城陷
孝武太元六年十月乙卯有奔星東南經翼軫聲如雷占曰楚地有兵軍破百

姓流亡十二月苻堅荆州刺史梁成襄陽太守閻震率衆伐竟陵桓石虔擊大破之生擒震斬首七千獲生口萬人聲如雷將帥怒之象也

十三年閏月戊辰天狗東北下有聲占曰有大戰流血自是後慕容垂翟遼姚萇苻登慕容永並阻兵爭彊十四年正月彭城妖賊又稱僞號於皇丘劉牢之破滅之三月張道破合鄉太山向欽之擊走之

安帝隆安五年三月甲寅流星赤色衆多西行經牽牛虛危天津閣道貫太微紫宮占曰星庶人類衆多西行衆將西流之象經天子庭主弱臣彊諸侯兵不制其年五月孫恩侵吳郡殺內史六月至京口於是內外戒嚴營陣屯守劉裕追破之元興元年七月大饑人相食浙江以東流亡十六七吳郡吳興戶口減半又流奔而西者萬計十月桓玄遣將擊劉軌破走之軌奔青州

雲氣

惠帝永興元年十二月壬寅夜有赤氣亘天砰隱有聲

二年十月丁丑赤氣見北方東西竟天占曰並爲大兵砰隱有聲怒之象也是

後四海雲擾九服交兵

光熙元年十二月甲申有白氣若虹中天北下至地夜見五日乃滅占曰大兵起明年王彌起青徐汲桑亂河北毒流天下

懷帝永嘉三年十一月乙亥有白氣如帶出南北方各二起地至天貫參伐中占曰天下大兵起四年三月司馬越收繆胤等又三方雲擾攻戰不休五年三月司馬越死於寧平城石勒攻破其衆死者十餘萬人六月京都焚滅帝如虜庭

愍帝建興元年十月己巳夜有赤氣曜於西北荊州刺史陶侃討杜弢之黨於石城戰敗

晉書卷十三

晉書卷十四

唐　太　宗　文　皇　帝　御　撰

志第四

地理上

總敘　司州　兗州　豫州　冀州　幽州　平州
幷州　雍州　涼州　秦州　梁州　益州　寧州

昔者元胎無象，太素流形，對越在天，以爲元首，則記所謂冬居營窟，夏居橧巢，飲血茹毛，未有麻絲者也。及燧人鑽火，庖犧出震，風宗下武，炎胤昌基，畫野無聞，其歸一揆。黃帝則東海南江，登空蹕岱，至於崑峯振轡，崆山訪道，存諸汗竹，不可厚誣。高陽任地依神，帝嚳順天行義，東踰蟠木，西濟流沙，北至幽陵，南撫交阯，日月所經，舟車所至，莫匪王臣，不踰茲域。帝堯時禹平水土，以爲九州。虞舜登庸，厥功彌劭，表提類而分區宇，判山河而考疆域，冀北創幷部之名，燕齊起幽營之號，則書所謂肇十有二州，封十有二山者也。夏功則于唐堯殷因無所損益，周武克商，自豐徂鎬，至成王時改作禹貢，徐梁入於青雍，冀野析於幽幷。職方掌天下之土，以周厥利，保章辨九州之野，皆有分星，東南曰揚州，正南曰荊州河南曰豫州正東曰青州河東曰兖州正西曰雍州東北曰幽州河內曰冀州正北曰幷州始皇初幷天下懲忿戰國削罷列侯分天下爲三十六郡三川河東南陽南郡九江鄣郡會稽潁川碭郡泗水薛郡東郡瑯邪齊郡上谷漁陽右北平遼西遼東代郡鉅鹿邯鄲上黨太原雲中九原鴈門上郡隴西北地漢中巴郡蜀郡黔中長沙凡三十五郡與內史爲三十六郡也於是興師踰江平取百越又置閩中南海桂林象郡凡四十郡郡一守焉其地則西臨洮而北沙漠東縈西帶皆臨大海漢祖龍興革秦之弊分內史爲三部更置郡國二十有三桂陽江夏豫章河內魏郡東海楚國平原梁國定襄泰山汝南淮陽千乘東萊燕國清河信都常山中山渤海廣漢涿郡合二十三也三內史者河上渭南中地也地理志曰高祖增二十六武帝改河上渭南中地以爲京兆馮翊扶風是爲三輔也文增厥九廣平城陽淄川濟南膠西膠東河閭廬江衡山武帝改衡山曰六安景加其四濟北濟南山陽北海也宣改濟北曰東平武帝開越攘胡初置十七南海蒼梧鬱林合浦交趾九真日南珠崖儋耳九郡平西南夷置牂牁越嶲沈黎汶山犍爲益州六郡西置武都郡又分立零陵郡合十七郡拓土分疆又增十四弘農臨淮西河朔方酒泉陳留安定天水玄菟樂浪廣陵金城敦煌武威張掖也昭帝少事又增其一至平帝元始二年凡新置郡國七十有一與秦四十合一百一十有一改雍曰涼改梁曰益又置徐州復夏舊號南置交趾北有朔方凡爲十三部涼益荊揚青豫兖徐幽幷冀十一州交趾朔方二刺史合十三部光武投戈之

歲在彫耗之辰郡國蕭條并省者八城陽淄川高密膠東六安真定泗水廣陽建武十一年省州牧復爲刺史員十三人各掌一州明帝置一永昌也章帝置二任城吳郡和順改作其名有九和置濟北廣陽順改淮陽爲陳改楚爲彭城濟東爲東平臨淮爲下邳千乘爲樂安信都爲安平天水爲漢陽省朔方刺史合之於司隸凡十三部其與西漢不同者司隸校尉部郡治河南朔方隸於幷部而郡國百有八焉省前漢八分置五改舊名七因舊九十六少前漢三也桓靈頗增於前復置六郡桓高陽高涼博陵靈南安鄱陽廬陵魏武定霸三方鼎立生靈版蕩關洛荒蕪所置者十二新興樂平西平新平略陽陰平帶方譙樂陵章武南鄉襄陽所省者七上郡朔方五原雲中定襄漁陽廬江而文帝置七朝歌陽平弋陽魏興新城義陽安豐明及少帝增二明上庸也少平陽也得漢郡者五十四焉蜀先主於漢建安之間初置郡九巴東巴西梓潼江陽汶山漢嘉朱提宕渠涪陵後主增二雲南興古得漢郡者十有一焉吳主大皇帝初置郡五臨賀武昌珠崖新安廬陵南部少帝景帝各四少臨川臨海衡陽湘東景天門建安建平合浦北部歸命侯亦置十有二郡始安始興邵陵安成新昌武平九德吳興東陽桂林滎陽宜都得漢郡者十有八焉晉武帝太康元年既平孫氏凡增置郡國二十有三崇陽上洛頓邱臨淮東莞襄城汝陰長廣廣寧昌黎新野隨郡陰平義陽毗陵宣城南康晉安寧浦始平略陽樂平南平省司隸置司州別立梁秦寧平四州仍吳之廣州凡十九州司冀兗豫荊徐揚青幽平幷雍涼秦梁益寧交廣州郡

國一百七十三仍吳所置二十五仍蜀新置十一仍魏所置二十一仍漢舊九十三置二十三以爲冠帶之國盡有殷周之土若乃敦龐於天地之始昭晰於犧農之世用長黎元未爭疆埸而玉環楛矢夷裘風駕南翬表貺東風入律光乎上德奚遠弗臻然則星象麗天山河紀地端掖裁其弘敞崤函判其都邑仰觀俯察萬物攸歸是以洛汭咸陽宛然秦漢晉濱河西同知堯禹于茲新邑宅是鎬京五尺童子皆能口誦者史官弗之書也昔庖犧氏生于成紀而爲天子都於陳神農氏都陳而別營于曲阜黃帝生於壽丘而都於涿鹿少昊始自窮桑而遷都曲阜顓頊始自窮桑而徙邑商丘高辛既號建都于亳孫卿子曰不登高山不知天之高不臨深谿不知地之厚也大哉坤象萬物資生載崑華而不墜傾河海而寧泄考卜惟王乘飛駐軫睨崤山而鑴勒覽會城以爲翫時逢稽浸道接陵夷平王東遷星離豆剖當塗馭寓瓜分鼎立世祖武皇帝接千祀之餘當八堯之禪先王桑梓罄宇來歸斯固可得而言者矣惠皇不虞中州盡棄永嘉南度綸行建鄴九分天下而有二焉

昔大禹觀於濁河而受綠字寰瀛之內可得而言也天有七星地有七表天有
四維地有四瀆八紘之外名爲八極地不足東南天不足西北八極之廣東西
二億三萬一千三百里南北二億三萬一千三百里自地至天半八極之數自
下亦如之昔黃帝令豎亥步自東極至于西極五億十萬九千八百八步史臣
按凡周天積百七萬九百一十三里徑三十五萬六千九百七十里所謂南北
爲經東西爲緯天有十二次日月之所躔地有十二辰王侯之所國也或因生
得姓因功命土祁酉燕齊在乎玆域昔黃帝旁行天下方制萬里得百里之國
萬區則周易所謂首出庶物萬國咸寧者也昔在帝堯叶和萬邦制八家爲鄰
三鄰爲朋三朋爲里五里爲邑十邑爲都十都爲師州十有二師焉夏后氏東
漸于海西被于流沙南浮于江而朔南暨聲教窮豎亥所步莫不率俾會羣臣
於塗山執玉帛者萬國於是九州之內作爲五服天子之國內五百里甸服百
里賦納總二百里納銍三百里納秸服四百里粟五百里米甸服外五百里侯
服百里采二百里任三百里侯侯服外五百里綏服三百里揆文教二百里奮

武衞綏服外五百里要服三百里夷二百里蔡要服外五百里荒服三百里蠻二百里流訖于四海弼成五服五服至于五千里夏德中微遇有窮之亂少康中興不失舊物自孔甲之後以至於桀諸侯相兼其能存者三千餘國方於塗山十損其七矣成湯敗桀於焦遷鼎于亳伊摯仲虺之徒大明憲典王者之制爵祿公侯伯子男凡五等天子之田方千里公侯田方百里伯七十里子男五十里不能五十里者不達於天子附於諸侯曰附庸凡四海之內九州州方千里州建百里之國三十七十里之國六十五十里之國百有二十凡二百一十國名山大澤不以封其餘以爲附庸閒田八州州二百一十國天子之縣內百里之國九七十里之國二十有一五十里之國六十有三凡九十三國名山大澤不以班其餘以祿士以爲閒田凡九州千七百七十三國天子之元士諸侯之附庸不與天子百里之內以供官千里之內以爲御千里之外設方伯五國以爲屬屬有長十國以爲連連有帥三十國以爲卒卒有正二百一十國以爲州州有伯八州八伯五十六正百六十八帥三百三十六長八伯各以其屬屬

於天子之老二人分天下爲左右曰二伯千里之內曰甸千里之外曰采曰流天子使其大夫爲三監監於方伯之國國三人天子之縣內諸侯祿也外諸侯嗣也

武王歸豐監於二代設爵惟五分土惟三封同姓五十餘國周公康叔建于魯衞各數百里太公封於齊表東海者也凡一千八百國布列於五千里內而太昊黃帝之後唐虞侯伯猶存大司徒以諸公之地封疆方五百里其食者半諸侯之地方四百里其食者三之一諸伯之地方三百里其食者三之一諸子之地方二百里其食者四之一諸男之地方百里其食者四之一不易之地家百畝一易之地家二百畝再易之地家三百畝五家爲比使之相保五比爲閭使之相受四閭爲族使之相葬五族爲黨使之相救五黨爲州使之相賙五州爲鄉使之相賓小司徒以五人爲伍五伍爲兩四兩爲卒五卒爲旅五旅爲師五師爲軍以起軍旅以作田役以比追胥以令貢賦乃經土地而井牧其田野九夫爲井四井爲邑四邑爲丘四丘爲甸四甸爲縣四縣爲都遺人則十里有廬

盧有飲食三十里有宿宿有路室路室有委五十里有市市有候候有館館有積遂人則五家爲鄰五鄰爲里四里爲酇五酇爲鄙五鄙爲縣五縣爲遂大司馬以九畿之籍施邦國之政方千里曰國畿其外方五百里曰侯畿又其外方五百里曰甸畿又其外方五百里曰男畿又其外方五百里曰采畿又其外方五百里曰衞畿又其外方五百里曰蠻畿又其外方五百里曰夷畿又其外方五百里曰鎮畿又其外方五百里曰藩畿畿田限也自王城以外面五千里爲界有分限者九也于時治致太平政稱刑措民口千三百七十一萬四千九百三十三蓋周之盛者也其衰也則禮樂征伐出自諸侯彊吞弱而衆暴寡春秋之初尚有千二百國迄獲麟之末二百四十二年弒君三十六亡國五十二諸侯奔走不得保其社稷者不可勝數而見於春秋經傳者百有七十國焉百三十九知其所居魯邾鄭宋紀衞西虢莒齊陳杞蔡邢郕晉薛許鄧秦曹楚隨黃梁虞鄅小邾徐燕鄀夔舒庸郯萊吳越有窮三苗瓜州有虞東虢共宿申夷向南燕滕凡戴息鄀芮魏淳于穀巴州蓼羅賴牟葛譚蕭遂滑權鄣霍耿江冀弦道柏微鄫厲項密任須句顓臾頓管雍畢豐邘應蔣茅胙夔介焦沈六巢根牟唐黎郇瑕寒有鬲斟灌斟尋過有過戈偪陽邿鑄豕韋唐杜楊𨙸鄶觀扈邳胡黎大庭聃岐邶鍾吾蒲姑昆吾房密須甲父鄅桐亳韓趙三十一國盡亡其處祭極荀賈貳軫

絞於餘丘陽箕英氏毛羽莘偪封父仍有仍崇鄅庸姚奄商奄褒姒蓼有緡闕鞏飂鬷窮桑鞏蠻夷戎狄不在其閒五伯迭興

總其盟會陵夷至于戰國遂有七王韓魏趙燕齊秦楚又有宋衞中山不斷如綫如三

晉篡奪亦稱孤也司馬法廣陳三代曰古者六尺爲步步百爲畝畝百爲夫夫三爲屋屋三爲井井方一里是爲九夫八家共之一夫一婦受私田百畝公田十畝是爲八百八十畝餘二十畝爲廬舍出入相友守望相助疾病相救民受田上田夫百畝中田夫二百畝下田夫三百畝歲受耕之爰自其處其家衆男爲餘夫亦以口受田如此士工商家受田五口乃當農夫一口有賦有稅稅謂公田什一及工商衡虞之入也賦供車馬甲兵士從之役民年二十受田六十歸田種穀必雜五種以備災旱田中不得有樹以妨五穀環廬種桑柘菜茹有畦瓜瓠果蓏植於疆場雞豚狗彘無失其時閭有序鄉有庠序以明教庠以行禮司馬之法官設六軍之衆因井田而制軍令地方一里爲井井十爲通通十爲成成方十里成十爲終終十爲同同方百里同十爲封封十爲畿畿方千里故井四爲邑邑四爲丘丘十六井有戎馬一匹牛三頭四丘爲甸甸六十四井

也有戎馬四匹兵車一乘牛十二頭甲士三人卒七十二人是謂乘車之制一
同百里提封萬井除山川坑岸城池邑居園囿街路三千六百井定出賦六千
四百井戎馬四百匹兵車百乘此卿大夫采地之大者也是謂百乘之家一封
三百六十六里提封十萬井定出賦六萬四千井戎馬四千匹兵車千乘此謂
諸侯之大者也謂之千乘之國天子畿內方千里提封百萬井定出賦六十四
萬井戎馬四萬匹兵車萬乘戎卒七十二萬人故天子稱萬乘之主焉
秦始皇既得志於天下訪周之敗以爲處士横議諸侯尋戈四夷交侵以弱見
奪於是削去五等焉
漢興創艾亡秦孤立而敗於是剖裂封疆立爵二等功臣侯者百有餘邑于時
民罹秦項戶口彫弊大侯不過萬家小者五六百戶而尊王子弟大啓九國古
者有分土而無分民若乃大者跨州連郡小則十有餘城以戶口爲差降略封
疆之遠近所謂分民自漢始也起鴈門以東盡遼陽爲燕代常山以南太行左
轉渡河濟漸于海爲齊趙穀泗以注奄有龜蒙爲梁楚東帶江湖薄會稽爲荆

吳北界淮瀕略廬衡爲淮南波漢之陽亘九疑爲長沙諸侯比境周匝三垂外接胡越天子自有三河東郡潁川南陽自江陵以西至巴蜀北至雲中西至隴西與京師內史凡十五郡文帝采賈生之議分齊趙景帝用鼂錯之計削吳楚武帝施主父之冊下推恩之令使諸侯王得分戶邑以封子弟不行黜陟而藩國自析自此以來齊分爲七趙分爲六梁分爲五淮南分爲三皇子始立者大國不過十餘城長沙燕代雖有舊名皆亡南北邊矣自文景與民休息至平帝元始二年民戶千二百二十三萬三千六十二口五千九百五十九萬四千九百七十八其地東西九千三百二里南北萬三千三百六十八里大率十里一亭亭有長十亭一鄉鄉有三老有秩嗇夫游徼各一人縣大率方百里民稠則減稀則曠鄉亭亦如之皆秦制也

光武中興不踰前制東海王彊以去就有禮故優以大封兼食魯郡二十九縣其餘稱爲寵錫者兼一郡而已至桓帝永壽三年戶千六十七萬七千九百六十口五千六百四十八萬六千八百五十六斯亦戶口之滋殖者也

獻帝建安元年拜曹操爲鎭東將軍封費亭侯

魏文帝黃初三年初制封王之庶子爲鄉公嗣王之庶子爲亭侯公侯之庶子爲亭伯

劉備章武元年亦以郡國封建諸王或遙採嘉名不由撿土地所出其戶二十萬男女口九十萬

孫權赤烏五年亦取中州嘉號封建諸王其戶五十二萬三千男女口二百四十萬

晉文帝爲晉王命裴秀等建立五等之制惟安平郡公孚邑萬戶制度如魏諸王其餘縣公邑千八百戶地方七十五里大國侯邑千六百戶地方七十里次國侯邑千四百戶地方六十五里大國伯邑千二百戶地方六十里次國伯邑千戶地方五十五里大國子邑八百戶地方五十里次國子邑六百戶地方四十五里男邑四百戶地方四十里

武帝泰始元年封諸王以郡爲國邑二萬戶爲大國置上中下三軍兵五千人

邑萬戶爲次國置上軍下軍兵三千人五千戶爲小國置一軍兵千五百人王不之國官於京師罷五等之制公侯邑萬戶以上爲大國五千戶以上爲次國不滿五千戶爲小國太康元年平吳大凡戶二百四十五萬九千八百四十口一千六百一十六萬三千八百六十三而江左諸國並三分食一元帝渡江太興元年始制九分食一

司州按禹貢豫州之地及漢武帝初置司隸校尉所部三輔三河諸郡其界西得雍州之京兆馮翊扶風三郡北得冀州之河東河內二郡東得豫州之弘農河南二郡郡凡七位望降于牧伯銀印青綬及光武都洛陽司隸所部與前漢不異魏氏受禪即都漢宮司隸所部河南河東河內弘農并冀州之平陽合五郡置司州晉仍居魏都乃以三輔還屬雍州分河南立滎陽分雍州之京兆立上洛廢東郡立頓丘遂定名司州以司隸校尉統之州統郡一十二縣一百戶四十七萬五千七百

河南郡漢置統縣十二戶一十一萬四千四百置尹

洛陽置尉五部三市東西七里南北九里東有建春東陽清明三門南有開陽平昌宣陽建陽四門西有廣陽西明閶闔三門北有大夏廣莫二門司隸校尉河南尹及百官列城內也河南周東都王城郟鄏也鞏周孝王封周桓公孫惠公於鞏號東周故戰國時有東西周號芒山首陽其界也河陰新安函谷關所居成皋有關鄉之武牢緱氏有劉聚周大夫劉子邑有延壽城仙人祠陽城有鄂阪關此邑是爲地中夏至景尺五寸有陽城山箕山許由墓在焉新城有延壽關故戎蠻子之國陸渾故蠻子國楚莊王伐陸渾是也梁梁戰國時謂爲南梁別少梁也陽翟

滎陽郡泰始二年置統縣八戶三萬四千

滎陽地名敖秦置敖倉者京鄭太叔段所居密故周畿內卷有博浪長沙張良擊秦始皇處陽武苑陵中牟六國時趙獻侯郡開封宋蓬池在東北或曰蓬澤

弘農郡漢置統縣六戶一萬四千

弘農本函谷關漢武帝遷於新安縣湖故曰胡漢武更名湖陝故虢國周分陝東西二相主之宜陽黽池華陰華山在縣南

上洛郡泰始二年分京兆南郡置統縣三戶萬七千

上洛嶢關在縣西北商秦相衛商鞅邑盧氏熊耳山在東伊水所出

平陽郡故屬河東魏分立統縣十二戶四萬二千

平陽舊堯都　楊故楊侯國　端氏韓魏趙既為諸侯以端氏封晉君也　永安故霍伯國霍山在東　蒲子　狐讘　襄陵公相國　絳邑晉武公自曲沃徙此　濩澤析城山在西南　臨汾公相國　北屈壺口山在東南有南屈故稱北　皮氏故耿國

河東郡秦置統縣九戶四萬二千五百

安邑舊舜都　聞喜故曲沃晉武公自晉陽徙此　垣王屋山在東北沇水所出　汾陽公相國　大陽吳山在西周武王封西周太伯後於此　猗氏古猗頓城　解有鹽池　蒲坂有歷山舜所耕也有雷首山夷齊居其陽所謂首陽山　河北

汲郡泰始二年置統縣六戶三萬七千

汲有銅關　朝歌紂所都　共故國北山淇水所出　林慮　獲嘉故汲新中鄉漢武帝行過時獲呂嘉首因改名　脩武晉所啓南陽秦改名脩武

河內郡漢置統縣九戶五萬二千

野王太行山在西北州邑故晉　懷　平皋邢侯自襄國徙此　河陽　沁水　軹故周原邑　山陽　溫故國也蘇忿生封

廣平郡魏置統縣十五戶三萬五千二百

廣平　邯鄲（秦置為郡）　易陽　武安　涉　襄國（故邢侯國都）　南和　任　曲梁　列人

肥鄉　臨水　廣年（侯相）　斥漳　平恩

陽平郡（魏置統縣七戶五萬一千）

元城（漢元后生邑）　館陶　清泉　發干　東武陽　陽平　樂平

魏郡（漢置統縣八戶四萬七百）

鄴（魏武受封居此）　長樂　魏　斥丘　安陽　蕩陰　內黃（黃池在西）　黎陽（故黎侯國）

頓丘郡（泰始二年置統縣四戶六千三百）

頓丘　繁陽　陰安　衛

永嘉之後司州淪沒劉聰聰以洛陽為荊州及石勒復以為司州石季龍又分司州之河南河東弘農滎陽兗州之陳留東燕為洛州元帝渡江亦僑置司州於徐非本所也後以弘農人流寓尋陽者僑立為弘農郡又以河東人南寓者於漢武陵郡孱陵縣界上明地僑立河東郡統安邑聞喜永安臨汾弘農譙松滋大戚八縣並寄居焉永和五年桓温入洛復置河南郡屬司州

○兗州按禹貢濟河之地舜置十二牧則其一也周禮河東曰兗州春秋元命包云五星流爲兗州兗端也信也又云蓋取兗水以名焉漢武帝置十三州以舊名爲兗州自此不改州統郡國八縣五十六戶八萬三千三百

陳留國漢置統縣十戶三萬魏武帝封

小黃　浚儀有洪溝漢高祖項羽欲分處　封丘　酸棗烏巢地在東南　濟陽　長垣故匡城孔子所厄也　雍丘故杞國　尉氏　襄邑　外黃

濮陽國故屬東郡晉初分東郡置統縣四戶二萬一千

濮陽古昆吾國師延爲紂作靡靡之樂既而投此水公國相　廩丘公國相有羊角城　白馬有瓠子堤　鄄城公國相

濟陽郡漢置統縣九戶七千六百

定陶漢高帝封彭越爲梁王都此　乘氏故侯國　句陽　離狐　宛句　己氏　成武有楚丘亭　單父故侯國　城陽舜所漁堯冢在西

高平國故屬梁國晉初分山陽置統縣七戶三千八百

昌邑侯相有甲父亭　鉅野魯獲麟所　方與　金鄉　陸湖　高平侯國　南平陽侯國有漆亭

任城國漢置統縣三戶一千七百任城古任國亢父樊
東平國漢置統縣七戶六千四百
須昌壽張有蚩尤祠范無鹽富城東平陸剛平
濟北國漢置統縣五戶三千五百
盧扁鵲所生縣西有石門臨邑東阿穀城有為下聚蛇丘有下灌亭
泰山郡漢置統縣十一戶九千三百
奉高西南有明堂博有龜山嬴南武城梁父侯國有菟裘聚山茌茌山在東北新泰故曰平陽南武
陽有顓臾城萊蕪有原山東牟故牟國鉅平有陽關亭
惠帝之末兗州闔境淪沒石勒後石季龍改陳留郡為建昌郡屬洛州是時遺
黎南渡元帝僑置兗州寄居京口明帝以郗鑒為刺史寄居廣陵置濮陽濟陰
高平泰山等郡後改為南兗州或還江南或居盱眙或居山陽後始割地為境
常居廣陵南與京口對岸咸康四年於北譙界立陳留郡安帝分廣陵郡之建
陵臨江如皋甯海蒲濤五縣置山陽郡屬南兗州

○豫州按禹貢爲荆河之地周禮河南曰豫州豫者舒也言禀中和之氣性理安舒也春秋元命包云鉤鈐星別爲豫州地界西自華山東至于淮北自濟南界荆山秦兼天下以爲三川河東南陽潁川碭泗水薛七郡漢改三川爲河南郡武帝置十三州豫州舊名不改以河南河東二郡屬司隸又以南陽屬荆州先是改泗水曰沛郡改碭郡曰梁改薛曰魯分梁沛立汝南郡分潁川立淮陽郡後漢章帝改淮陽曰陳郡魏武分沛立譙郡魏文分汝南立弋陽郡及武帝受命又分潁川立襄城郡分汝南立汝陰郡合陳郡於梁國州統郡國十縣八十五戸十一萬六千七百九十六

潁川郡秦置統縣九戸一萬八千三百

許昌漢獻帝都許魏禪徙都洛陽許宫室武庫存焉改爲許昌　長社　潁陰　臨潁公國相　郾　邵陵公國相　鄢陵公國相　新汲　長平

汝南郡漢置統縣十五戸一萬一千五百

新息　南安陽　安成侯相　愼陽　北宜春　朗陵　陽安故江國有江亭　上蔡　平輿

故沈子國有沈亭 定頴 灈陽 南頓 汝陽 吳房故房子國 西平故柏國有龍泉水可用淬刀劍

襄城郡泰始二年置統縣七戶一萬八千

襄城侯相有西不羹 繁昌魏文受禪於此 郟 定陵侯相 父城侯相 昆陽公國相 舞陽宣帝始封此邑

汝陰郡魏置郡後廢泰始二年復置統縣八戶八千五百

汝陰故胡子國 慎故楚邑 原鹿 固始 鮦陽 新蔡 宋侯相 褒信

梁國漢置統縣十二戶一萬三千

睢陽春秋時宋都 蒙 虞 下邑有碭山山有文石 寧陵故葛伯國 穀熟 陳 項 長平 陽

夏 武平 苦東有賴鄉祠老子所生地

沛國漢置統縣九戶五千九十六

相 沛漢高祖所起處 豐 竺邑 符離 杼秋 洨 虹 蕭

譙郡魏置統縣七戶一千

譙 城父 酇 山桑 龍亢 蘄 銍

魯郡漢置統縣七戶二千五百

魯曲阜之地魯侯伯禽所居 汶陽 卞 鄒有繹山 番故小邾之國 薛奚仲所封 公丘

弋陽郡魏置統縣七戶一萬六千七百

西陽故弦子國 軑 蘄春 邾 西陵 期思 弋陽

安豐郡魏置統縣五戶一千一百

安風 雩婁 安豐侯相 蓼 松滋侯相

惠帝分汝陰立新蔡分梁國立陳郡分汝南立南頓永嘉之亂豫州淪沒石氏元帝渡江以春穀縣僑立襄城郡及繁昌縣成帝乃僑立豫州於江淮之間居蕪湖時淮南入北乃分丹陽僑立淮南郡居于湖又以舊當塗縣流人渡江僑立爲縣并淮南廬江安豐並屬豫州寧康元年移鎮姑孰孝武改蘄春縣爲蘄陽縣因新蔡縣人於漢九江王黥布舊城置南新蔡郡屬南豫州又於漢廬江郡之南部置晉熙郡

○冀州按禹貢周禮並爲河內之地舜置十二牧則其一也春秋元命包云昴畢散爲冀州分爲趙國其地有險有易帝王所都亂則冀安弱則冀彊荒則冀

豐舜以冀州南北闊大分衞以西爲幷州燕以北爲幽州周人因焉及漢武置
十三州以其地依舊名爲冀州歷後漢至晉不改州統郡國十三縣八十三戶
三十一萬六千
趙國漢置統縣九戶四萬二千
房子　元氏　平棘　高邑公國相　中丘　柏人　平鄉　下曲陽故鼓子國鄗
鉅鹿國秦置統縣二戶一萬四千
廮陶　鉅鹿
安平國漢置統縣八戶二萬一千
信都　下博　武邑　武遂　觀津侯相　扶柳　廣宗侯相　經
平原國漢置統縣九戶三萬一千
平原　高唐　茌平　博平　聊城　安德　西平昌　般　鬲
樂陵國漢置統縣五戶三萬三千
厭次　陽信　漯沃　新樂　樂陵有都尉居

渤海郡漢置統縣十戶四萬

南皮　東光　浮陽　饒安　高城　重合　東安陵　脩　廣川侯相　阜城

章武國泰始元年置統縣四戶一萬三千

東平舒　文安　章武　東州

河閒國漢置統縣六戶二萬七千

樂城侯相　武垣　鄚侯相　易城　中水　成平

高陽國泰始元年置統縣四戶七千

博陸　高陽　北新城侯相　蠡吾

博陵國漢置統縣四戶一萬

安平　饒陽　南深澤　安國

清河國漢置統縣六戶二萬二千

清河　東武城　繹幕侯相　貝丘　靈　鄃

中山國漢置統縣八戶三萬二千

盧奴 魏昌 新市 安喜 蒲陰 望都 唐 北平

常山郡漢置統縣八戶二萬四千

真定 石邑 井陘 上曲陽恆山在縣西北有坂號飛狐口 蒲吾 南行唐 靈壽 九門

侯相

惠帝之後冀州淪沒於石勒勒以太興二年僭號於襄國稱趙後爲慕容儁所滅慕容氏又爲苻堅所滅孝武太元八年堅敗其地入慕容垂垂僭號於中山是爲後燕後燕卒滅於魏

○幽州按禹貢冀州之域舜置十二牧則其一也周禮東北曰幽州春秋元命包云箕星散爲幽州分爲燕國言北方太陰故以幽冥爲號武王定殷封召公於燕其後與六國俱稱王及秦滅燕以爲漁陽上谷右北平遼西遼東五郡漢高帝分上谷置涿郡武帝置十三州幽州依舊名不改其後開東邊置玄菟樂浪等郡亦皆屬焉元鳳元年改燕曰廣陽郡幽州所部凡九郡至晉不改幽州

統郡國七縣三十四戶五萬九千二百

范陽國漢置涿郡魏文更名范陽郡武帝置國封宣帝弟子綏為王統縣八戶一萬一千

涿 良鄉 方城 長鄉 遒 故安 范陽 容城侯相

燕國漢置孝昭改為廣陽郡統縣十戶二萬九千

薊 安次侯相 昌平 軍都有關 廣陽 潞 安國國相蜀主劉禪封此縣公 泉州侯相 雍奴 狐奴

北平郡秦置統縣四戶五千

徐無 土垠 俊靡 無終

上谷郡秦置郡在谷之上頭故因名焉統縣二戶四千七十

沮陽 居庸

廣寧郡故屬上谷太康中置郡都尉居統縣三戶三千九百三十

下洛 潘 涿鹿

代郡秦置統縣四戶三千四百

代 廣昌 平舒 富城

遼西郡秦置統縣三戶二千八百
陽樂　肥如　海陽
惠帝之後幽州沒於石勒及穆帝永和五年慕容儁僭號於薊是爲前燕七年
儁移都於鄴儁死子暐爲苻堅所滅堅敗地復入慕容垂是爲後燕垂死寶還
于和龍
○平州按禹貢冀州之域於周爲幽州界漢屬右北平郡後漢末公孫度自號
平州牧及其子康康子文懿並擅據遼東東夷九種皆服事焉魏置東夷校尉
居襄平而分遼東昌黎玄菟帶方樂浪五郡爲平州後還合爲幽州及文懿滅
後有護東夷校尉居襄平咸寧二年十月分昌黎遼東玄菟帶方樂浪等郡國
五置平州統縣二十六戶一萬八千一百
昌黎郡漢屬遼東屬國都尉魏置郡統縣二戶九百
昌黎　賓徒
遼東國秦立爲郡漢光武以遼東等屬青州後還幽州統縣八戶五千四百

襄平東夷校尉所居 汶 居就 樂就 安市 西安平 新昌 力城

樂浪郡漢置統縣六戶三千七百

朝鮮周封箕子地 屯有 渾彌 遂城秦築長城之所起 鏤方 駟望

玄菟郡漢置統縣三戶三千二百

高句麗 望平 高顯

帶方郡公孫度置統縣七戶四千九百

帶方 列口 南新 長岑 提奚 含資 海冥

平州初置以慕容廆爲刺史遂屬永嘉之亂廆爲衆所推及其孫儁移都于薊

其後慕容垂子寶又遷于和龍自幽州至於盧溥鎮以南地入於魏慕容熙以

幽州刺史鎮令支青州刺史鎮新城幷州刺史鎮凡城營州刺史鎮宿軍冀州

刺史鎮肥如高雲以幽冀二州牧鎮肥如幷州刺史鎮白狼後爲馮跋所篡跋

僭號於和龍是爲後燕卒滅於魏

○幷州按禹貢蓋冀州之域舜置十二牧則其一也周禮正北曰幷州其鎮曰

恆山春秋元命包云營室流爲幷州分爲衞國州不以衞水爲號又不以恆山爲稱而云幷者蓋以其在兩谷之間也漢武帝置十三州幷州依舊名不改統上黨太原雲中上郡鴈門代郡定襄五原西河朔方十郡又別置朔方刺史後漢建武十一年省朔方入幷州靈帝末羌胡大擾定襄雲中五原朔方上郡等五郡並流徙分散建安十八年省入冀州二十年始集塞下荒地立新興郡後又分上黨立樂平郡魏黃初元年復置幷州自陘嶺以北幷棄之至晉因而不改幷州統郡國六縣四十五戶五萬九千二百

太原國秦置統縣十三戶一萬四千

晉陽侯相　陽曲　榆次　于離　盂　狼孟　陽邑　大陵　祁　平陶　京陵

中都　鄔

上黨郡秦置統縣十戶一萬三千

潞　屯留　壺關　長子　泫氏　高都　銅鞮　涅　襄垣　武鄉

西河國漢置統縣四戶六千三百

離石　隰城　中陽　介休
樂平郡泰始中置統縣五戶四千三百
沾　上艾　壽陽　轑陽　樂平
鴈門郡秦置統縣八戶一萬二千六百
廣武　崞　汪陶　平城　葰人　繁時　原平　馬邑
新興郡魏置統縣五戶九千
九原　定襄　雲中　廣牧　晉昌
惠帝改新興爲晉昌郡及永興元年劉元海僭號於平陽稱漢於是幷州之地皆爲元海所有元海乃以雍州刺史鎮平陽幽州刺史鎮離石及劉聰攻陷洛陽置左右司隸各領戶二十餘萬萬戶置一內史凡內史四十三人單于左右輔各主六夷又置殷衞東梁西河陽北兗五州以懷安新附劉曜徙都長安其平陽以東地入石勒勒平朔方又置朔州自惠懷之間離石縣荒廢勒於其處置永石郡又別置武鄉郡及苻堅姚興赫連勃勃幷州並徙置河東又姚興以

河東爲幷冀二州云

○雍州按禹貢黑水西河之地舜置十二牧則其一也以其四山之地故以雍名焉亦謂西北之位陽所不及陰陽氣雍閼也周禮西曰雍州蓋幷禹梁州之地周自武王剋殷都於酆鎬雍州爲王畿及平王東遷洛邑以岐酆之地賜秦襄公則爲秦地累世都之至始皇遂平六國秦滅漢又都之及武帝置十三州其地以西偏爲涼州其餘並屬司隸不統於州後漢光武都洛陽關中復置雍州後罷復置司隸校尉統三輔如舊獻帝時又置雍州自三輔距西域皆屬焉魏文帝卽位分河西爲涼州分隴右爲秦州改京兆尹爲太守馮翊扶風各除左右仍以三輔屬司隸晉初於長安置雍州統郡國七縣三十九戶九萬九千五百

京兆郡漢置統縣九戶四萬

長安 杜陵 霸成 藍田 高陸 萬年故櫟陽縣 新豐 陰般 鄭周宣王弟鄭桓公邑

馮翊郡漢置名左馮翊統縣八戶七千七百

臨晉故大荔秦獲之更名有河水祠祠臨晉水故名　下邽秦武公伐邽戎置有上邽故加下　重泉　頻陽秦厲公置在頻水之陽

粟邑　蓮芍　郃陽　夏陽故少梁秦惠文王更名梁山在西北

扶風郡漢武帝以為主爵都尉太初中更名右扶風統縣六戶二萬三千

池陽漢惠帝置有巀嶭山　鄜成國渠首受渭　雍侯相有五時太昊黃帝以下祠三百三所

汧吳山在西古文以為汧山　陳倉　美陽岐山在西北周太王所邑

安定郡漢置統縣七戶五千五百

臨涇　朝那　烏氏　都盧　鶉觚　陰密殷時密國　西川

北地郡秦置統縣二戶二千六百

泥陽　富平

始平郡泰始三年置統縣五戶一萬八千

槐里秦曰廢丘漢高帝更名有黃山宮　始平　武功太一山在東古文以為終南　鄠古國夏啓所伐　蒯城

新平郡漢置統縣二戶二千七百

漆漆水在西　汾邑

惠帝卽位改扶風國爲秦國徙都建興之後雍州沒於劉聰及劉曜徙都長安
改號曰趙以秦涼二州牧鎭上邽朔州牧鎭高平幽州刺史鎭北地幷州牧鎭
蒲坂石勒剋長安復置雍州石氏旣敗苻健僭據關中又都長安是爲前秦於
是乃於雍州置司隸校尉以豫州刺史鎭許昌秦州刺史鎭上邽荆州刺史鎭
豐陽洛州刺史鎭宜陽幷州刺史鎭蒲坂苻堅時分司隸爲雍州分京兆爲咸
陽郡洛州刺史鎭陜城滅燕之後分幽州置平州鎭龍城幽州刺史鎭薊城河
州刺史鎭枹罕幷州刺史鎭晉陽豫州刺史鎭洛陽兗州刺史鎭倉垣雍州刺
史鎭蒲坂於是移洛州居豐陽以許昌置東豫州以荆州刺史鎭襄陽徐州刺
史鎭彭城旣而姚萇滅苻氏是爲後秦及萇子興剋洛陽以幷冀二州牧鎭蒲
坂豫州牧鎭洛陽兗州刺史鎭倉垣分司隸領北五郡置雍州刺史鎭安定及
姚泓爲劉裕所滅其地尋入赫連勃勃勃勃僭號於統萬是爲夏置幽州牧於
大城又平劉義眞於長安遣子璝鎭焉號曰南臺以朔州牧鎭三城秦州刺史
鎭杏城雍州刺史鎭陰密幷州刺史鎭蒲坂梁州牧鎭安定北秦州刺史鎭武

功豫州牧鎮李閏荊州刺史鎮陝其州郡之名並不可知也然自元帝渡江所置州亦皆遙領初以魏該爲雍州刺史鎮酇城尋省僑立始平郡寄居武當城有秦國流人至江南改堂邑爲秦郡僑立尉氏縣屬焉康帝時庾翼爲荊州刺史還鎮襄陽其後秦雍流人多南出樊沔孝武始於襄陽僑立雍州仍立京兆始平扶風河南廣平義成北河南七郡並屬襄陽襄陽故屬荊州

○涼州按禹貢雍州之西界周衰其地爲狄秦興美陽甘泉宮本匈奴鑄金人祭天之處匈奴既失甘泉又使休屠渾邪王等居涼州之地二王後以地降漢漢置張掖酒泉敦煌武威郡其後又置金城郡謂之河西五郡漢改周之雍州爲涼州蓋以地處西方常寒涼也地勢西北邪出在南山之間南隔西羌西通西域于時號爲斷匈奴右臂獻帝時涼州數有亂河西五郡去州隔遠於是乃別以爲雍州末又依古典定九州乃合關右以爲雍州魏時復分以爲涼州刺史領戊己校尉護西域如漢故事至晉不改統郡八縣四十六戶三萬七百

金城郡漢置統縣五戶二千

榆中　允街　金城　白土　浩亹

西平郡漢置統縣四戶四千

西都　臨羌　長寧　安夷

武威郡漢置統縣七戶五千九百

姑臧　宣威　揖次　昌松　顯美　驪靬　番禾

張掖郡漢置統縣三戶三千七百

永平　臨澤漢昭武縣避景帝諱改也　屋蘭漢因屋蘭名焉

西郡漢置統縣五戶一千九百

日勒　删丹　仙提　萬歲　蘭池一云蘭絶池

酒泉郡漢置統縣九戶四千四百

福祿　會水　安彌　騂馬　樂涫　表氏　延壽　玉門　沙頭

敦煌郡漢置統縣十二戶六千三百

昌蒲　敦煌　龍勒　陽關　效穀　廣至　宜禾　宜安　深泉　伊吾

新鄉　乾齊
西海郡故屬張掖漢獻帝興平二年武威太守張雅請置統縣一戶二千五百
居延澤在東南尙書所謂流沙也
元康五年惠帝分敦煌郡之宜禾伊吾宜安深泉廣至等五縣分酒泉之沙頭縣又別立會稽新鄉凡八縣爲晉昌郡永寧中張軌爲涼州刺史鎭武威上表請合秦雍流移人於姑臧西北置武興郡統武興大城烏支襄武晏然新鄣平狄司監等縣又分西平界置晉興郡統晉興枹罕永固臨津臨鄣廣昌大夏遂興罕唐左南等縣是時中原淪沒元帝徙居江左軌乃控據河西稱晉正朔是爲前涼及張寔分金城之令居枝楊二縣又立永登縣合三縣立廣武郡張茂分武興金城西平安故爲定州張駿分武威武興西平張掖酒泉建康西郡湟河晉興須武合十一郡爲涼州興晉金城武始南安永晉大夏武成漢中爲河州敦煌晉昌西域都護張茂以校尉玉門大護軍三郡三營爲沙州張駿假涼州都督攝三州張祚又以敦煌郡爲商州永興中置漢陽縣以守牧地張玄靚

改爲祁連郡張天錫又別置臨松郡天錫降於苻氏其地尋爲呂光所據呂光都於姑臧後以郭麐言讖改昌松爲東張掖郡及呂隆降於姚興其地三分武昭王爲西涼建號於敦煌秃髮烏孤爲南涼建號於樂都沮渠蒙遜爲北涼建號於張掖而分據河西五郡

○秦州按禹貢本雍州之域魏始分隴右置焉刺史領護羌校尉中間暫廢及泰始五年又以雍州隴西五郡及涼州之金城梁州之陰平合七郡置秦州鎮冀城太康三年罷秦州并雍州七年復立鎮上邽統郡六縣二十四戶三萬二千一百

隴西郡（秦置統縣四戶三千）

襄武　首陽（鳥鼠山在東）　臨洮　狄道

南安郡（漢置統縣三戶四千三百）

獂道　新興　中陶

天水郡（漢武置孝明改爲漢陽晉復爲天水統縣六戶八千五百）

上邽　冀秦州故居　始昌　新陽　顯新漢顯親縣　成紀

略陽郡本名廣魏泰始中更名焉統縣四戶九千三百二十

臨渭　平襄　略陽　清水

武都郡漢置統縣五戶三千

下辯　河池　沮　武都　故道

陰平郡泰始中置統縣二戶三千

陰平　平廣

惠帝分隴西之狄道臨洮河關又立洮陽遂平武街始興第五真仇六縣合九縣置狄道郡屬秦州張駿分屬涼州又以狄道縣立武始郡江左分梁爲秦寄居梁州又立氐池爲北秦州

○梁州按禹貢華陽黑水之地舜置十二牧則其一也梁者言西方金剛之氣彊梁故因名焉周禮職方氏以梁并雍漢不立州名以其地爲益州及獻帝初平六年以臨江縣屬永寧郡建安六年劉璋改永寧爲巴東郡分巴郡墊江置

巴西郡劉備據蜀又分廣漢之葭萌涪城梓潼白水四縣改葭萌曰漢壽又立
漢德縣以爲梓潼郡割巴郡之宕渠安漢漢昌三縣置宕渠郡尋省以縣並屬
巴西郡泰始三年分益州立梁州於漢中改漢壽爲晉壽又分廣漢置新都郡
梁州統郡八縣四十四戶七萬六千三百
漢中郡秦置統縣八戶一萬五千
南鄭　蒲池　褒中　沔陽　成固　西鄉　黃金　興道
梓潼郡蜀置統縣八戶一萬二百
梓潼　涪城　武連　黃安　漢德　晉壽　劍閣　白水
廣漢郡漢置統縣三戶五千一百
廣漢　德陽　五城
新都郡泰始二年置統縣四戶二萬四千五百
雒　什方　緜竹　新都
涪陵郡蜀置統縣五戶四千二百

漢復　涪陵　漢平　漢葭　萬寧

巴郡秦置統縣四戶三千三百

江州　墊江　臨江　枳

巴西郡蜀置統縣九戶一萬二千

閬中　西充國　蒼溪　岐愜　南充國　漢昌　宕渠　安漢　平州

巴東郡漢置統縣三戶六千五百

魚腹　朐腮　南浦

太康六年九月罷新都郡并廣漢郡惠帝復分巴西置宕渠郡統宕渠漢昌安漢三縣并以新城魏興上庸合四郡以屬梁州尋而梁州郡縣沒于李特永嘉中又分屬楊茂搜其晉人流寓於梁益者仍於二州立南北二陰平郡及桓溫平蜀之後以巴漢流人立晉昌郡領長樂安晉延壽安樂安漢寧都新興吉陽東關永安十縣又置益昌晉興二縣屬巴西郡於德陽界東南置遂寧郡又於晉壽置劍閣縣屬梁州後孝武分梓潼北界立晉壽郡統晉壽白水邵歡興安

四縣梓潼郡徙居梓潼罷劍閣縣又別置南漢中郡分巴西梓潼爲金山郡及安帝時又立新巴汶陽二郡又有北新巴華陽南陰平北陰平四郡其後又立巴渠懷安宋熙白水上洛北上洛南宕渠懷漢新興安康等十郡

○益州按禹貢及舜十二牧俱爲梁州之域周合梁於雍則又爲雍州之地春秋元命包云參伐流爲益州益之爲言阨也言其所在之地險阨也亦曰疆壤益大故以名焉始秦惠王滅蜀置郡以張若爲蜀守及始皇置三十六郡蜀郡之名不改漢初有漢中巴蜀高祖六年分蜀置廣漢凡爲四郡武帝開西南夷更置犍爲牂牁越嶲益州四郡凡八郡遂置益州統焉益州蓋始此也及後漢明帝以新附置永昌郡安帝又以諸道置蜀廣漢犍爲三郡屬國都尉及靈帝又以汶江蠶陵廣柔三縣立汶山郡獻帝初平元年劉璋分巴郡立永寧郡建安六年改永寧爲巴東以巴郡爲巴西又立涪陵郡二十一年劉備分巴郡立固陵郡蜀章武元年又改固陵爲巴東郡巴西郡爲巴郡又分廣漢立梓潼郡分犍爲立江陽郡以蜀郡屬國爲漢嘉郡以犍爲屬國爲朱提郡劉禪建興二

年改益州郡爲建寧郡廣漢屬國爲陰平郡分建寧永昌立雲南郡分建寧牂牁立興古郡分廣漢立東廣漢郡魏景元中蜀平省東廣漢郡及武帝泰始二年分益州置梁州以漢中屬焉七年又分益州置寧州益州統郡八縣四十四戶十四萬九千三百

蜀郡秦置統縣六戶五萬

成都 廣都 繁 江原 臨邛 郫

犍爲郡漢置統縣五戶一萬

武陽 南安 僰道 資中 牛鞞

汶山郡漢置統縣八戶一萬六千

文山 升遷 都安 廣陽 興樂 平康 蠶陵 廣柔

漢嘉郡蜀置統縣四戶一萬三千

漢嘉 徙陽 嚴道 旄牛

江陽郡蜀置統縣三戶三千一百

江陽　符　漢安

朱提郡蜀置統縣五戶二千六百

朱提　南廣　漢陽　南秦　堂狼

越巂郡漢置統縣五戶五萬三千四百

會無　邛都　卑水　定莋　臺登

牂牁郡漢置統縣八戶一千二百

萬壽　且蘭　指談　夜郎　毋劍　并渠　鼈　平夷

惠帝之後李特僭號於蜀稱漢益州郡縣皆沒于特李雄又分漢嘉蜀二郡立沉黎漢原二郡是時益州郡縣雖沒李氏江左並遙置之桓溫滅蜀其地復爲晉有省漢原沉黎而立南陰平晉原寧蜀始寧四郡焉咸安二年益州復沒於苻氏太和八年復爲晉有隆安二年又立晉熙遂寧晉寧三郡云

○寧州於漢魏爲益州之域泰始七年武帝以益州地廣分益州之建寧興古雲南交州之永昌合四郡爲寧州統縣四十五戶八萬二千四百

雲南郡蜀置統縣九戶九千二百

雲平 雲南 梇棟 青蛉 姑復 邪龍 楪榆 遂久 永寧

興古郡蜀置統縣十一戶六千二百

律高 句町 宛温 漏臥 毋掇 賁古 滕休 鐔封 漢興 進乘

都簷

建寧郡蜀置統縣十七戶二萬九千

味 昆澤 存馳 新定 談稾 毋單 同瀨 漏江 牧麻 穀昌 連

然 秦臧 雙栢 俞元 脩雲 泠丘 滇池

永昌郡漢置統縣八戶三萬八千

不韋 永壽 比蘇 雍鄉 南涪 嶲唐 哀牢 博南

太康三年武帝又廢寧州入益州立南夷校尉以護之太安二年惠帝復置寧州又分建寧以西七縣別立爲益州郡永嘉二年改益州郡曰晉寧分牂柯立平夷夜郎二郡然是時其地再爲李特所有其後李壽分寧州興古永昌雲南

朱提越巂河陽六郡爲漢州咸康四年分牂牁夜郎朱提越巂四郡置安州八年又罷幷寧州以越巂還屬益州省永昌郡焉

晉書卷十四

晉書卷十四考證

地理志上郡國一百七十三○臣龍官按注總數雖符細計之止得一百七十一未見漢景所置北海郡又考宋書則此書濟南所領之縣皆彼北海所領而彼濟南所領者皆此書之所無再撿文獻通考却與此書同當是本書有脫誤耳

秦兼天下以爲三川河東南陽潁川碭泗水薛七郡漢改三川爲河南郡武帝置十三州豫州舊名不改以河南河東二郡屬司隸又以南陽屬荆州先是改泗水曰沛郡改碭郡曰梁改薛曰魯○監本自薛七郡三字起至先是二字止共四十二字俱誤作小注今改正

平原國西平昌般○此下監本有放字按宋書有平昌有般有鬲從汲古閣本刪放字

燕國安國注國相蜀主劉禪封此縣公○魏志蜀志俱云封安樂公似宜改國爲樂

晉書卷十四考證

晉書卷十五

唐 太 宗 文 皇 帝 御 撰

志第五

地理下 青州 徐州 荊州 揚州 交州 廣州

○青州按禹貢爲海岱之地舜置十二牧則其一也舜以青州越海又分爲營州則遼東本爲青州矣周禮正東曰青州蓋取土居少陽其色爲青故以名也春秋元命包云虛危流爲青州漢武帝置十三州因舊名歷後漢至晉不改州統郡國六縣三十七戶五萬三千

齊國秦置郡漢以爲國景帝以爲北海郡統縣五戶一萬四千 臨淄 西安有棘里亭 東安平汝水出東北 廣饒 昌國樂毅所封

濟南郡漢置統縣五戶五千或云魏平蜀徙其豪將家於濟河北故改爲濟岷郡而太康地理志無此郡名未之詳 平壽古國寒浞封此 下密有三石祠 膠東侯國 卽墨有天山祠 祝阿

樂安國漢置統縣八戶一萬一千 高苑 臨濟有蚩尤祠 博昌有薄姑祠 利益侯相 蓼城侯國 鄒 壽光古斟

灌氏所封國 東朝陽

城陽郡漢置屬北海自魏至晉分北海而立焉郡統縣十戶一萬二千 莒故莒子國 姑幕古薄姑氏國 諸 淳于故淳于公國

東武 高密漢改爲都 壯武 黔陬 平昌 昌安

東萊國漢置郡統縣六戶六千五百 掖侯相 當利侯相 盧鄉 曲城 黄有萊山松林萊君祠 惤侯國有百支萊王祠

長廣郡咸寧三年置統縣三戶四千五百 不其侯國 長廣 挺

惠帝元康十年又置平昌郡又分城陽之黔陬壯武淳于昌安高密平昌營陵安丘大劇臨朐十一縣爲高密國自永嘉喪亂青州淪沒石氏東萊人曹嶷爲刺史造廣固城後爲石季龍所滅季龍末遼西段龕自號齊王據青州慕容恪滅趙尅青州苻氏平燕盡有其地及苻氏敗後刺史苻朗以州降朝廷置幽州以別駕辟閭渾爲刺史鎮廣固隆安四年爲慕容德所滅遂都之是爲南燕復改爲青州德以并州牧鎮陰平幽州刺史鎮發干徐州刺史鎮莒城青州刺史鎮東萊兗州刺史鎮梁父慕容超移青州於東萊郡後爲劉裕所滅留長史羊穆之爲青州刺史築東陽城而居之自元帝渡江於廣陵僑置青州至是始置

北青州鎮東陽城以僑立州爲南青州而後省南青州而北青州直曰青州

○徐州按禹貢海岱及淮之地舜十二牧則其一也於周入青州之域春秋元命包云天氐流爲徐州蓋取舒緩之義或云因徐丘以立名秦兼天下以置泗水薛琅邪三郡楚漢之際分置東陽郡漢又分置東海郡改泗水爲沛改薛爲魯分沛置楚國以東陽屬吳國景帝改吳爲江都武帝分沛東陽置臨淮郡改江都爲廣陵及置十三州以其地爲徐州統楚國及東海琅邪臨淮廣陵四郡宣帝改楚爲彭城郡後漢改爲彭城國以沛郡之廣戚縣來屬改臨淮爲下邳國及太康元年復分下邳屬縣在淮南者置臨淮郡分琅邪置東莞郡州凡領郡國七縣六十一戶八萬一千二十一

彭城國漢以爲郡統縣七戶四千一百二十一　彭城故殷伯大彭國　留張良所封　廣戚　傅陽　武原　呂　梧

下邳國漢置爲臨淮郡統縣七戶七千五百　下邳葛嶧山在西古嶧陽下邳也韓信爲楚王都之　淩　良城侯相　睢陵　夏丘　取慮　僮

東海郡漢置統縣十二戶一萬一千一百 郯故郯子國 祝其羽山在縣之西 朐 襄賁 利城 贛榆 厚丘 蘭陵 承 昌慮 合鄉 戚

琅邪國秦置郡統縣九戶二萬九千五百 開陽侯相 臨沂 陽都 繒 即丘 華 費魯季氏邑 東安 蒙陰山在西南

東莞郡太康中置統縣八戶一萬 東莞故魯鄆邑 朱虛 營陵尚父呂望所封 安丘故莒渠丘父封邑 蓋 臨朐有海水祠 劇 廣

廣陵郡漢置統縣八戶八千八百 淮陰 射陽 輿 海陽有江海會祠 廣陵 鹽瀆 淮浦 江都有江水祠

臨淮郡漢置章帝以合下邳太康元年復立統縣十戶一萬 盱眙 東陽 高山 贅其 潘旌 高郵 淮陵 司吾 下相 徐

太康十年以青州城陽郡之莒姑幕諸東武四縣屬東莞元康元年分東海置蘭陵郡七年又分東莞置東安郡分臨淮置淮陵郡以堂邑置堂邑郡永嘉之亂臨淮淮陵並淪沒石氏元帝渡江之後徐州所得惟半乃僑置淮陽陽平濟

陰北濟陰四郡又琅邪國人隨帝過江者遂置懷德縣及琅邪郡以統之是時
幽冀青幷兗五州及徐州之淮北流人相帥過江淮帝並僑立郡縣以司牧之
割吳郡之海虞北境立郯朐利城祝其厚丘西隰襄賁七縣寄居曲阿以江乘
置南東海南琅邪南東平南蘭陵等郡分武進立臨淮淮陵南彭城等郡屬南
徐州又置頓丘郡屬北徐州明帝又立南沛南清河南下邳南東莞南平昌南
濟陰南濮陽南太平南泰山南濟陽南魯等郡以屬徐兗二州初或居江南或
居江北或以兗州領州郄鑒都督青兗二州諸軍事兗州刺史加領徐州刺史
鎭廣陵蘇峻平後自廣陵還鎭京口又於漢故九江郡界置鍾離郡屬南徐州
江北又僑立幽冀青幷四州穆帝時移南東海七縣出居京口義熙七年始分
淮北爲北徐州淮南但爲徐州統彭城沛下邳蘭陵東莞東安琅邪淮陽陽平
濟陰北濟陰十一郡以盱眙立盱眙郡統考城直瀆陽城三縣又分廣陵界置
海陵山陽二郡後又以幽冀合徐州青州幷合兗州
○荊州按禹貢荊及衡陽之地舜置十二牧則其一也周禮正南曰荊州春秋

元命包云軫星散爲荆州荆強也言其氣躁強亦曰警也言南蠻數爲寇逆其人有道後服無道先強當警備也又云取名於荆山六國時其地爲楚及秦取楚鄢郢爲南郡又取巫中地爲黔中郡以楚之漢北立南陽郡滅楚之後分黔中爲長沙郡漢高祖分長沙爲桂陽郡改黔中爲武陵郡分南郡爲江夏郡武帝又分長沙爲零陵郡及置十三州因舊名爲荆州統南郡南陽零陵桂陽武陵長沙江夏七郡後漢獻帝建安十三年魏武盡得荆州之地分南郡以北立襄陽郡又分南陽西界立南鄉郡分枝江以西立臨江郡及敗於赤壁南郡以南屬吳吳後遂與蜀分荆州於是南郡零陵武陵以西爲蜀江夏桂陽長沙三郡爲吳南陽襄陽南鄉三郡爲魏而荆州之名南北雙立蜀分南郡立宜都郡劉備沒後宜都武陵零陵南郡四郡之地悉復屬吳魏文帝以漢中遺黎立魏興新城二郡明帝分新城立上庸郡孫權分江夏立武昌郡又分蒼梧立臨賀郡分長沙立衡陽湘東二郡孫休分武陵立天門郡分宜都立建平郡孫皓分零陵立始安郡分桂陽立始興郡又分零陵立邵陵郡分長沙立安成郡荆州

統南郡武昌武陵宜都建平天門長沙零陵桂陽衡陽湘東邵陵臨賀始興始
安十五郡其南陽江夏襄陽南鄉魏興新城上庸七郡屬魏之荆州及武帝平
吳分南郡爲南平郡分南陽立義陽郡改南鄉爲順陽郡又以始興始安臨賀
三郡屬廣州以揚州之安成郡來屬州統郡二十二縣一百六十九戸三十五
萬七千五百四十八

江夏郡漢置統縣七戸二萬四千 安陸橫尾山在東北古之陪尾山 雲杜故雲子國 曲陵 平春 鄳 竟陵章山在東北古之內方山 南新市

南郡漢置統縣十一戸五萬五千 江陵故楚都 編有雲夢官 當陽 華容 鄀故鄀子國 枝江故羅國 旌陽 州陵楚變人州侯所邑 監利 松滋 石首

襄陽郡魏置統縣八戸二萬二千七百 宜城故鄢也 中廬 臨沮荆山在東北 邔 襄陽侯相 山都 鄧城 鄾

南陽國秦置郡統縣十四戸二萬四千四百 宛 西鄂侯相 雉 魯陽公國相 犨 淯陽公國相 博望公國相 堵陽 葉侯相有長城山號曰方城 舞陰公國相 比陽公國相 湼陽 冠軍 酈

順陽郡太康中置統縣八戶二萬一百　酇　順陽　南鄉　丹水　武當侯相　陰　筑陽　析
義陽郡太康中置統縣十二戶一萬九千　新野侯相　穰　鄧故鄧侯國　蔡陽　隨故隨國　安昌　棘陽
厥西　平氏桐栢山在南　義陽　平林　朝陽
新城郡魏置統縣四戶一萬五千二百　房陵　綏陽　昌魏　沶鄉
魏興郡魏置統縣六戶一萬二千　晉興　安康　西城　錫　長利　洵陽
上庸郡魏置統縣六戶一萬一千四百四十八　上庸侯相　安富　北巫　武陵　上廉　微陽
建平郡吳晉各有建平郡太康元年合統縣八戶一萬三千二百　巫　北井　秦昌　信陵　興山　建始
秭歸故楚子國　沙渠
宜都郡吳置統縣三戶八千七百　夷陵　夷道　佷山
南平郡吳置以爲南郡太康元年改曰南平統縣四戶七千　作唐　孱陵　南安　江安
武陵郡漢置統縣十戶一萬四千　臨沅　龍陽　漢壽　沅陵　黚陽　酉陽　鐔城　沅
南　遷陵　舞陽
天門郡吳置統縣五戶三千一百　零陽　漊中　充　臨澧　澧陽

長沙郡漢置統縣十戶三萬三千　臨湘　攸　下雋　醴陵　劉陽　建寧　吳昌　羅

蒲沂　巴陵

衡陽郡吳置故屬長沙統縣九戶二萬一千　湘鄉　重安　湘南　湘西　烝陽　衡山　連道

新康　益陽

湘東郡吳置故屬長沙統縣七戶一萬九千五百　酃　茶陵　臨烝　利陽　陰山　新平　新寧

零陵郡吳置統縣十一戶二萬五千一百　泉陵有香茅云古貢之以縮酒　祁陽　零陵　營浦　洮陽　永昌　觀陽　營道　春陽　泠道　應陽東界有鼻墟云象所封

邵陵郡吳置統縣六戶一萬二千　邵陵　都梁　夫夷　建興　邵陽　高平

桂陽郡漢置統縣六戶一萬一千三百　郴項羽封義帝之邑　耒陽　便　臨武　晉寧　南平

武昌郡吳置統縣七戶一萬四千八百　武昌故東鄂也楚子熊渠封中子紅於此　柴桑有湓口關　陽新　沙羨有夏口對沔口有津　沙陽　鄂有新興馬頭鐵官　官陵

安成郡吳置統縣七戶三千　平都　宜春　新諭　永新　安復　萍鄉　廣興

惠帝分桂陽武昌安成三郡立江州以新城魏興上庸三郡屬梁州又分義陽

立隨郡分南陽立新野郡分江夏立竟陵郡懷帝又分長沙衡陽湘東零陵邵陵桂陽及廣州之始安始興臨賀九郡置湘州時蜀亂又割南郡之華容州陵監利三縣別立豐都合四縣置成都郡爲成都王穎國居華容縣愍帝建興中併還南郡亦併豐都於監利元帝渡江又僑立新興南河東二郡穆帝時又分零陵立營陽郡以義陽流人在南郡者立爲義陽郡又以廣州之臨賀始興始安三郡及江州之桂陽益州之巴東合五郡來屬以長沙衡陽湘東零陵邵陵營陽六郡屬湘州桓溫又分南郡立武寧郡安帝又僑立南義陽東義陽長寧三郡義熙十三年省湘州置長沙衡陽湘東零陵邵陵營陽還入荊州

○揚州按禹貢淮海之地舜置十二牧則其一也周禮東南曰揚州春秋元命包云牽牛流爲揚州分爲越國以爲江南之氣躁勁厥性輕揚亦曰州界多水水波揚也於古則荒服之國戰國時其地爲楚分秦始皇幷天下以置鄣會稽九江三郡項羽封英布爲九江王盡有其地漢改九江曰淮南卽封布爲淮南王六年分淮南置豫章郡十一年布誅立皇子長爲淮南王封劉濞爲吳王二

國盡得揚州之地文帝十六年分淮南立廬江衡山二郡景帝四年封皇子非爲江都王幷得鄣會稽郡而不得豫章武帝改江都曰廣陵封皇子胥爲王而以屬徐州元封二年改鄣曰丹陽改淮南復爲九江後漢順帝分會稽立吳郡揚州統會稽丹陽吳豫章九江廬江六郡省六安幷廬江郡獻帝興平中孫策分豫章立廬陵郡孫權又分豫章爲鄱陽郡分丹陽立新都郡孫亮又分豫章立臨川郡分會稽立臨海郡孫休又分會稽立建安郡孫晧分會稽立東陽郡分吳立吳興郡分豫章廬陵長沙立安成郡分廬陵立廬陵南部都尉揚州統丹陽吳會稽吳興新都東陽臨海建安豫章鄱陽臨川安成廬陵南部十四郡江西廬江九江之地自合肥之北至壽春悉屬魏及晉平吳以安成屬荊州分丹陽之宣城宛陵陵陽安吳涇廣德寧國懷安石城臨城春穀十一縣立宣城郡理宛陵改新都曰新安郡改廬陵南部爲南康郡分建安立晉安郡又分丹陽立毗陵郡揚州合統郡十八縣一百七十三戶三十一萬一千四百

丹陽郡漢置統縣十一戶五萬一千五百 建鄴本秣陵孫氏改爲建業武帝平吳以爲秣陵太康二年分秣陵北爲建鄴改業爲鄴 江寧

太康二年分建鄴置 丹楊丹陽山多赤柳在西也 于湖 蕪湖 永世 溧陽溧水所出 江乘 句容有茅

山 湖熟 秣陵

宣城郡太康二年置統縣十一戶二萬三千五百 宛陵侯相彭澤聚在西南 宣城 陵陽淮水出東北入江仙人陵陽子明所居

安吳 臨城 石城 涇 春穀孝武改春為陽 廣德 寧國 懷安

淮南郡秦置九江郡漢以為淮南國漢武帝置為九江郡武帝改為淮南郡統縣十六戶三萬三千四百 壽春 成德 下蔡

義城 西曲陽 平阿有塗山 歷陽 全椒 阜陵漢明帝時淪為麻湖 鍾離故州來邑 合肥

逡遒 陰陵 當塗古塗山國 東城 烏江

廬江郡漢置統縣十戶四千二百 陽泉 舒故國有桐鄉 灊天柱山在南有祠 皖 尋陽 居巢桀死於此 臨

湖 襄安 龍舒 六故六國

毗陵郡吳分會稽無錫已西為屯田置典農校尉太康二年省校尉為毗陵郡統縣七戶一萬二千 丹徒故朱方 曲阿故雲陽 武

進 延陵 毗陵 既陽 無錫有磨山春申君祠

吳郡漢置統縣十一戶二萬五千 吳故國具區在西 嘉興 海鹽 鹽官 錢唐武林山武林水所出 富陽

桐廬 建德 壽昌 海虞 婁

吳興郡吳置統縣十戶二萬四千 烏程 臨安 餘杭 武康故防風氏國 東遷 於潛有潛水 故

鄣 安吉 原鄉 長城

會稽郡秦置統縣十戶三萬 山陰會稽山在南上有禹冢 上虞有仇亭舜避丹朱於此地 餘姚有句餘山在南 句章 鄞

有鮚埼亭 鄮 始寧 剡 永興 諸暨

東陽郡吳置統縣九戶一萬二千 長山有赤松子廟 永康 烏傷 吳寧 太末 信安 豐安

定陽 遂昌

新安郡吳置統縣六戶五千 始新 遂安 黝 歙 海寧 黎陽

臨海郡吳置統縣八戶一萬八千 章安 臨海 始豐 永寧 寧海 松陽 安固 橫

陽

建安郡故秦閩中郡漢高帝五年以立閩越王及武帝滅之徙其人名為東冶又更名東城後漢改為侯官都尉及吳置建安郡統縣七戶四千三百

建安 吳興 東平 建陽 將樂 邵武 延平

晉安郡太康三年置統縣八戶四千三百 原豐 新羅 宛平 同安 侯官 羅江 晉安

溫麻

豫章郡漢置統縣十六戶三萬五千 南昌 海昏 新淦 建城 望蔡 永脩 建昌

吳平 豫章 彭澤 艾 康樂 豐城 新吳 宜豐 鍾陵

臨川郡吳置統縣十戶八千五百 臨汝 西豐 南城 東興 南豐 永成 宜黃 安浦 西寧 新建

鄱陽郡吳置統縣八戶六千一百 廣晉 鄱陽 樂安 餘汗 鄡陽 歷陵 葛陽 晉興

廬陵郡吳置統縣十戶一萬二千二百 西昌 高昌 石陽 巴丘 南野 東昌 遂興

吉陽 興平 陽豐

南康郡太康三年置統縣五戶一千四百 贛 雩都 平固 南康 揭陽

惠帝元康元年有司奏荊揚二州疆土廣遠統理尤難於是割揚州之豫章鄱陽廬陵臨川南康建安晉安荊州之武昌桂陽安成合十郡因江水之名而置江州永興元年分廬江之尋陽武昌之柴桑二縣置尋陽郡屬江州分淮南之烏江歷陽二縣置歷陽郡又以周玘創義討石冰割吳興之陽羨并長城縣之

北鄉置義鄉國山臨津并陽羨四縣又分丹陽之永世置平陵及永世凡六縣立義興郡以表玘之功並屬揚州又以毗陵郡封東海王世子毗避毗諱改爲晉陵懷帝永嘉元年又以豫章之彭澤縣屬尋陽郡愍帝立避帝諱改建鄴爲建康元帝渡江建都揚州改丹陽太守爲尹江州又置新蔡郡尋陽郡又置九江上甲二縣尋又省九江縣入尋陽是時司冀雍涼青并兗豫幽平諸州皆淪沒江南所得但有揚荊湘江梁益交廣其徐州則有過半豫州惟得譙城而已明帝太寧元年分臨海立永嘉郡統永寧安固松陽橫陽等四縣而揚州統丹陽吳郡吳興新安東陽臨海永嘉宣城義興晉陵十一郡自中原亂離遺黎南渡並僑置牧司在廣陵丹徒南城非舊土也及胡寇南侵淮南百姓皆渡江成帝初蘇峻祖約爲亂於江淮胡寇又大至百姓南渡者轉多乃於江南僑立淮南郡及諸縣又於尋陽僑置松滋郡遙隸揚州咸康四年僑置魏郡廣川高陽堂邑等諸郡并所統縣并寄居京邑改陵陽爲廣陵孝武寧康二年又分永嘉郡之永寧縣置樂成縣是時上黨百姓南渡僑立上黨郡爲四縣寄居蕪湖尋

又省上黨郡爲縣又罷襄城郡爲繁昌縣並以屬淮南安帝義熙八年省尋陽縣入柴桑縣柴桑仍爲郡後又省上甲縣入彭澤縣舊江州督荊州之竟陵郡及何無忌爲刺史表以竟陵去州遼遠去江陵三百里荊州所立綏安郡人戶入境欲資此郡助江濱戍防以竟陵郡還荊州又司州之弘農揚州之松滋二郡寄在尋陽人戶雜居並宜建督安帝從之後又省松滋郡爲松滋縣弘農郡爲弘農縣並屬尋陽郡

○交州按禹貢揚州之域是爲南越之土秦始皇既略定揚越以謫戍卒五十萬人守五嶺自北徂南入越之道必由嶺嶠時有五處故曰五嶺後使任囂趙他攻越略取陸梁地遂定南越以爲桂林南海象等三郡非三十六郡之限乃置南海尉以典之所謂東南一尉也漢初以嶺南三郡及長沙豫章封吳芮爲長沙王十一年以南武侯織爲南海王陸賈使還拜趙他爲南越王割長沙之南三郡以封之武帝元鼎六年討平呂嘉以其地爲南海蒼梧鬱林合浦日南九真交阯七郡蓋秦時三郡之地元封中又置儋耳珠崖二郡置交阯刺史以

督之昭帝元始五年罷儋耳幷珠崖元帝元初三年又罷珠崖郡後漢馬援平定交部始調立城郭置井邑順帝永和九年交阯太守周敞求立爲州朝議不許卽拜敞爲交阯刺史桓帝分立高興郡靈帝改曰高涼建安八年張津爲刺史士燮爲交阯太守共表立爲州乃拜津爲交州牧十五年移居番禺詔以邊州使持節郡給鼓吹以重城鎭加以九錫六佾之舞吳黃武五年割南海蒼梧鬱林三郡立廣州交阯日南九眞合浦四郡爲交州戴良爲刺史值亂不得入呂岱擊平之復還幷交部赤烏五年復置珠崖郡永安七年復以前三郡立廣州及孫皓又立新昌武平九德三郡蜀以李恢爲建寧太守遙領交州刺史晉平蜀以蜀建寧太守霍弋遙領交州得以便宜選用長吏平吳後省珠崖入合浦交州統郡七縣五十三戶二萬五千六百

合浦郡漢置統縣六戶二千 合浦 南平 蕩昌 徐聞 毒質 珠官

交阯郡漢置統縣十四戶一萬二千 龍編 句漏 望海 羸𨻻 西于 武寧 朱鳶 曲易 交興 北帶 稽徐 安定 南定 海平

新昌郡吳置統縣六戶三千 麊泠處婦人徵側為主馬援平之 嘉寧 吳定 封山 臨西 西道

武平郡吳置統縣七戶五千 武寧 武興 進山 根寧 安武 扶安 封溪

九眞郡漢置統縣七戶三千 胥浦 移風 湛梧 建初 常樂 扶樂 松原

九德郡吳置周時越裳氏地統縣八無戶 九德 咸驩 南陵 陽遂 扶苓 曲胥 浦陽

都洨

日南郡秦置象郡漢武帝改名焉統縣五戶六百 象林自此南有四國其人皆云漢人子孫今有銅柱亦是漢置此為界貢金供稅也 盧容

象郡所居 朱吾 西卷 比景

○廣州按禹貢揚州之域秦末趙他所據之地及漢武帝以其地為交阯郡至吳黃武五年分交州之南海蒼梧鬱林高梁四郡立為廣州俄復舊永安六年復分交州置廣州分合浦立合浦北部以都尉領之孫皓分鬱林立桂林郡及太康中吳平遂以荊州始安始興臨賀三郡來屬合統郡十縣六十八戶四萬三千一百四十

南海郡秦置統縣六戶九千五百 番禺 四會 增城 博羅 龍川 平夷

臨賀郡吳置統縣六戶二千五百 臨賀 謝沐 馮乘 封陽 興安 富川

始安郡吳置統縣七戶六千 始安 始陽 平樂 荔浦 常安 熙平 永豐

始興郡吳置統縣七戶五千 曲江 桂陽 始興 含洭 湞陽 中宿 陽山

蒼梧郡漢置統縣十二戶七千七百 廣信 端溪 高要 建陵 新寧 猛陵 鄣平

農城 元谿 臨允 都羅 武城

鬱林郡秦置桂郡漢武帝更名統縣九戶六千 布山 柯林 新邑 晉平 始建 鬱平 領

方 武熙 安廣

桂林郡吳置統縣八戶二千 潭中 武豐 粟平 羊平 龍剛 夾陽 武城 軍騰

高涼郡吳置統縣三戶二千 安寧 高涼 思平

高興郡吳置統縣五戶一千二百二十 廣化 海安 化平 黃陽 西平

寧浦郡吳置統縣五戶一千二百二十 寧浦 連道 吳安 昌平 平山

武帝後省高興郡懷帝永嘉元年又以臨賀始興始安三郡凡二十縣爲湘州

元帝分鬱林立晉興郡成帝分南海立東官郡以始興始安臨賀三郡還屬荆

州穆帝分蒼梧立晉康新寧永平三郡哀帝太和中置新安郡安帝分東官立
義安郡恭帝分南海立新會郡

晉書卷十五

晉書卷十五考證

地理志下零陵郡泠道○道監本誤陽

揚州分廬陵立廬陵南部都尉○監本上陵字誤江部誤郡

會稽郡剡○剡監本作郯誤也剡縣屬會稽若郯縣則屬東海郡矣

以始興始安臨賀三郡還屬荆州○各本俱脫始安二字今從本志荆州稱武帝平吳後又以始興始安臨賀屬廣州增正之

晉書卷十五考證

晉書卷十六

唐　太　宗　文　皇　帝　御　撰

志第六

律曆上

易曰形而上者謂之道形而下者謂之器夫神道廣大妙本於陰陽形器精微義先於律呂聖人觀四時之變刻玉紀其盈虛察五行之聲鑄金均其清濁所以遂八風而宣九德和大樂而成政道然金質從革侈弇無方竹體圓虛脩短利制是以神瞽作律用寫鍾聲乃紀之以三平之以六成於十二天之道也又叶時日於晷度效地氣於灰管故陰陽和則景至律氣應則灰飛灰飛律通吹而命之則天地之中聲也故可以範圍百度化成萬品則虞書所謂叶時月正日同律度量衡者也中聲節以成文德音章而和備則可以動天地感鬼神導性情移風俗叶言志於詠歌鑒盛衰於治亂故君子審聲以知音審音以知樂審樂以知政蓋由茲道太史公律書云王者制事立法物度軌則一稟於六律

六律爲萬事之本其於兵械尤所重焉故云望敵知吉凶聞聲效勝負百王不易之道也及秦氏滅學其道浸微漢室初興丞相張蒼首言音律未能審備孝武帝創置協律之官司馬遷言律呂相生之次詳矣及王莽之際考論音律劉歆條奏大率有五一曰備數一十百千萬也二曰和聲宮商角徵羽也三曰審度分寸尺丈引也四曰嘉量龠合升斗斛也五曰權衡銖兩斤鈞石也班固因而志之蔡邕又記建武已後言律呂者至司馬紹統採而續之漢末天下大亂樂工散亡器法堙滅魏武始獲杜夔使定樂器聲調夔依當時尺度權備典章及武帝受命遵而不革至泰始十年光祿大夫荀勖奏造新度更鑄律呂元康中勖子藩嗣其事未及成功屬永嘉之亂中朝典章咸沒於石勒及元帝南遷皇度草昧禮容樂器掃地皆盡雖稍加採掇而多所淪胥終于恭安竟不能備今考古律相生之次及魏武已後言音律度量者以志于篇云傳云十二律黃帝之所作也使伶倫自大夏之西乃之崐崘之陰取竹之嶰谷生其竅厚均者斷兩節間長三寸九分而吹之以爲黃鍾之宮曰含少次制十二竹筩寫鳳之

鳴雄鳴爲六雌鳴亦六以比黃鍾之宮皆可以生之以定律呂則律之始造以竹爲管取其自然圓虛也又云黃帝作律以玉爲管長尺六孔爲十二月音至舜時西王母獻昭華之琯以玉爲之及漢章帝時零陵文學奚景於泠道舜祠下得白玉琯又武帝太康元年汲郡盜發六國時魏襄王冢亦得玉律則古者又以玉爲管矣以玉者取其體含廉潤也而漢平帝時王莽又以銅爲之銅者自名也所以同天下齊風俗也爲物至精不爲燥溼寒暑改節介然有常似士君子之行故用焉

周禮太師掌六律六呂以合陰陽之聲六律陽聲黃鍾太蔟姑洗蕤賓夷則無射也六呂陰聲大呂應鍾南呂林鍾中呂夾鍾也又有太師則執同律以聽軍聲而詔以吉凶其典同掌六律六呂之和以辯天地四方陰陽之聲以爲樂器皆以十有二律而爲之數度以十有二聲而爲之齊量焉及周景王將鑄無射問律於泠州鳩對曰夫六中之色故名之一曰黃鍾所以宣養六氣九德也由是第之二曰太蔟所以金奏贊陽出滯也三曰姑洗所以羞絜百物考神納賓

也四曰蕤賓所以安靜神人獻酬交酢也五曰夷則所以詠歌九德平人無貳也六曰無射所以宣布哲人之令德示人軌儀也爲之六間以揚沉伏而黜散越也元間大呂助宣物也二間夾鍾出四隙之細也三間中呂宣中氣也四間林鍾和展百事俾莫不任肅純恪中也五間南呂贊陽秀也六間應鍾均利器用俾應復也此皆所以律述時氣效節物也及秦始皇焚書蕩覆典策缺亡諸子璅言時有遺記呂不韋春秋言黃鍾之宮律之本也下生林鍾林鍾上生太蔟太蔟下生南呂南呂上生姑洗姑洗下生應鍾應鍾上生蕤賓蕤賓下生大呂大呂下生夷則夷則上生夾鍾夾鍾下生無射無射上生中呂三分其所生益其一分以上生三分所生去其一分以下生後代之言音律者多宗此說及漢興承秦之弊張蒼首治律曆頗未能詳故孝武帝正樂乃置協律之官雖律呂清濁之體粗正金石高下之音有準然徒共捃採遺存以成一時之制而數猶用五時淮南王安延致儒博亦爲律呂云黃鍾之律九寸而宮音調因而九之九九八十一故黃鍾之數立焉位在子林鍾位在未其數五十四太蔟其數

七十二南呂之數四十八姑洗之數六十四應鍾之數四十二蕤賓之數五十七大呂之數七十六夷則之數五十一夾鍾之數六十八無射之數四十五中呂之數六十極不生以黃鍾爲宮太蔟爲商姑洗爲角林鍾爲徵南呂爲羽宮生徵徵生商商生羽羽生角角生應鍾不比正音故爲和應鍾生蕤賓不比正音故爲繆日冬至音比林鍾浸以濁日夏至音比黃鍾浸以清十二律應二十四時之變甲子中呂之徵也景子夾鍾之羽也戊子黃鍾之宮也庚子無射之商也壬子夷則之角也其爲音也一律而生五音十二律而爲六十音因而六之六六三十六故三百六十音以當一歲之日故律歷之數天地之道也司馬遷八書言律呂粗舉大經著於前史則以太極元氣函三爲一而始動於子十二律之生必所起焉於是參一於丑得三因而九三之與本位合十辰得一萬九千六百八十三謂之成數以爲黃鍾之法又參之律於十二辰得十七萬七千一百四十七謂之該數以爲黃鍾之實實如法而一得黃鍾之律長九寸十二月冬至之氣應焉蓋陰陽合德氣鍾於子而化生萬物則物之生莫不函三

故十二律空徑三分而上下相生皆損益以三其術則因黃鍾之長九寸以下生者倍其實三其法以上生者四其實三其法所以明陽下生陰陰上生陽起子爲黃鍾九寸一　丑三分之二　寅九分之八　卯二十七分之十六辰八十一分之六十四　巳二百四十三分之一百二十八　午七百二十九分之五百一十二　未二千一百八十七分之一千二十四　申六千五百六十一分之四千九十六　酉一萬九千六百八十三分之八千一百九十二戌五萬九千四十九分之三萬二千七百六十八　亥十七萬七千一百四十七分之六萬五千五百三十六

如是周十二辰在六律爲陽則當位自得而下生陰在六呂爲陰則得其所衝而上生於陽推算之術無重上生之法也所謂律取妻呂生子陰陽升降律呂之大經也而還又言十二律之長今依淮南九九之數則蕤賓爲重上又言五音相生而以宮生角角生商商生徵徵生羽羽生宮求其理用罔見通途及元始中王莽輔政博徵通知鍾律者考其音義使羲和劉歆典領調奏班固漢書

採而志之其序論雖博而言十二律損益次第自黃鍾長九寸三分損一下生林鍾長六寸三分益一上生太蔟而左旋八八爲位一上一下終於無射下生中呂校其相生所得與司馬遷正同班固採以爲志元帝時郎中京房知五音六十律之數上使太子太傅玄成諫議大夫章雜試問房於樂府房對受學於故小黃令焦延壽六十律相生之法以上生下皆三生二以下生上皆三生四陽下生陰陰上生陽終於中呂而十二律畢矣中呂上生執始執始下生去滅上下相生終於南呂六十律畢矣夫十二律之變至於六十猶八卦之變至於六十四也宓犧作易紀陽氣之初以爲律法建日冬至之聲以爲黃鍾爲宮太蔟爲商姑洗爲角林鍾爲徵南呂爲羽應鍾爲變宮蕤賓爲變徵此聲氣之元五音之正也故統一日其餘以次運行當日者各自爲宮而商徵以類從焉禮運曰五聲六律十二管還相爲宮此之謂也以六十律分朞之日黃鍾自冬至始及冬至而復陰陽寒燠風雨之占生焉於以檢攝羣音考其高下苟非草木之聲則無不有所合虞書曰律和聲此之謂也京房又曰竹聲不可以度調故

作準以定數準之狀如瑟而長丈十三絃隱閒九尺以應黃鍾之律九寸中央一絃下有畫分寸以爲六十律清濁之節房言律詳於歆所奏其術施行於史官候部用之文多不悉載截管爲律吹以考聲列以效氣道之本也術家以其聲微而體難知其分數不明故作準以代之準之聲明暢易達分寸又粗然絃以緩急清濁非管無以正也均其中絃令與黃鍾相得按畫以求諸律則無不如數而應者矣續漢志具載其六十律準度數其相生之次與呂覽淮南同

漢章帝元和元年待詔候鍾律殷彤上言官無曉六十律以準調音故待詔嚴崇具以準法教子男宣願召宣補學官主調樂器詔曰崇子學審曉律別其族協其聲者審試不得依託父學以聾爲聰聲微妙獨非莫知獨是莫曉以律錯吹能知命十二律其二中不失一乃爲能傳崇學耳試宣十二律其二中其四不中其六不知何律宣遂罷自此律家莫能爲準

靈帝熹平六年東觀召典律者太子舍人張光等問準竟光等不知歸閱舊藏乃得其器形制如房書猶不能定其絃緩急音不可書以曉人知之者欲教而

無從心達者體知而無師故史官能辯清濁者遂絕其可以相傳者唯候氣而已漢末紛亂亡失雅樂

魏武時河南杜夔精識音韻爲雅樂郎中令鑄銅工柴玉鑄鍾其聲均清濁多不如法數毀改作玉甚厭之謂夔清濁任意更相訴白於魏武王魏武王取玉所鑄鍾雜錯更試然後知夔爲精於是罪玉

泰始十年中書監荀勖中書令張華出御府銅竹律二十五具部太樂郎劉秀等校試其三具與杜夔及左延年律法同其二十二具視其銘題尺寸是笛律也

問協律中郎將列和辭昔魏明帝時令和承受一笛聲以作此律欲使學者別居一坊歌詠講習依此律調至於都合樂時但識其尺寸之名則絲竹歌詠皆得均合歌聲濁者用長笛長律歌聲清者用短笛短律歌凡絃歌調張清濁之制不依笛尺寸名之則不可知也勖等奏昔先王之作樂也以振風蕩俗饗神祐賢必協律呂之和以節八音之中是故郊祀朝宴用之有制歌奏分敘清濁

有宜故曰五聲十二律還相爲宮此經傳記籍可得而知者也如和對辭笛之長短無所象則率意而作不由曲度考以正律皆不相應吹其聲均多不諧合又辭先師傳笛別其清濁直以長短工人裁制舊不依律是爲作笛無法而和寫笛造律又令琴瑟歌詠從之爲正非所以稽古先哲垂憲于後者也謹條牒諸律問和意狀如左及依典制用十二律造笛象十二枚聲均調和器用便利講肄彈擊必合律呂況乎宴饗萬國奏之廟堂者哉雖伶夔曠遠至音難精猶宜儀形古者以求厥衷合乎經禮於制爲詳若可施用請更部笛工選竹造作下太樂樂府施行平議諸杜夔左延年律可皆留其御府笛正聲下徵各一具皆銘題作者姓名其餘無所施用還付御府毀奏可

勖又問和作笛爲可依十二律作十二笛令一孔依一律然後乃以爲樂不和辭太樂東箱長笛正聲已長四尺二寸今當復取其下徵之聲於法聲濁者笛當長計其尺寸乃五尺有餘知昔日作之不可吹也又笛諸孔雖不校試意謂不能得一孔輒應一律也案太樂四尺二寸笛正聲均應蕤賓以十二律還相

爲宮推法下徵之孔當應律大呂大呂笛長二尺六寸有奇不得長五尺餘輒令大樂郎劉秀鄧昊等依作大呂笛以示和又吹七律一孔一校聲皆相應然後令郝生鼓筝宋同吹笛以爲雜引相和諸曲和乃辭曰自和父祖漢世以來笛家相傳不知此法而令調均與律相應實非所及也郝生魯基种整朱夏皆與和同

又問和笛有六孔及其體中之空爲七和爲能盡名其宮商角徵孔調與不調以何檢知和辭先師相傳吹笛但以作曲相語爲某曲當舉某指初不知七孔盡應何聲也若當作笛其仰尙方笛工依按舊像訖但吹取鳴者初不復校其諸孔調與不調也

按周禮調樂金石有一定之聲是故造鍾磬者先依律調之然後施於厢懸作樂之時諸音皆受鍾磬之均即爲悉應律也至於饗宴殿堂之上無厢懸鍾磬以笛有一定調故諸絃歌皆從笛爲正是爲笛猶鍾磬宜必合於律呂如和所對直以意造率短一寸七孔聲均不知其皆應何律調無以檢正唯取竹之鳴

者爲無法制趣部郎劉秀鄧昊王黯魏邵等與笛工參共作笛工人造其形律

者定其聲然後器象有制音均和協

又問和若不知律呂之義作樂音均高下清濁之調當以何名之和辭每合樂時隨歌者聲之清濁用笛有長短假令聲濁者用三尺二笛因名曰此三尺二調也聲清者用二尺九笛因名曰此二尺九調漢魏相傳施行皆然按周禮奏六樂乃奏黃鍾歌大呂乃奏太蔟歌應鍾皆以律呂之義紀歌奏清濁而和所稱以二尺三尺爲名雖漢魏用之俗而不典部郎劉秀鄧昊等以律作三尺二寸者應無射之律若宜用長笛執樂者曰請奏無射作二尺八寸四分四氂者應黃鍾之律若宜用短笛執樂者曰請奏黃鍾則歌奏之義若合經禮考之古典於制爲雅

書曰予欲聞六律五聲八音在治忽周禮國語載六律同禮記又曰五聲十二律還相爲宮劉歆班固撰律歷志亦紀十二律惟京房始創六十律至章帝時其法已絶蔡邕雖追紀其言亦曰今無能爲者依按古典及今音家所用六十

律者無施於樂謹依典記以五聲十二律還相爲宮之法制十二笛象記注圖側如別省圖不如視笛之孔故復重作蕤賓伏孔笛其制云

黃鍾之笛正聲應黃鍾下徵應林鍾長二尺八寸四分四氂有奇正聲調法以黃鍾爲宮則姑洗爲角翕笛之聲應姑洗故以四角之長爲黃鍾之笛也其宮聲正而不倍故曰正聲正聲調法黃鍾爲宮第一孔也應鍾爲變宮第二孔也南呂爲羽第三孔也林鍾爲徵第四孔也蕤賓爲變徵第五孔也附姑洗爲角笛體中聲太蔟爲商笛後出孔也商聲濁以商當在角下而角聲以在體中故上其商孔令在宮上清於宮也然則宮商正也餘聲皆倍也是故從宮以下孔轉濁也此章記笛孔上下次第之名也下章說律呂相生笛之制也正聲調法黃鍾爲宮作黃鍾之笛將求宮孔以姑洗及黃鍾律從笛首下度之盡二律之長爲孔則得之宮聲者也而宮生徵黃鍾生林鍾以林鍾之律從宮孔下度之盡律作孔則得徵聲也徵生商林鍾生太蔟以太蔟律從徵孔上度之盡律以爲孔則得商之聲也商生羽太蔟生南呂也以南呂律從商孔下度之盡律爲孔則得羽聲也羽生角南呂生姑洗也以姑洗律從羽孔上行度之盡律而爲孔則得角聲也然則於商孔之上吹笛者左手前不及也從羽孔下行度之盡律而爲孔亦得角聲出於商附孔之下則吹者右手所不逮也故不作角孔推而下之復倍其均是以角聲在笛體中古之制也音家舊法雖一倍再倍但令均同適足爲唱和之聲無害於曲均故也國語曰匏竹利器議宜謂便於事用從宜者也角生變宮姑洗生應鍾也上句所謂當爲角孔而出於商下者墨點識之以應律也從此點下行度之應律爲孔則得變宮之聲也變宮生變徵

應鍾生蕤賓也以蕤賓律從變宮下度之盡律爲孔則得變徵之聲十二笛之制各以其宮爲主相生之法或倍或半其便事用例皆一者也

下徵調法林鍾爲宮第四孔也本正聲黃鍾之徵徵清當在宮上用笛之宜倍令濁下故曰下徵下徵更爲宮者記所謂五聲十二律還相爲宮也然則正聲清下徵爲濁也南呂爲商第三孔也本正聲黃鍾之羽今爲下徵之商也應鍾爲角第二孔也本正聲黃鍾之變宮今爲下徵之角也黃鍾爲變徵下徵之調林鍾爲宮大呂當爲變徵而黃鍾笛本無大呂之聲故假用黃鍾以爲變徵也假用之法當爲變徵之聲則俱發黃鍾及太族應鍾三孔黃鍾應濁而太族清大呂律在二律之間俱發三孔而徵體獲之則得大呂變徵之聲矣謂笛下徵調求變徵之法皆如此也太蔟爲徵笛後出孔本正聲之商今爲下徵之徵也姑洗爲羽笛體中翕聲本正聲之角今爲下徵之羽蕤賓爲變宮附孔是也本正聲之變徵也今爲下徵之變宮也然則正聲之調孔轉下轉濁下徵之調孔轉上轉清也

清角之調以姑洗爲宮即是笛體中翕聲於正聲爲角於下徵爲羽清角之調乃以爲宮而哨吹令清故曰清角惟得爲宛轉謠俗之曲不合雅樂也蕤賓爲商正也林鍾爲角非正也南呂爲變徵非正也應鍾爲徵正也黃鍾爲羽非正也太蔟爲變宮非正也清角之調準宮商及徵與律相應餘四聲非正者皆濁一律哨吹令清假而用之其例一也

凡笛體用角律其長者八之蕤賓林鍾也短者四之其餘十笛皆四角也宮中實容長者十六短笛竹宜受八律之黍也若長短大小不合於此或器用不便聲均法度之齊等也然笛竹率上大下小不能均法度齊必不得也取其聲均合三宮一曰正聲二曰下徵三曰清角也二十一變也宮有七聲錯綜用之故二十一變也諸笛例皆一者也伏孔四所以便用

事也一曰正角出於商上者也二曰倍角近笛下者也三曰變宮近於宮孔倍令下者也四曰變徵遠於徵孔倍令高者也或倍或半或四分一取則於琴徵也四者皆不作其孔而取其度以近進退上下之法所以協聲均便事用也其本孔隱而不見故曰伏孔也

大呂之笛正聲應大呂下徵應夷則長二尺六寸六分三氂有奇

太蔟之笛正聲應太蔟下徵應南呂長二尺五寸三分一氂有奇

夾鍾之笛正聲應夾鍾下徵應無射長二尺四寸

姑洗之笛正聲應姑洗下徵應應鍾長二尺二寸三分三氂有奇

蕤賓之笛正聲應蕤賓下徵應大呂長三尺九寸九分五氂有奇變宮近宮孔故倍半令下便於用也林鍾亦如之

林鍾之笛正聲應林鍾下徵應太蔟長三尺七寸九分七氂有奇

夷則之笛正聲應夷則下徵應夾鍾長三尺六寸變宮之法亦如蕤賓體用四角故四分益一也

南呂之笛正聲應南呂下徵應姑洗長三尺三寸七分有奇

無射之笛正聲應無射下徵應中呂長三尺二寸

應鍾之笛正聲應應鍾下徵應蕤賓長二尺九寸九分六氂有奇

五音十二律

土音宮數八十一爲聲之始屬土者以其最濁君之象也季夏之氣和則宮聲調宮亂則荒其君驕黃鍾之宮律最長也

火音徵三分宮去一以生其數五十四屬火者以其次清事之象也夏氣和則徵聲調徵亂則哀其事勤也

金音商三分徵益一以生其數七十二屬金者以其濁次宮臣之象也秋氣和則商聲調商亂則詖其官壞也

水音羽三分商去一以生其數四十八屬水者以爲最清物之象也冬氣和則羽聲調羽亂則危其財匱也

木音角三分羽益一以生其數六十四屬木者以其清濁中人之象也春氣和則角聲調角亂則憂其人怨也

凡聲尊卑取象五行數多者濁數少者清大不過宮細不過羽

十一月律中黃鍾律之始也長九寸仲冬氣至則其律應所以宣揚六氣九德

也班固三分損一下生林鍾

十二月律中大呂司馬遷未下生之律長四寸二百四十三分寸之五十二倍之爲八寸分寸之一百四季冬氣至則其律應所以助宣物也三分益一上生夷則京房三分損一下生夷則

正月律中太簇未上生之律長八寸孟春氣至則其律應所以贊陽出滯也三分損一下生南呂

二月律中夾鍾酉下生之律長三寸二千一百八十七分寸之一千六百三十一倍之爲七寸分寸之一千七十五仲春氣至則其律應所以出四隙之細也三分益一上生無射京房三分損一下生無射

三月律中姑洗酉上生之律長七寸九分寸之一季春氣至則其律應所以修潔百物考神納賓也三分損一下生應鍾

四月律中中呂亥下生之律長三寸萬九千六百八十三分寸之六千四百八十七倍之爲六寸分寸之萬二千九百七十四孟夏氣至則其律應所以宣中

氣也
五月律中蕤賓亥上生之律長六寸八十一分寸之二十六仲夏氣至則其律應所以安靜人神獻酬交酢也三分損一下生大呂京房三分益一上生大呂
六月律中林鍾丑下生之律長六寸季夏氣至則其律應所以和展百物俾莫不任肅純恪也三分益一上生太簇
七月律中夷則丑上生之律長五寸七百二十九分寸之四百五十一孟秋氣至則其律應所以詠歌九則平百姓而無貳也三分損一下生夾鍾京房三分益一上生夾鍾
八月律中南呂卯下生之律長五寸三分寸之一仲秋氣至則其律應所以贊陽秀也三分益一上生姑洗
九月律中無射卯上生之律長四寸六分千五百六十一分寸之六千五百二十四季秋氣至則其律應所以宣布哲人之令德示人軌儀也三分損一下生中呂京房三分益一上生中呂

十月律中應鍾已下生之律長四寸二十七分寸之二十孟冬氣至則其律應所以均利器用俾應復也三分益一上生蕤賓

淮南京房鄭玄諸儒言律歷皆上下相生至蕤賓又重上生大呂長八寸二百四十三分寸之百四夷則上生夾鍾長七寸千一百八十七分寸之千七十五無射上生中呂長六寸萬九千六百八十三分寸之萬二千九百七十四此三品於司馬遷班固所生之寸數及分皆倍焉餘則並同斯則泠州鳩所謂六閒之道揚沉伏黜散越假之爲用者也變通相半隨事之宜贊助之法也凡音聲之體務在和韻益則加倍損則減半其於本音恆爲無爽然則言一上一下者相生之道言重上生者吹候之用也於蕤賓重上生者適會爲用之數故言律者因焉非相生之正也

揚子雲曰聲生於日（謂甲己爲角乙庚爲商丙辛爲徵丁壬爲羽戊癸爲宮也）律生於辰（謂子爲黃鍾丑爲大呂之屬也）聲以情質（質情也各以其行本情爲正也）律以和聲（當以律管鍾均和其清濁之聲）聲律相協而八音生（協和宮商角徵羽謂之五聲金石匏革絲竹土木謂之八音聲和音諧是謂五樂夫陰

陽和則景至律氣應則灰除是故天子常以冬夏至日御前殿合八能之士陳八音聽樂均度晷景候鍾律權土灰效陰陽冬至陽氣應則灰除是故樂均清景長極黃鍾通土灰輕而衡仰夏至陰氣應則樂均濁景短極蕤賓通土灰重而衡低進退於先後五日之中八能各以候狀聞太史令封上效則和否則占

候氣之法爲室三重戶閉塗釁周密布緹幔室中以木爲案每律各一內房中外高從其方位加律其上以葭莩灰抑其內端案歷而候之氣至者灰去其爲氣所動者其灰散人及風所動者其灰聚殿中候用玉律十二惟二至乃候靈臺用竹律楊泉記云取弘農宜陽縣金門山竹爲管河內葭莩爲灰或云以律著室中隨十二辰埋之上與地平以竹莩灰實律中以羅縠覆律呂氣至吹灰動縠小動爲和大動君弱臣強不動君嚴暴之應也

審度

起度之正漢志言之詳矣武帝泰始九年中書監荀勖校大樂八音不和始知後漢至魏尺長於古四分有餘勖乃部著作郎劉恭依周禮制尺所謂古尺也

依古尺更鑄銅律呂以調聲韻以尺量古器與本銘尺寸無差又汲郡盜發六國時魏襄王冢得古周時玉律及鍾磬與新律聲韻闇同于時郡國或得漢時故鍾吹律命之皆應勖銘其尺曰晉泰始十年中書考古器揆校今尺長四分半所校古法有七品一曰姑洗玉律二曰小呂玉律三曰西京銅望臬四曰金錯望臬五曰銅斛六曰古錢七曰建武銅尺姑洗微彊西京望臬微弱其與此尺同銘八十二字此八者勖新尺也今尺者杜夔尺也荀勖造新鍾律與古器諧韻時人稱其精密惟散騎侍郎陳留阮咸譏其聲高聲高則悲非興國之音亡國之音亡國之音哀以思其人困今聲不合雅懼非德正至和之音必古今尺有長短所致也會咸病卒武帝以勖律與周漢器合故施用之後始平掘地得古銅尺歲久欲腐不知所出何代果長勖尺四分時人服咸之妙而莫能厝意焉

史臣按勖於千載之外推百代之法度數既冥聲韻又契可謂切密信而有徵也而時人寡識據無聞之一尺忽周漢之兩器雷同臧否何其謬哉世說稱有

田父於野地中得周時玉尺便是天下正尺荀勖試以校己所治金石絲竹皆短校一米又漢章帝時零陵文學史奚景於泠道舜祠下得玉律度以爲尺相傳謂之漢官尺以校荀勖尺勖尺短四分漢官始平兩尺長短度同又杜夔所用調律尺比勖新尺得一尺四分七氂魏景元四年劉徽注九章云王莽時劉歆斛尺弱於今尺四分五氂比魏尺其斛深九寸五分五氂卽荀勖所謂今尺長四分半是也元帝後江東所用尺比荀勖尺一尺六分二氂趙劉曜光初四年鑄渾儀八年鑄土圭其尺比荀勖尺一尺五分荀勖新尺惟以調音律至於人閒未甚流布故江左及劉曜儀表並與魏尺略相依準

嘉量

周禮栗氏爲量鬴深尺內方尺而圓其外其實一鬴其臀一寸其實一豆其耳三寸其實一升重一鈞其聲中黃鍾概而不稅其銘曰時文思索允臻其極嘉量既成以觀四國永啓厥後茲器維則春秋左氏傳曰齊舊四量豆區鬴鍾四升曰豆各自其四以登於鬴四豆爲區區斗六升也四區爲鬴六斗四升也鬴

十則鍾六十四斗也鄭玄以爲䩵方尺積千寸比九章粟米法少二斗八十一分升之二十二以算術考之古斛之積凡一千五百六十二寸半方尺而圓其外減傍一氂八毫其徑一尺四寸一分四毫七抄二忽有奇而深尺卽古斛之制也

九章商功法程粟一斛積二千七百寸米一斛積一千六百二十七寸菽合麻麥一斛積二千四百三十寸此據精麤爲率使價齊而不等其器之積寸也以米斛爲正則同于漢志

魏陳留王景元四年劉徽注九章商功曰當今大司農斛圓徑一尺三寸五分五氂深一尺積一千四百四十一寸十分寸之三王莽銅斛於今尺爲深九寸五分五氂徑一尺三寸六分八氂七毫以徽術計之於今斛爲容九斗七升四合有奇魏斛大而尺長王莽斛小而尺短也

衡權

衡權者衡平也權重也衡所以任權而均物平輕重也古有黍累錘錙鐶鈞鋝

溢之因歷代參差漢志言衡權名理甚備自後變更其詳未聞元康中裴頠以
爲醫方人命之急而稱兩不與古同爲害特重宜因此改治權衡不見省趙石
勒十八年七月造建德殿得圓石狀如水碓銘曰律權石重四鈞同律度量衡
有辛氏造續咸議是王莽時物

晉書卷十六

晉書卷十六考證

律歷志上其典同掌六律六呂之和○同監本誤司今從周禮春官改正

其聲均清濁多不如法○後漢律歷志注均長七尺讀爲韻古無韻字均卽韻

也

猶宜儀形古者○臣龍官按形當作型者當作昔

晉書卷十六考證

晉書卷十七

唐 太 宗 文 皇 帝 御 撰

志第七

律歷中

昔者聖人擬宸極以運璿璣揆天行而序景曜分辰野辨躔歷敬農時興物利皆以繫順兩儀紀綱萬物者也然則觀象設卦扐閏成爻歷數之原存乎此也逮乎炎帝分八節以始農功軒轅紀三綱而闡書契乃使羲和占日常儀占月臾區占星氣伶倫造律呂大撓造甲子隸首作算數容成綜斯六術考定氣象建五行察發斂起消息正閏餘述而著焉謂之調歷洎于少昊則鳳鳥司歷顓頊則南正司天陶唐則分命羲和虞舜則因循堯法及夏殷承運周氏應期正朔既殊創法斯異傳曰火出於夏爲三月於商爲四月於周爲五月是故天子置日官諸侯有日御以和萬國以協三辰至乎寒暑晦明之徵陰陽生殺之數啓閉升降之紀消息盈虛之節皆應躔次而無淫流故能該浹生靈堪輿天地

周德既衰史官失職疇人分散禨祥不理秦幷天下頗推五勝自以獲水德之瑞用十月爲正漢氏初興多所未暇百有餘載襲秦正朔爰及武帝始詔司馬遷等議造漢歷乃行夏正其後劉歆更造三統以說左傳辯而非實班固惑之采以爲志逮光武中興太僕朱浮數言歷有乖謬于時天下初定未能詳考至永平之末改行四分七十餘年儀式乃備及光和中乃命劉洪蔡邕共修律歷其後司馬彪因之以繼班史今采魏文黃初已後言歷數行事者以續司馬彪云

漢靈帝時會稽東部尉劉洪考史官自古迄今歷注原其進退之行察其出入之驗規其往來度其終始始悟四分於天疎闊皆斗分太多故也更以五百八十九爲紀法百四十五爲斗分作乾象法冬至日日在斗二十二度以術追日月五星之行推而上則合於古引而下則應於今其爲之也依易立數遁行相號潛處相求名爲乾象歷又創制日行遲速兼考月行陰陽交錯於黃道表裏日行黃道於赤道宿度復進有退方於前法轉爲精密矣獻帝建安元年鄭玄

受其法以爲窮幽極微又加注釋焉
魏文帝黄初中太史令高堂隆復詳議歷數更有改革太史丞韓翊以爲乾象
減斗分大過後當先天造黄初歷以四千八百八十三爲紀法千二百五十爲
斗分其後尚書令陳羣奏以爲歷數難明前代通儒多共紛爭黄初之元以四
分歷久遠疏闊大魏受命宜改歷明時韓翊首建猶恐不審故以乾象互相參
校其所校日月行度弦望朔晦校歷三年更相是非無時而決案三公議皆綜
盡典理殊塗同歸欲使效之璿璣各盡其法一年之間得失足定奏可太史令
許芝云劉洪月行術用以來且四十餘年以復覺失一辰有奇孫欽議史遷造
太初其後劉歆以爲疏復爲三統章和中改爲四分以儀天度考合符應時有
差跌日蝕覺過半日至平中劉洪改爲乾象推天七曜之符與天地合其序董
巴議云聖人迹太陽於晷景效太陰於弦望明五星於見伏正是非於晦朔弦
望伏見者歷數之綱紀檢驗之明者也徐岳議劉洪以歷後天潛精内思二十
餘載參校漢家太初三統四分歷術課弦望於兩儀郭間而月行九歲一終謂

之九道九章百七十一歲九道小終九九八十一章五百六十七分而九終進退牛前四度五分學者務追合四分但減一道六十三分分不下通是以踈闊皆由斗分多故也課弦望當以昏明度月所在則知加時先後之意不宜用兩儀郭閒洪加太初元十二紀減十斗下分元起己丑又爲月行遲疾交會及黃道去極度五星術理實粹密信可長行今韓翊所造皆用洪法小益斗下分所錯無幾翊所增減致亦留思然十術新立猶未就悉至於日蝕有不盡效效歷之要要在日蝕熹平之際時洪爲郎欲改四分先上驗日蝕日蝕在晏加時在辰蝕從下上三分侵二事御之後如洪言海內識真莫不聞見劉歆已來未有洪比夫以黃初二年六月二十七日戊辰加時未日蝕乾象術加時申半強於消息就加未黃初以爲加辛強乾象後天一辰半強爲近黃初二辰半爲遠消息與天近三年正月景寅朔加時申北日蝕黃初加酉弱乾象加午少消息加未黃初後天半辰近乾象先天二辰少弱於消息先天一辰強爲遠天三年十一月二十九日庚寅加時西南維日蝕乾象加未初消息加申黃初加未強乾

象先天一辰遠黃初先天半辰近消息乾象近中天二年七月十五日癸未日加壬月景蝕乾象月加申消息加未黃初月加子強入甲申日乾象後天二辰消息後一辰爲近黃初後天六辰遠三年十月十五日乙巳日加丑月加未蝕乾象月加巳半於消息加午黃初以景午月加酉強乾象先天二辰近黃初後天二辰強爲遠於消息於乾象先一辰凡課日月蝕五事乾象四遠黃初一近翊於課難徐岳乾象消息但可減不可加加之無可說不可用岳云本術自有消息受師法以消息爲奇辭不能改故列之正法消息翊術自疎

木以三年五月二十四日丁亥晨見

黃初五月十七日庚辰見先七日

乾象五月十五日戊寅見先九日

土以二年十一月二十六日壬辰見

乾象十一月二十一日丁亥見先五日

黃初十一月十八日甲申見先八日

土以三年十月十二日壬申伏

乾象同壬申伏

黃初已下十月八日戊辰伏先四日

土以三年十一月二十二日壬子見
乾象十一月十五日乙巳見先七日
黄初十一月十二日壬寅見先十日
金以三年閏六月十五日丁丑晨伏
乾象六月二十五日戊午伏先十九日
黄初六月二十一日乙卯伏先二十三日
金以三年九月十一日壬寅見
乾象以八月十八日庚辰見先二十三日
黄初八月十五日丁丑見先二十五日
水以二年十一月十七日癸未晨見
乾象十一月十三日己卯見先四日
黄初十一月十二日戊寅見先五日
水以二年十二月十三日己酉晨伏
乾象十二月十五日辛亥伏後二日
黄初十二月十四日庚戌伏後一日
水以三年五月十八日辛亥夕見
乾象亦以五月十八日見
黄初五月十七日庚戌見先一日
水以三年六月十三日景午伏

乾象六月二十日癸丑伏後七日黃初六月十九日壬子伏後六日

水以三年閏六月二十五日丁亥晨見乾象以閏月九日辛未見先十六日黃初閏月八日庚午見先十七日

水以三年七月七日己亥伏乾象七月十一日癸卯伏後四日黃初以七月十日壬寅伏後三日

水以三年十一月日於晷度十四日甲辰伏乾象以十一月九日己亥伏先五日黃初十一月八日戊戌伏先六日

水以三年十二月二十八日戊子夕見二歷同以十二日壬申見俱先十六日

凡四星見伏十五乾象七近二中黃初五近一中

郎中李恩議以太史天度與相覆校二年七月三年十一月望與天度日皆差異月蝕加時乃後天六時半非從三度之謂定爲後天過半日也董巴議曰昔伏羲始造八卦作三畫以象二十四氣黃帝因之初作調歷歷代十一更年五

千凡有七歷顓頊以今之孟春正月爲元其時正月朔旦立春五星會于天歷
營室也冰凍始泮蟄蟲始發雞始三號天曰作時地曰作昌人曰作樂鳥獸萬
物莫不應和故顓頊聖人爲歷宗也湯作殷歷弗復以正月朔旦立春爲節也
更以十一月朔旦冬至爲元首下至周魯及漢皆從其節據正四時夏爲得天
以承堯舜從顓頊故也禮記大戴曰虞夏之歷建正於孟春此之謂也楊偉請
六十日中疏密可知不待十年若不從法是校方員棄規矩考輕重背權衡課
長短廢尺寸論是非違分理若不先定校歷之本法而懸聽棄法之末爭則孟
軻所謂方寸之基可使高於岑樓者也今韓翊據劉洪術者知貴其術珍其法
而棄其論背其術廢其言違其事是非必使洪奇妙之式不傳來世若知而違
之是挾故而背師也若不知據之是爲挾不知而罔知也校議未定會帝崩而
寢至明帝景初元年尚書郎楊偉造景初歷表上帝遂改正朔施行偉歷以建
丑之月爲正改其年三月爲孟夏其孟仲季月雖與夏正不同至於郊祀蒐狩
班宣時令皆以建寅爲正三年正月帝崩復用夏正其劉氏在蜀仍漢四分歷

吳中書令闞澤受劉洪乾象法於東萊徐岳又加解注中常侍王蕃以洪術精妙用推渾天之理以制儀象及論故孫氏用乾象歷至吳亡武帝踐阼泰始元年因魏之景初歷改名泰始歷楊偉推五星尤疎闊故元帝渡江左以後更以乾象五星法代偉歷自黃初已後改作歷術皆斟酌乾象所滅斗分朔餘月行陰陽遲疾以求折衷洪術爲後代推步之師表故先列之云

乾象歷

上元己丑以來至建安十一年景戌歲積七千三百七十八年

乾法千一百七十

會通七千一百七十一

紀法五百八十九

周天二十一萬五千一百四十

通法四萬三千二十六

通數四十一

日法四百五十七
歲中十二
餘歲三千九十
章歲十九
沒法百三
章閏七
會數四十七
會歲八百九十三
章月二百四十五
會率千八百八十二
朔望合數九百四十一
會日萬一千四十五
紀月七千二百八十五

元月一萬四千五百七十

月周七千八百七十四

小周二百五十四

推入紀

置上元盡所求年以乾法除之不滿乾法以紀法除之餘不滿紀法者入內紀甲子年也滿法去之入外紀甲午年也

推朔

置入紀年外所求以章月乘之章歲而一所得爲定積月不盡爲閏餘閏餘十二以上歲有閏以通法乘定積月爲假積日滿日法爲定積日不盡爲小餘以六旬去積日爲大餘命以所入紀算外所求年天正十一月朔日也

求次月加大餘二十九小餘七百七十三小餘滿日法從大餘小餘六百八十四以上其月大

推冬至

置入紀年外所求以餘數乘之滿紀爲大餘不盡爲小餘以六旬去之命以紀

算外天正冬至日也

求二十四氣

置冬至小餘加太餘十五小餘五百一十五滿二千三百五十六從大餘命如

法

推閏月

以閏餘減章歲餘以歲中乘之滿章閏爲一月不盡半法已上亦一有進退以

無中月

推弦望

加大餘七小餘五百五十七半小餘如日法從大餘餘命如前得上弦又加得

望又加得下弦又加得後月朔其弦望定小餘四百一以下以百刻乘之滿日

法得一刻不盡什之求分以課所近節氣夜漏未盡以算上爲日

推沒

置入紀年外所求以餘數乘之滿紀法爲積沒有餘加盡積爲一以會通乘之滿沒法爲大餘不盡爲小餘大餘命以紀算外冬至後沒日求次沒加大餘六十九小餘六十滿其法從大餘無分爲滅

推日度

以紀法乘積日滿周天去之餘以紀法除之所得爲度命度以牛前五度起宿次除之不滿宿卽天正夜半日所在

求次日加一度經斗除分分少損一度爲紀法加焉

推月度

以月周乘積日滿周天去之餘滿紀法爲度不盡爲分命如上則天正朔夜半月所在度

求次月小月加度二十二分二百五十八大月又加一日度十三分二百一十七滿法得一度其冬下旬夕在張心署之

推合朔度

以章歲乘朔小餘滿會數爲大分不盡小分以大分從朔夜半日分滿紀法從度命如前天正合朔日月所共會也

求次月加度二十九大分三百一十二小分滿會數從大分大分滿紀法從度經斗除大分

求弦望日所在度加合朔度七分二百二十五小分十七半大小分及度命如前則上弦日所在度又加得望下弦後月合

求弦望月行所在度加合朔度九十八大分四百八小分四十一大小分及度命如前合朔則上弦月所在又加得望下弦後月合

求日月昏明度日以紀法月以月周乘所近節氣夜漏二百而一爲明分日以減紀法月以減月周餘爲昏分各以加夜半如法爲度

推月蝕

置上元年外所求以會歲去之其餘年以會率乘之如會歲爲積蝕有餘加積一會月乘之如會率爲積月不盡爲月餘以章閏乘餘年滿章月爲積閏以減

積月餘以歲中去之不盡數起天正
求次蝕加五月月餘千六百三十五五滿會率得一月月以望
推卦用事日
因冬至大餘倍其小餘坎用事日也加小餘千七十五滿乾法從大餘中孚用
事日也
求次卦各加大餘六小餘百三其四正各因其中日而倍其小餘
推五行用事
置冬至大小餘加大餘二十七小餘九百二十七滿二千三百五十六從大餘
得土用事日也加大餘十八小餘六百一十八得立春木用事日加大餘七十
三小餘百一十六復得土又加土如得其火金水放此
推加時
以十二乘小餘滿其法得一度辰數從子起算外朔弦望以定小餘
推漏刻

以百乘小餘滿其法得一刻不盡什之求分課所近節氣起夜分盡夜上水未盡以所近言之推有進退進加退減所得也進退有差起分度後二率四度轉增少少每半者三而轉之差滿三止歷五度而減如初

月行三道術

月行遲疾周進有恆會數從天地凡數乘餘率自乘如會數而一爲過周分以從周天月周除之歷日數也遲疾有衰其變者勢也以衰減加月行率爲日轉度分衰左右相加爲損益率益轉相益損轉相損盈縮積也半小周乘通法如通數而一以歷周減焉爲朔行分也

日轉度分	列衰	損益率	盈縮積	月行分
一日十四度十分	一退減	益二十二	盈初	三百七十六
二日十四度九分	二退減	益二十二		

盈二十二	二百七十五	
三日十四度分七	三退減	益十九
盈四十三	二百七十三	
四日十四度分四	四退減	益十六
盈六十三	二百七十	
五日十四度分八	四退減	益十二
盈七十八	二百六十六	
六日十三度分十五	四退減	益八
盈九十	二百六十二	
七日十三度分十一	四退減	益四
盈九十八	二百五十八	
八日十三度分七	四退減	損四
盈百二	二百五十四	

九日十三度三分　四退減　損四
盈百二　二百五十
十日十二度十八分　三退減　損八
盈九十八　二百四十六
十一日十二度十五分　四退加　損十一
盈九十　二百四十三
十二日十二度七分　三退加　損十五
盈七十九　二百四十九
十三日十二度八分　二退加　損十八
盈六十四　二百四十六
十四日十二度六分　一退加　損二十
盈三十六　二百三十四
十五日十二度五分　二退加　損二十一

盈二十六　三百三十三

十六日十二度分六　二退減　損二十損不足及減五為益盈有五謂益而損縮初二十故不足

盈五縮初　二百四十四

十七日十二度分八　三退減　益十八

縮十五　二百三十六

十八日十二度分十一　四進減　益十五

縮三十三　二百三十九

十九日十二度分十五　三進減　益十一

縮四十八　三百四十三

二十日十三度分十八　四進減　益八

縮五十九　二百四十六

二十一日十三度分三　四進減　益四

縮六十七　二百五十

二十二日十三度七分	四進加	損四
縮七十一	二百五十四	
二十三日十三度十一分	四進加	損四
縮七十一	二百五十八	
二十四日十三度十五分	四進加	損八
縮六十七	二百六十二	
二十五日十四度	四進加	損十三
縮五十九	二百六十六	
二十六日十四度四分	三進加	損十六
縮三十七	二百七十	
二十七日十四度七分	三歷初進加 三大周日	損十九
縮三十一	二百七十三	
周日十四度九分	少進加	損二十一

縮十二　二百七十五
周日分三千三百三
周虛二千六百六十六
周日法五千九百六十九
通周十八萬五千三十九
歷周十六萬四千四百六十六
少大法一千一百一
朔行大分一千八百一
周半一百二十七
推合朔入歷
以上元積月乘朔行大小分滿通數四十一從大分大分滿歷周去之餘滿周法得一日不盡爲日餘日餘命笇外所求合朔入歷也
求次月加一日日餘五千二百三十三分二十五

求弦望各加七日日餘二千八百八十三小分二十九半分各如法成日日滿二十七日去之餘如周分不足除減一日加周虛

求弦望定大小餘

置所入歷盈縮稱以通周乘之爲實令通數乘日餘分以乘損益率以損益實爲加時盈縮也章歲減月行分乘周半爲差法以除之所得盈減縮加大小餘如日法盈不足朔加時在前後日弦望進退大餘爲定小餘

求朔弦望加時定度

以章歲乘加時盈縮差法除之所得滿會數爲盈縮大小以盈減縮加本日月所在盈不足以紀法進退度爲日月所在定度分

推月行夜半入歷

以周半乘朔小餘如通數而一以減入歷日餘餘不足加周法而減焉却一日却得周日加其分卽得夜半入歷

求次日轉一日因日餘到二十七日日餘滿周日分去之不直周日也其不滿

直之加周虛於餘餘皆次日入歷日餘也

求月夜半定度

以夜半入歷日餘乘損益率如周法得一不盡爲餘以損益盈縮積餘無所損破全爲法損之爲夜半盈縮也滿章歲爲度不盡爲分通數乘分及餘餘如周法從分分滿紀法從度以盈加縮減本夜半度及餘爲定度

求變衰法

以入歷日餘乘列衰如周法得一不盡爲餘卽各知其日變衰也

求次歷

以周虛乘列衰如周法爲常數歷竟輒以加率衰滿列衰去之轉爲次歷率衰也

求次日夜半定度

以變衰進加退減歷日轉分分盈不足章歲出入度也通數乘分及餘而日轉加夜定度爲次日也竟歷不直周日減餘千三十八乃以通數乘之直周日者

加餘八百三十七又以少大分八百九十九加次歷變衰轉求如前

求次日夜半盈縮

以變衰減加損益率爲變損日益而以轉損益夜半盈縮歷竟損不足反減爲

入次歷減加餘如上數

求昏明月度

以歷月行分乘所近節氣夜漏二百而一爲分以減月行分爲昏分分如章歲

爲度以通數乘分以昏後以明加夜半定度餘分半法以上成不滿廢之

求月行遲疾

月經四表出入三道交錯分天以月率除之爲歷之日周天乘朔望合如會月

而一朔合分也通數乘合數餘如會數而一退分也以從月周爲日進分會數

而一爲差率也

陰陽歷	衰	損益率	兼數
一日	一減	益十七	初

二日	二減	益十六	十七
三日	三減	益十五	三十七
四日	四減	益十二	三十八
五日	四減	益八	六十
六日	三減	益四	六十八
七日	三減 減不足反損爲加謂益有一當加減三爲不足	益一 過極損之謂月行半周度已過極則當損之	七十二
八日	四加	損二	七十三
九日	四加	損六	七十一
十日	三加	損十	六十五
十一日	二加	損十三	五十五
十二日	一加	損十五	三十二
十三日 限餘三千九百一十三徵分千七百五十二	此爲後限一加 歷初分日	大損十六	大二十七
分日 五千二百而三	少加小者	損十六	大十一

少大法四百七十三

歷周十萬七千五百六十五

差率萬一千九百八十六

朔合分萬八千三百二十八

微分九百一十四

微分法二千二百九

推朔入陰陽歷

以會月去上元積月餘以朔合分定微分各乘之微分滿其法從合分合分滿

周天去之其餘不滿歷周者爲入陽歷餘去之餘爲入陰歷餘皆如月周得一

日算外所求月合朔入歷不盡爲日餘

求次月

加二日日餘二千五百八十微分九百一十四如法成日滿十三去之除餘如

分日陰陽歷竟互入端入歷在前限餘前後限後者月行中道也

求朔望定數

各置入遲疾歷盈縮大小分會數乘小分爲徵盈減縮加陰陽日餘日餘盈不足進退日而定以定日餘乘損益率如月周得一以損益數爲加時定數

推夜半入歷

以差率乘朔小餘如徵分法得一以減入歷日餘不足加月周而減之却得分日加其分以會數約徵分爲小分卽朔日夜半入歷日日餘三十一小分如會數從會餘餘滿月周去之又加一日歷竟下日餘滿分日去之爲入歷初也不滿分日者直之加餘二千七百二小分三十一爲入次歷

求夜半定日

以通數乘入遲疾歷夜半盈縮及餘餘滿半爲小分以盈加縮減入陰陽日餘日盈不足以月周進退日而定也以定日餘乘損益兼數爲夜半定數也

求昏明數

以損益率乘所近節氣夜漏二百而一爲明以減損益率爲昏而以損益夜半

數爲昏明定數

求月去極度

置加時若昏明定數以十二除之爲度其餘三日而一爲少不盡一爲強二少弱也所得爲月去黃道度也其陽歷以加日所在黃道歷去極度陰歷以減之則月去極度強正弱負強弱相并同名相從異名相消其相減也同名相消異名相從無對互之二強進少而弱

上元己丑以來至建安十一年景戌歲積七千三百七十八

己丑　戊寅　丁卯　景辰　乙巳　甲午　癸未

壬申　辛酉　庚戌　己亥　戊子　丁丑　景寅

推五星

五行木歲星火熒惑土填星金太白水辰星各以終日與天度相約爲日率章歲乘周爲月法章月乘日爲月分分如法爲月數通數乘月法日度法也升分乘周率爲升分日度法用紀法乘同率故此同以分乘之

五星朔大餘小餘以通法各乘月數日法各除之爲大餘不盡爲小餘以六十去大餘

五星入月日日餘各以通法乘月餘以合月法朔小餘幷之會數約之所得各以日度法除之則皆是

生度數度餘減多爲度餘分以周天乘之以日度法約之所得爲度不盡爲度餘過周天法之及十分

紀月七千二百八十五　章閏七

章月二百三十五

歲中十二

通法四萬三千二十六

日法千四百五十七

會數四十七

周天二十一萬五千一百三十

升分一百四十五

木

周率六千七百二十二

日率七千三百四十一
合月數十二
月餘六萬四千八百一
合月法十二萬七千七百一十八
日度法三百九十五萬九千二百五十八
朔大餘二十三
朔小餘一千三百七
入月日十五
日餘三百三十八萬四千四十六
朔虛分一百五十
升分九十七萬四千六百九十
度數三十三
度餘二百五十萬九千九百五十六

火
周率二千四百七
日率七千二百七十一
合月數二十六
月餘二萬五千六百二十七
合月法六萬四千七百三十三
日度法二百萬六千七百二十三
朔大餘四十七
朔小餘一千一百五十七
入月日十二景初十三
日餘九十七萬三千一十三
朔虛分三百
升分四十九萬四千二十五

度數四十八景初五十
度餘一百九十九萬一千七百六
土
周率三千五百二十九
日率三千六百五十三
合月數十二
月餘五萬三千八百四十三
合月法六萬七千五十一
日度法二百七萬八千五百八十
朔大餘五十四
朔小餘五百三十四
入月二十四
日餘十六萬六千二百七十二

朔虛分九百二十三
升分五十一萬一千七百五
度數十二
度餘一百七十三萬三千一百四十八
金
周率九千二十二
日率七千二百一十三
合月數九
月餘十五萬二千二百九十三
合月法十七萬一千四百一十六
日度法五百三十一萬三千九百五十八
朔大餘二十五
朔小餘一千一百二十九

入月日二十七
日餘五萬六千九百五十四
朔虛分三百二十八
升分一百三十萬八千一百九十
度數二百九十二
度餘五萬六千九百五十四
水
周率一萬一千五百六十一
日率一千八百三十四
合月數一
月餘二十一萬一千三百三十一
合月法二十一萬九千六百五十九
日度法六百八十萬九千四百二十九

朔大餘二十九
朔小餘七百七十三
入月日二十八
日餘六百三十一萬九百六十七
朔虛分六百八十四
升分一百六十七萬六千三百四十五
度數五十七
度餘六百四十一萬九百六十七
推五星
置上元盡所求年以周率乘之滿日率得一名積合不盡爲合餘以周率除之
得一星合往年二合前往年無所得合其年合餘減周率爲度分金水積合奇
爲晨耦爲夕
推星合月

以月數月餘各乘積合滿合月法從月不盡爲月餘以紀月去積月餘爲入紀月副以章閏乘之滿章月得一閏以減入紀月餘以歲中去之命以天正算外合月也其在閏交際以朔御之

推入月日

以通法乘月餘合月法乘朔小餘并以會數約之所得滿日度法得一則星合入月日也不滿爲日餘命以朔算外

推星合度

以周天乘度分滿日度法得一度不盡爲餘命度以牛前五起右求星合

求後合月

以月數加月數以月餘加月餘滿合月法得一月不滅滿歲中即合其年滿去之有閏計焉餘爲後年再滿在後二年金水加晨得夕加夕得晨

求合朔日

以朔大小餘加合月大小餘上成月者又加大餘二十九小餘七百七十三小

餘滿日法從大餘命如前

求入月日術

以入月日日餘加合入月日及餘餘滿日度法得一日其前合朔小餘滿其虛分者減一日後小餘滿七百七十三以上者去三十日其餘則後合入月日也

求後度

以度度加度餘加度餘滿日度法得一度

木伏三十二日

三百四十八萬四千六百四十六分

見三百六十六日

伏行五度

二百五十萬九千九百五十六分

見行四十度除逆退十二度定行二十八度

火伏百四十三日

九十七萬三千一十三分

見行百三十六日

伏行一百一十度

四十七萬八千九百九十八分

見行三百二十度除逆十七度定行三百三度

土伏三十三日

十六萬六千二百七十二分

見三百三十五日

伏行三度

百七十三萬三千一百四十八分

見行十五度除逆六度定行九度

金晨伏東方八十二日

十一萬三千九百八分

見西方二百四十六日除逆六度定行二百四十六度

晨伏行百度

十一萬三千九百八分

見東方日度加西伏十日退八度

水晨伏三十三日

六百一萬二千五百五分

見西方三十二日除逆一度定行三十二度

伏行六十五度

六百一萬二千五百五分

見東方

五星歷步

以術法伏日度及餘加星合日度餘餘滿日度法得一從今命之如前得星見日及度也以星行分母乘見度餘如日度法得一分不盡半法以上亦得一而

日加所行分分滿其母得一度逆順母不同以當行之母乘故分如母而一當
行分也留者承前逆則減之伏不盡度經升除分以行母爲率分有損益前後
相御凡言如盈約滿皆求實之除也去及除之取盡之除也
木晨與日合順伏十六日百七十四萬二千三百二十三分行星二度三百二
十三萬四千六百七分而晨見東方在日沒後順疾日行五十八分之十一五
十八日行十一度更順遲日行九分五十八日行九度留不行二十五日而旋
逆日行七分之一八十四日退十二度復留二十五日而順日行五十八分之
九五十八日行九度順疾日行十一分五十八日行十一度在日前
夕伏西方十六日百七十四萬二千三百二十三分行星二度三百二十三萬
四千六百七分而與日合凡一終三百九十八日三百四十八萬四千六百四
十六分行星四十三度二百五十萬九千九百五十六分
火晨與日合伏順七十一日百四十八萬九千八百六十八分行星五十五度
百二十四萬二千八百六十分半而晨見東方在日後順日行二十三分之十

四百八十四日行一百一十二度更順遲日行二十三分之十二九十二日行四十八度留不行十一日旋逆日行六十二分之十七六十三日退十七度日行十二分九十二日行四十八度復順疾日行十四分百八十四日行百一十二度在日前

夕伏西方七十一日百四十八萬九千八百六十八分行星五十五度百二十四萬二千八百六十分半而與日合凡一終七百七十九日九十七萬三千一十三分行星四百一十四度四十七萬八千九十八分

土晨與日合伏順十六日百一十二萬二千四百二十六分半行星一度百九十九萬五千八百六十四分半而晨見東方在日後順日行三十五分之三百八十七日半行七度半留不行三十四日旋逆日行十七分之一百二日退六度復三十四日而順日行三分八十七日逆行七度半在日前

夕伏西方十六日百一十二萬二千四百二十六分半行星一度百九十九萬五千八百六十四分半而與日合也凡一終三百七十八日十六萬六千二百

七十二分行星十二度百七十三萬三千一百三十八分
金晨與日合伏逆五日退四度而晨見東方在日後逆日行五分度之三十日
退六度留不行八日旋順遲日行四十六分之三十三四十六日行三十三度
而順疾日行一度九十一分之十五九十一日行一百六度更順益疾日行一
度九十一分之二十二九十一日行百一十三度在日後晨伏東方順四十一
日五萬六千九百五十四度行星五十度五萬九千九百五十四分而與日合
二日五萬六千九百五十四分行星亦如之
金夕與日合伏順四十一日五萬六千九百五十四分行星五十度五萬九千
九百五十四分而夕見西方在日前順疾日行一度九十一分之二十二九十
一日行百一十三度更順減疾日行一度十五分九十一日行百六度而順遲
日行四十六分之三十三四十六日行三十三度留不行八日旋逆日行五分
之三十日退六度而與日合凡再合一終五百八十四日十一萬三千九百八
分行星亦如之

水晨與日合伏逆九日退七度而晨見東方在日後更逆疾一日退一度留不行二日旋順遲日行九分之八九日行八度而順疾日行一度四分之一二十日行二十五度在日後晨伏東方順十六日六百四十一萬九百六十七分而與日合一合五十七日六百四十一萬九百六十七分行星三十二度六百四十一萬九百六十七分行星亦如之

水夕與日合伏順十六日六百四十一萬九百六十七分而夕見西方在日前順疾日行一度四分之一二十日行二十五度而順遲日行九分之八九日行八度留不行二日旋逆一日退一度在日前夕伏西方逆遲九日退七度與日合凡再合一終一百一十五日六百一萬二千五百五分行星亦如之

晉書卷十七

晉書卷十七考證

律歷志中臾區占星氣○臾監本誤車今從史記封禪書改正

土以二年十一月二十六日壬辰見注乾象十一月二十一日丁亥見先五日○監本二十六日誤作二十五日二十一日誤作二十八日

水以二年十二月十三日己酉晨伏注乾象十二月十五日辛亥伏○監本十五日誤十三日

水以三年五月十八日辛亥夕見注黃初五月十七日庚戌見○庚戌監本誤作庚辰　臣汞祚按正文十八日爲辛亥則十七日自爲庚戌非庚辰也

水以三年十一月日於晷度十四日甲辰伏注黃初十一月八日戊戌伏○監本誤作十月今補正

章月二百四十五○臣汞祚按太初三統法章月俱爲二百三十五茲列爲二百四十五疑有誤字

十三日注徵分十七百五十二○臣龍官按徵似當作微下文同

在前限餘前後限後者月行中道也○臣龍官按後限下脫餘字

會數乘小分爲徵盈減縮○臣龍官按徵下脫分字

日餘三十一小分如會數○宋書此句上有求次日加四字另作一條

以牛前五起右求星合○五字下疑脫度字

晉書卷十七考證

晉書卷十八

唐　太　宗　文　皇　帝　御　撰

志第八

律歷下

魏尚書郎楊偉表曰臣覽載籍斷考歷數時以紀農月以紀事其所由來遐而尚矣乃自少昊則玄鳥司分顓頊帝嚳則重黎司天唐帝虞舜則羲和掌日三代因之則世有日官日官司歷則頒之諸侯諸侯受之則頒于境內夏后之世羲和湎淫廢時亂日則書載胤征由此觀之審農時而重人事歷代然之也逮至周室既衰戰國橫騖告朔之羊廢而不紹登臺之禮滅而不遵閏分乖次而不識孟陬失紀而莫悟大火猶西流而怪蟄蟲之不藏也是時也天子不協時司歷不協日諸侯不受職日御不分朔人事不恤廢棄農時仲尼之撥亂於春秋說褒貶糾黜司歷失閏則譏而書之登臺頒朔則謂之有禮自此以降暨于秦漢乃復以孟冬爲歲首閏爲後九月中節乖錯時月紕繆加時後天蝕不在

朔累載相襲久而不革也至武帝元封七年始乃悟其繆焉於是改正朔更歷數使大才通人更造太初歷校中朔所差以正閏分課中星得度以考疎密以建寅之月爲正朔以黃鍾之月爲律歷初其歷斗分太多後遂疏闊至元和二年復用四分歷施而行之至于今日考察日蝕率常在晦是則斗分太多故先密後疏而不可用也是以臣前以制典餘日推考天路稽之前典驗之以蝕朔詳而精之更建密歷則不先不後古今中天以昔在唐帝協日正時允釐百工咸熙庶績也欲使當今國之典禮凡百制度皆蹈合往古郁然備足乃改正朔更歷數以大呂之月爲歲首以建子之月爲歷初臣以爲昔在往代則法曰顓頊曩自軒轅則歷曰黃帝暨至漢之孝武革正朔更歷數改元曰太初因名太初歷今改元爲景初宜曰景初歷臣之所建景初歷法數則約要施用則近密治之則省功學之則易知雖復使研桑心算隸首運籌重黎司晷羲和察景以考天路步驗日月究極精微盡術數之極者皆未能並臣如此之妙也是以累代歷數皆疏而不密自黃帝以來常改革不已壬辰元以來至景初元年丁巳

歲積四千四十六算上此元以天正建子黃鍾之月爲歷初元首之歲夜半甲子朔旦冬至元法萬一千五十八

紀法千八百四十三

紀月二萬二千七百九十五

章歲十九

章月二百四十五

章閏七

通數十三萬四千六百三十

日法四千五百五十九

餘數九千六百七十

周天六十七萬三千一百五十

紀歲中十二

氣法十二

沒分六萬七千三百一十五
沒法九百六十七
月周二萬四千六百三十八
通法四十七
會通七十九萬百一十
朔望合數六萬七千三百一十五
入交限數七十三萬二千七百九十五
通周十二萬五千六百二十一
周日日餘二千五百二十八
周虛二千三十一
斗分四百五十五
甲子紀第一
紀首合朔月在日道裏

交會差率四十一萬二千九百一十九
遲疾差率十萬三千九百四十七
甲戌紀第二
紀首合朔月在日道裏
交會差率五十一萬六千五百二十九
遲疾差率七萬三千七百六十七
甲申紀第三
紀首合朔月在日道裏
交會差率六十二萬一百三十九
遲疾差率四萬三千五百八十七
甲午紀第四
紀首合朔月在日道裏
交會差率七十二萬三千七百三十九

遲疾差率一萬三千四百七

甲辰紀第五

紀首合朔月在日道裏

交會差率三萬七千二百四十九

遲疾差率一萬八千八百四十八

甲寅紀第六

紀首合朔月在日道裏

交會差率十四萬八百五十九

遲疾差率十萬八千六百六十八

交會紀差十萬三千六百一十求其數之所生者置一紀積月以通數乘之會通去之所去之餘紀差之數也以之轉加前紀則得後加之未滿會通者則紀首之歲天正合朔月在日道裏滿去之則月在日道表加表滿在裏加裏滿在表

遲疾紀差三萬一百八十求其數之所生者置一紀積月以通數乘之通周去之餘以減通周所減之餘紀差之數也以之轉減前紀則得後不足減者加通周

求次元紀差率轉減前元甲寅紀差率餘則次元甲子紀差率也求次紀如上法也

推朔積月術曰置壬辰元以來盡所求年外所求以紀法除之所得算外所入紀第也餘則入紀年數也以章月乘之如章歲而一爲積月不盡爲閏餘閏餘十二以上其年有閏閏月以無中氣爲正

推朔術曰以通數乘積月爲朔積分如日法而一爲積日不盡爲小餘以六十去積日餘爲大餘大餘命以紀算外所求年天正十一月朔日也

求次月加大餘二十九小餘二千四百一十九小餘滿日法從大餘命如前次月朔日也小餘二千一百四十以上其月大也

推弦望加朔大餘七小餘千七百四十四小分一小分滿二從小餘小餘滿日

法從大餘大餘滿六十去之餘命以紀算外上弦日也又加得望下弦後月朔其日蝕望者定小餘如在中節者定小餘如所近中節間限數限數以下者算上爲日望在中節前後各四日以還者視限數望在中節前後各五日以上者視間限

推二十四氣術曰置所入紀年外所求以餘數乘之滿紀法爲大餘不盡爲小餘大餘滿六十去之餘命以紀算外天正十一月冬至日也

求次氣加大餘十五小餘四百二小分十一小分滿氣法從小餘小餘滿紀法從大餘命如前次氣日也

推閏月術曰以閏餘減章歲餘以歲中乘之滿章閏得一月餘滿半法以上亦得一月數從天正十一月起算外閏月也閏有進退以無中氣御之

大雪十一月節	限數千二百四十二	間限千二百四十八
冬至十一月中	限數千二百五十四	間限千二百四十五
小寒十二月節	限數千二百四十五	間限千二百二十四

大寒十二月中	限數千二百一十三	間限千一百九十二
立春正月節	限數千一百七十二	間限千一百四十七
雨水正月中	限數千一百二十九	間限千九十二
驚蟄二月節	限數千六十七	間限千四十六
春分二月中	限數千八	間限九百七十九
清明三月節	限數九百五十一	間限九百二十五
穀雨三月中	限數九百	間限八百七十九
立夏四月節	限數八百五十七	間限八百四十
小滿四月中	限數八百二十三	間限八百一十三
芒種五月節	限數八百	間限七百九十九
夏至五月中	限數七百九十八	間限八百
小暑六月節	限數八百五	間限八百一十五
大暑六月中	限數八百二十五	間限八百四十五

立秋七月節	限數八百五十九	間限八百八十三
處暑七月中	限數九百七	間限九百三十五
白露八月節	限數九百六十三	間限九百九十二
秋分八月中	限數千二十一	間限千五十一
寒露九月節	限數千八十	間限千一百七
霜降九月中	限數千一百三十二	間限千一百五十七
立冬十月節	限數千一百八十一	間限千一百九十八
小雪十月中	限數千二百一十五	間限千二百三十九

推沒滅術曰因冬至積日有小餘者加積一以沒分乘之以沒法除之所得爲大餘不盡爲小餘大餘滿六十去之餘命以紀算外即去年冬至後沒日也

求次沒加大餘六十九小餘五百九十二小餘滿沒法得一從大餘命如前小餘盡爲滅也

推五行用事日立春立夏立秋立冬者即木火金水始用事日也各減其大餘

十八小餘四百八十三小分六命以紀算外各四立之前土用事日也大餘不足減者加六十小餘不足減者減大餘一加紀法小分不足減者減小餘一加氣法

推卦用事日因冬至大餘六其小餘卽坎卦用事日也加小餘萬九十一滿元法從大餘卽中孚用事日也

求次卦各加大餘六小餘九百六十七其四正各因其中日六其小餘

推日度術曰以紀法乘朔積日滿周天去之餘以紀法除之所得爲度不盡爲分命度從牛前五起宿次除之不滿宿則天正十一月朔夜半日所在度及分也

求次日日加一度分不加經斗除斗分分少進退一度

推月度術曰以月周乘朔積日滿周天去之餘以紀法除之所得爲度不盡爲分命如上法則天正十一月朔夜半月所在度及分也

求次月小月加度二十二分八百六大月又加一日度十三分六百七十九分

滿紀法得一度則次月朔夜半月所在度及分也其冬下旬夕在張心署之
推合朔度術曰以章歲乘朔小餘滿通法爲大分不盡爲小分以大分從朔夜
半日夜分滿紀法從度命如前則天正十一月合朔日月所共合度也
求次月加度二十九大分九百七十七小分四十二小分滿通法從大分大分
滿紀法從度經斗除其分則次月合朔日月所共合度也
推弦望日所在度加合朔度七大分七百五小分十微分一微分滿二從小分
小分滿通法從大分大分滿紀法從度命如前則上弦日所在度也又加得望
下弦後月合也
推弦望月所在度加合朔度九十八大分千二百七十九小分四十四滿數命
如前即上弦月所在度也又加得望下弦後月合也
推日月昏明度術曰日以紀法月以月周乘所近節氣夜漏二百而一爲明分
日以減紀法月以減月周餘爲昏分各以分如夜半如法爲度
推合朔交會月蝕術曰置所以入紀朔積分以所入紀下交會差率之數加之

以會通去之餘則所求年天正十一月合朔去交度分也以通數加之滿會通
去之餘則次月合朔去交度分也以朔望合數各加其月合朔去交度分滿會
通去之餘則各其月望去度分也朔望去交分如朔望合數以下入交限數以
上者朔則交會望則月蝕
推合朔交會月蝕月在日道表裏術曰置所入紀朔積分以前所入紀下交會
差率之數加之倍會通去之餘不滿會通者紀首表天正合朔月在表紀首裏
天正合朔月在裏滿會通去之表滿在裏裏滿在表
求次月以通數加之滿會通去之加裏滿在表加表滿在裏先交會後月蝕者
朔在表則望在表朔在裏則望在裏先月蝕後交會者看蝕月朔在裏則望在
表朔在表則望在裏交會月蝕如朔望合數以下則前交後會如入交限數以
上則前會後交其前交後會近於限數者則豫伺之前會後交近於限數者則
後伺之
求去交度術曰其前交後會者今去交度分如日法而一所得則却去交度分

也其前會後交者以去交度分減會通餘如日法而一所得則前去交度也餘皆度分也去交度十五以上雖交不蝕也十以下是蝕十以上虧蝕微少光晷相及而已虧之多少以十五爲法

求日蝕虧起角術曰其月在外道先交後會者虧蝕而西南角起先會後交者虧蝕東南角起其月在內道先交後會者虧蝕西北角起先會後交者虧蝕東北角起虧蝕分多少如上以十五爲法會交中者蝕盡月蝕在日之衝虧角與上反也

月行遲疾度	損益率	盈縮積分	月行分
一日十四度十四分	益二十六	盈初	二百八十
二日十四度十一分	益二十三	盈積分一十一萬八千五百四十四	二百七十七

三日十四度八分益二十
盈積分二十二萬三千三百九十二　二百七十四
四日十四度五分益十七
盈積分三十一萬四千五百七十一　二百七十一
五日十四度一分益十三
盈積分三十九萬二千七十四　二百六十九
六日十三度十四分益七
盈積分四十五萬一千三百四十一　二百六十一
七日十三度七分損一
盈積分四十八萬三千三百五十四　二百五十四
八日十三度一分損六
盈積分四十八萬三千三百五十四　二百四十八
九日十二度十六分損十

盈積分四十五萬五千九百　二百四十四
十日十二度十三分損十三
盈積分四十一萬三百一十　二百四十一
十一日十二度十一分損十五
盈積分四十五萬一千四十二　二百三十九
十二日十二度八分損十八
盈積分二十八萬二千六百五十八　二百三十六
十三日十二度五分損二十一
盈積分二十萬五百九十六　二百三十六
十四日十二度三分損二十三
盈積分十萬四千八百五十七　二百三十一
十五日十二度五分益二十一
縮初　二百三十三

十六日十二度七分益十九
縮積分九萬五千七百三十九　二百三十五
十七日十二度九分益十七
縮積分十八萬二千三百六十　二百三十七
十八日十二度十二分益十四
縮積分二十五萬九千八百六十三　二百四十
十九日十二度十五分益十一
縮積分三十二萬三千六百八十九　二百四十一
二十日十二度十八分益八
縮積分四十七萬三千八百四十八　二百四十六
二十一日十二度三分益四
縮積分三十一萬三百二十　二百五十
二十二日十二度七分損一

縮積分四十二萬八千五百四十六　二百五十四
二十三日十三度十二分　損五
縮積分四十二萬八千五百四十六　二百五十九
二十四日十三度十八分　損十一
縮積分四十萬五千七百五十一　二百六十五
二十五日十四度五分　損十七
縮積分三十五萬五千六百三　二百七十一
二十六日十四度十一分　損二十三
縮積分二十七萬八千九十九　二百七十七
二十七日十四度十一分　損二十四
縮積分十七萬三千二百四十　二百七十八
周日十四度十三有小分六百二十六　損二十五有小分六百二十六
縮積分六萬二千八百二十六　二百七十九有小分六百二十六

推合朔交會月蝕入遲疾歷術曰置所入紀朔積分以所入紀下遲疾差率之數加之以通周去之餘滿日法得一日不盡爲日餘命日算外則所求年天正十一月合朔入歷日也

求次月加一日餘四千四百五十求望加十四日日餘三千四百八十九日餘滿日法成日日滿二十七去之又除餘如周日餘日餘不足除者減一日加周虛

推合朔交會月餘定大小餘以歷日餘乘所入歷損益率以損益盈縮積分爲定積分以章歲減所入歷月行分餘以除之所得以盈減縮加大小餘加之滿日法者交會加時在後日減之不足者交會加時在前日月蝕者隨定大小餘爲日加時入歷在周日者以周日餘乘縮積分爲定積分以損率乘入歷日餘又以周日日餘乘之以周日日度小分幷之以損定積分餘爲後定積分以章歲減周日月行分餘以周日月餘乘之以周日度小分幷之以除後定積分所得以加本小餘如上法推加時以十二乘定小餘滿日法得一辰數從子起算

外則朔望加時所在辰也有餘不盡者四之如日法而一爲少二爲半三爲太
又有餘者三之如日法而一爲彊半法以上排成之不滿法廢棄之以強幷少
爲少強幷半爲半強幷太爲太強得二強者爲少弱以之幷少爲半弱以之幷
半爲太弱以之幷太爲一辰弱以所在辰命之則各得其少太半及強弱也其
月餘蝕望在中節前後四日以還日以上者視限數在中節前後五日以上者
視閏限定小餘如閏限限數以下者以算上爲日

斗二十六分四百五十五　牛八　女十二　虛十
危十七　室十六　壁九
北方九十八度分四百五十五
奎十六　婁十二　胃十四　昴十一
畢十六　觜二　參九
西方八十度
井三十三　鬼四　柳十五　星七

張十八　翼十八　軫十七

南方百十二度

角十二　亢九　氐十五　房五

心五　尾十八　箕十一

東方七十五度

中節（日行在度）　日行黃道去極度　日中晷影

晝漏刻　夜漏刻　昏中星

明中星

冬至（十一月中斗二十少）　百一十五度　丈三尺三寸

四十五　五十五　奎六（弱）

亢二（少強）

小寒（十二月節女二）　百一十三（強）　丈二尺三寸

四十五（八分）　五十四（二分）　婁（半強）

氐七強

大寒十二月中虛半強　百一十一太強　丈一尺

四十六八分　五十二二分　胃十一太強

心半

立春正月節危十太弱　百六少弱　九尺六寸

四十八六分　五十一四分　畢五少弱

尾七半弱

雨水正月中室八太弱　百一強　七尺九寸五分

五十八八分　四十九二分　參六半弱

箕半

驚蟄二月節壁八強　九十五強　六尺五寸五分

五十三三分　四十六七分　井十七少弱

斗少

春分二月中奎十四少強	八十九少強	五尺二寸五分	五十五八分	四十四二分	鬼四	斗十一弱
清明三月節胃一半	八十三少弱	四尺一寸五分	五十八三分	四十一七分	星四太	斗二十一半
穀雨三月中昴二大	七十七太強	三尺二寸	六十五分	三十九五分	張十七	斗六半
立夏四月節畢七	七十三少強	二尺五寸二分	六十二四分	三十七六分	翼十七太	女十少弱
小滿四月中參四少弱	六十九太	尺九寸八分				

六十三九分　三十六一分　角太弱
危太弱
芒種五月節井少半弱　六十七少弱　尺六寸八分
六十四九分　三十五一分　亢五太
危十四強
夏至五月中井二十五半弱　六十七強　尺五寸
六十五　三十五　氐十二少弱
室十二強
小暑六月節柳三太弱　六十七太強　尺七寸
六十四七分　三十五三分　尾一太強
奎二太強
大暑六月中星四強　七十　二尺
六十三八分　三十六二分　尾十五半強

婁三太
立秋七月節 張十二少 七十三半強 二尺五寸五分
六十二分二 三十七分八 箕九太強
胃九太強
處暑七月中 翼九半 七十八半強 三尺三寸三分
六十三分二 三十九分八 斗十少
畢三太
白露八月節 軫六太 八十四少強 四尺二寸五分
五十七分八 四十二分三 斗二十一強
參五少強
秋分八月中 角五弱 九十半強 五尺五寸二分
五十五分二 四十四分八 牛五少
井十六少強

寒露（九月節 亢八少弱） 九十六（太強） 六尺八寸（五分）

五十二（六分） 四十七（四分） 女七（太）

鬼三（少強）

霜降（九月中 氐十四少強） 百二（少強） 八尺四寸

五十（三分） 四十九（七分） 虛六（太）

星三（太）

立冬（十月節 尾四半強） 百七（少強） 丈八寸（二分）

四十八（二分） 五十一（八分） 危八（強）

張十五（太）

小雪（十月中 箕一太強） 一百一十一（弱） 丈一尺四寸

四十六（七分） 五十三（三分） 室三（半弱）

翼十五（太）

大雪（十一月節 斗六） 百一十三（太強） 丈二尺五寸（六分）

四十五五分	五十四五分	壁半強
翼十五太		

右中節二十四氣如術求之得冬至十一月中也加之得次月節加節得其月中星以日所在爲正置所求年二十四氣小餘四之如法得一爲少不盡少三之如法爲強所得以減其節氣昏明中星各定

推五星術

五星者木曰歲星火曰熒惑星土曰填星金曰太白星水曰辰星凡五星之行有遲有疾有留有逆曩自開闢淸濁始分則日月五星聚于星紀發自星紀並而行天遲疾留逆互相逮及星與日會同宿共度則謂之合從合至合之日則謂之終各以一終之日與一歲之日通分相約終而率之歲數歲則謂之合終歲數歲終則謂之合終合數二率既定則法數生焉以章歲乘合數爲合月法以紀法乘合數爲日度法以章月乘歲數爲合月分如合月法爲合月合月之餘爲月餘以通數乘合月數如日法而一爲大餘以六十去大餘爲星合朔大

餘大餘之餘爲朔小餘以通數乘月餘以合月法乘朔小餘幷之以日法乘合
月法除之所得星合入月日數也餘以朔通法約之爲入月日以朔小餘減日
法餘爲朔虛分以歷斗分乘合數爲星度斗分木火土各以合數減歲餘以周
天乘之如日度法而一所得則行星度數也餘則度餘金水以周天乘歲數如
日度法而一所得則行星度數也餘則度餘也
木合終歲數一千二百五十五
合終合數一千一百四十九
合月度法二萬一千八百四十一
日度法二百一十一萬七千六百七
合月數一十三
月餘一萬一千一百二十二
朔大餘二十三
朔小餘四千九十三

入月日一十五
日餘一百九十九萬五千六百六十四
朔虛分四百六十六
斗分五十二萬一千七百九十五
行星度三十三
度餘一百四十七萬二千八百六十九
火合終歲數五千一百五
合終合數三千三百八十八
合月法四萬五千三百七十二
日度法四百三十萬一千八百一十四
合月數二十六
月餘二萬二
朔大餘四十七

朔小餘三千六百二十七
入月日一十三
日餘三百五十八萬五千二百四十
朔虛分九百三十三
斗分一百八萬六千五百三十
行星度五十
度餘一百四十一萬二千一百五十
土合終歲數三千九百四十三
合終合數三千八百九
合月法七萬二千三百七十一
日度法七百一萬九百八十七
合月數一十二
月餘五萬八千一百五十三

朔大餘五十四
朔小餘一千六百七十四
入月日二十四
日餘六十七萬五千三百六十四
朔虛分二千八百八十五
斗分一百七十三萬三千九十五
行星度一十二
度餘五百九十六萬二千二百五十六
金合終歲數一千九百七
合終合數二千三百八十五
合月法四萬五千三百一十五
日度法四百三十九萬五千五百五十四
合月數九

月餘四萬三百一十
朔大餘二十五
朔小餘三千五百三十五
入月日二十五
日餘十九萬四千九百九十
朔虛分一千二十四
斗分一百八萬五千二百七十五
行星度二百九十二
度餘十九萬四千九百九十
水合終歲數一千八百七十
合終合數一萬一千七百八十九
合月法二十二萬三千九百九十一
日度法二千一百七十二萬七千一百二十七

合月數一
月餘二十一萬五千四百五十九
朔大餘二十九
朔小餘二千四百一十九
入月日二十八
日餘二千三十四萬四千二百九十一
朔虛分二千
斗分五百三十六萬三千九百九十五
行星度五十七
度餘二千三十四萬四千三百六十一
推五星術曰置壬辰元以來盡所求年以合終合數乘之滿合終歲數得一名積合不盡名爲合餘以合終合數減合餘得一者星合往年得二者合前往年無所得合其年餘以減合終合數爲度分金水積合偶爲晨奇爲夕

推五星合月以月數月餘各乘積合餘滿合月滿法從月爲積月不盡爲月餘以紀月除積月所得算外所入紀也餘爲入紀月副以章閏乘之滿章月得一爲閏以減入紀月餘以歲中去之餘爲入歲月命以天正起算外星合月也其在閏交際以朔御之

推合月朔以通數乘入紀月滿日法得一爲積日不盡爲小餘以六十去積日餘爲大餘命以所入紀算外星合朔日也

推入月日以通數乘月餘合月法乘朔小餘幷之通法約之所得滿日度法得一則星合入月日也不滿日餘命日以朔算外入月日也

推星合度以周天乘度分滿日度法得一爲度不盡爲餘命以牛前五度起算外星所合度也

求後合月以月數加入歲月以餘加月餘餘滿合法得一月月不滿歲中卽在其年滿去之有閏計焉餘爲後年再滿在後二年金水加晨得夕加夕得晨也

求後合朔以朔大小餘數加合朔月大小餘其月餘上成月者又加大餘二十

九小餘二千四百一十九小餘滿日法從大餘命如前法
求後入月日以入月日日餘加入月日及餘餘滿日度法得一其前合朔小餘滿其虛分者去一日後小餘滿二千四百九十一以上去二十九日不滿去三十日其餘則後合入月日命以朔求後合度數及分如前合宿次命之
木晨與日合伏順十六日九十九萬七千八百四十二分行星二度百七十九萬五千二百三十八分而晨見東方在日後順疾日行五十七分之十一五十七日行十一度順遲日行九分五十七日行九度而留不行二十七日而旋逆日行七分之一八十四日退十二度而復留二十七日後遲日行九分五十七日行九度而復順疾日行十一分五十七日行十一度在日前夕伏西方順十六日九十九萬七千八百三十二分行星二度百七十九萬五千二百三十八分而與日合凡一終三百九十八日九百九十九萬五千六百六十四分行星三十三度百四十七萬二千八百六十九分
火晨與日合伏七十二日一百七十九萬二千六百一十五分行星五十六度

百二十四萬九千三百三十五分而晨見東方在日後順日行二十三分之十四一百八十四日行百一十二度更順遲日行十二分九十二日行四十八度而留不行十一日而旋逆日行六十二分之十七六十二日退十七度而復留十一日復順遲日行十二分九十二日行四十八度而復疾日行十四分百八十四日行百一十二度在日前

夕伏西方順七十二日百七十九萬二千六百一十五分行星五十六度百二十四萬九千三百四十五分而與日合凡一終七百八十日三百五十八萬五千二百三十分行星四百一十五度二百四十九萬八千六百九十分

土晨與日合伏十九日三百八十四萬七千六百七十五分半行星二度六百四十九萬一千一百二十一分半而晨見東方在日後順行百七十二分之十三八十六日行六度半而留不行三十二日半而旋逆日行七分之一百二日半而退六度而復留不行三十二日半復順日行十三分八十六日行六度半在日前

夕伏西方順十九日三百八十四萬七千六百七十五分半行星二度六百四十九萬一千一百二十一分半而與日合凡一終三百七十八日六十七萬五千三百六十四分行星十二度五百九十六萬二千二百五十六分

金晨與日合伏六日退四度而晨見東方在日後而逆遲日行五分之三十日退六度留不行七日而旋順遲日行四十五分之三十三四十五日行三十三度而順疾日行一度九十一分之十四九十一日行百五度而順益疾日行一度九十一分之二十一九十一日行百一十二度在日後而晨伏東方順四十二日十九萬四千九百九十分行星五十二度十九萬四千九百九十分而與日合一合二百九十三日十九萬四千九百九十分行星如之

金夕與日合伏順四十二日百十九萬四千九百九十分行星五十二度十九萬四千九百九十分而夕見西方在日前順疾日行一度九十一分之二十一六十一日行百一十二度而更順遲日行一度十四分九十一日行五度而順益遲日行四十五分之三十三四十五日行三十三度而留不行七日旋逆日

行五分之三十日退六度在日前夕伏西方逆六日退四度而與日合再合一終五百八十四日三十八萬九千八百八十分行星如之

水晨與日合伏十一日退七度而晨見東方在日後逆疾一日退二度而留不行一日而旋順遲日行八分之七八日行七度而順疾日行一度十八分之四十八日行二十二度在日後晨伏東方順十八日二千三十四萬四千二百六十一分行星三十六度二千三十四萬四千二百六十一分而與日合凡一合五十七日二千二十四萬四千二百六十一分行星如之

水夕與日合伏十八日二千三十四萬四千二百六十一分行星三十六度二千三十四萬四千二百六十一分而夕見西方在日前順疾日行一度十八分之四十八日行二十二度而更順遲日行八分之七十八日行七度而留不行一日而旋逆一日退一度在日前夕伏西方逆十一日退七度而與日合凡再合一終百一十五日千八百九十六萬一千三百九十五分行星如之

五星歷步術以法伏日度餘加星合日度餘餘滿日度法得一從金命之如前

得星見日及餘度也以星行分母乘見度分如日度法得一分不盡半法以上亦得一而日加所行分滿其母得一度逆順母不同以當行之母乘故分如故母而一當行分也留者承前逆則減之伏不盡度除斗分以行母爲率分有損益前後相御武帝侍中平原劉智以斗歷改憲推四分法三百年而減一日以百五十爲度法三十七爲斗分

推甲子爲上元至泰始十年歲在甲午九萬七千四百一十一歲上元天正甲子朔夜半冬至日月五星始于星紀得元首之端餘以浮說名爲正歷當陽侯杜預著春秋長歷說云日行一度月行十三度十七分之七有奇日官當會集此之遲疾以考成晦朔以設閏月閏月無中而北斗邪指兩辰之閒所以異於他月積此以相通四時八節無違乃得成歲其微密至矣得其精微以合天道則事敘而不㤓故傳曰閏以正時時以作事然陰陽之運隨動而差差而不已遂與歷錯故仲尼丘明每於朔閏發文蓋矯正得失因以宣明歷數也劉子駿造三正歷以修春秋日蝕有甲乙者三十四而三正歷惟得一蝕比諸家既最

疎又六千餘歲輒益一日凡歲當累日爲次而故益之此不可行之甚者自古
已來諸論春秋者多述謬誤或造家術或用黃帝已來諸歷以推經傳朔日皆
不諧合日蝕於朔此乃天驗經傳又書其朔蝕可謂得天而劉賈諸儒說皆以
爲月二日或三日公違聖人明文其弊在於守一元不與天消息也余感春秋
之事嘗著歷論極言歷之通理其大指曰天行不息日月星辰各運其舍皆動
物也物動則不一雖行度有大量可得而限累日爲月累月爲歲以新故相涉
不得不有毫末之差此自然之理也故春秋日有頻月而蝕者曠年不蝕者理
不得一而算守恆數故歷無不有先後也始失於毫毛而尙未可覺積而成多
以失弦望晦朔則不得不改憲以從之書所謂欽若昊天歷象日月星辰易所
謂治歷明時言當順天之求合非爲合以驗天者也推此論之春秋二百餘年
其治歷變通多矣雖數術絕滅遠尋經傳微旨大量可知時之違謬則經傳有
驗學者固當曲循經傳月日日蝕以考晦朔以推時驗而皆不然各據其學以
推春秋此異於度己之跡而欲削他人足也余爲歷諸論之後至咸寧中善筭

者李修卜顯依論體爲術名乾度歷表上朝廷其術合日行四分數而微增月術用三百歲改憲之意二元相推七十餘歲承以彊弱彊弱之差蓋少而適足以遠通盈縮時尙書及史官以乾度與泰始歷參校古今記注乾度歷殊勝泰始歷上勝官歷四十五事今其術具存又幷考古今十歷以驗春秋知三統之最疏也

春秋大凡七百七十九日三百九十三經三百八十六傳	其四十七日蝕三無甲乙	
黃帝歷得四百六十六日	一蝕	
顓頊歷得五百九日	八蝕	
夏歷得五百三十六日	十四蝕	
眞夏歷得四百六十六日	一蝕	
殷歷得五百三日	十三蝕	
周歷得五百六日	十三蝕	
眞周歷得四百八十五日	一蝕	

魯歷得五百二十九日　十三蝕
三統歷得四百八十四日　一蝕
乾象歷得四百九十五日　七蝕
泰始歷得五百一十日　十九蝕
乾度歷得五百三十八日　十九蝕
今長歷得七百三十六日
三十日蝕失三十三日經傳誤　四日蝕三無甲乙
漢末宋仲子集七歷以考春秋案其夏周二歷術數皆與藝文志所記不同故
更名爲真夏真周歷也
穆帝永和八年著作郎琅邪王朔之造通歷以甲子爲上元積九萬七千年四
千八百八十三爲紀法千三百五爲斗分因其上元爲開闢之始
後秦姚興時當孝武太元九年歲在甲申天水姜岌造三紀甲子元歷其略曰
治歷之道必審日月之行然後可以上考天時下察地化一失其本則四時變

移故仲尼之作春秋日以繼月月以繼時時以繼年年以首事明天時者人事之本是以王者重之自皇羲以降暨于漢魏各自制歷以求厥中考其疏密惟交會薄蝕可以驗之然書契所記惟春秋著日蝕之變自隱公訖于哀公凡二百四十二年之間日蝕三十有六考其晦朔不知用何歷也班固以爲春秋因魯歷魯歷不正故置閏失其序魯以閏餘一之歲爲蔀首檢春秋置閏不與此蔀相符也命歷序曰孔子爲治春秋之故退修殷之故歷使其數可傳於後如是春秋宜用殷歷正之今考其交會不與殷歷相應以殷歷考春秋月朔多不及其日又以檢經率多一日傳率少一日但公羊經傳異朔於理可從而經有蝕朔之驗傳爲失之也服虔解傳用太極上元太極上元迺三統歷劉歆所造元也何緣施於春秋於春秋而用漢歷於義無乃遠乎傳之違失多矣不惟斯事而已襄公二十七年冬十有一月乙亥朔日有蝕之傳曰辰在申司歷過再失閏也考其去交分交會應在此月而不爲再失閏也案歆歷於春秋日蝕一朔其餘多在二日因附五行傳著朓與側匿之說云春秋時諸侯多失其政故

月行恆遲歆不以歷失天而爲之差說曰之蝕朔此乃天驗也而歆反以已歷
非此寃天而負時歷也杜預又以爲周衰世亂學者莫得其真今之所傳七歷
皆未必是時王之術也今誠以七家之歷以考古今交會信無其驗也皆由斗
分疏之所致也殷歷以四分一爲斗分三統以一千五百三十九分之三百八
十五爲斗分乾象以五百八十九分之一百四十五爲斗分今景初以一千八
百四十三分之四百五十五爲斗分疏密不同法數各異殷歷斗分麤故不施
於今乾象斗分細故不得通於古景初斗分雖在麤細之中而日之所在乃差
四度日月虧已皆不及其次假使日在東井而蝕以月驗之迺在參六度差違
乃爾安可以考天時人事乎今治新歷以二千四百五十一分之六百五爲斗
分日在斗十七度天正之首上可以考合於春秋下可以取驗於今世以之考
春秋三十六蝕正朔者二十有五蝕二日者二蝕晦者二誤者五凡三十三蝕
其餘蝕經元日諱之名無以考其得失圖緯皆云三百歲斗歷改憲以今新歷
施於春秋之世日蝕多在朔春秋之世下至於今凡一千餘歲交會弦望故進

退於三蝕之間此法乃可永載用之豈三百歲斗歷改憲者乎甲子上元以來至魯隱公元年己未歲凡八萬二千七百三十六至晉孝武太元九年甲申歲凡八萬三千八百四十一算上

元法七千三百五十

紀法二千四百五十一

通數十七萬九千四十四

日法六千六十三

月周三萬二千七百六十六

氣分萬二千八百六十

元月九萬九百四十五

紀月三萬三百一十五

沒分四萬四千七百六十一

沒法六百三十三斗分六百五

周天八十九萬五千二百二十（一名紀日）

章月二百三十五

章歲十九

章閏七

章中十二

會數四十七（日月八百九十三歲凡四十七會分盡）

氣中十二

甲子紀　交差九千一百五十七

甲申紀　交差六千三百四十七

甲辰紀　交差三千一百一十七

周半一百二十七

朔望合數九百四十一

周天八十萬五千二百二十

會歲八百九十三
會月萬一千四十五
日分法二千五百
章數一百二十七
小分二千一百八十三
周閏大分七萬六千二百六十九
歷周四十萬七千六百一十半周天
會分三萬八千一百四十四
月周三萬二千七百六十六
差分一萬一千九百八十六
會率一千八百八十三
小分法二千二百九
入交限一萬一百四

小周二百五十四
甲子紀　差率四萬九千一百七十八
甲申紀　差率五萬八千二百四十一
甲辰紀　差率六萬七千二百八十四
通周十六萬七千六百三
周日日餘三千三百六十三
周虛二千七百一
五星約法
據出見以爲正不繫於元本然則算步究於元初約法施於今用曲求其趣則
各有宜故作者兩設其法也岌以月蝕檢日宿度所在爲歷術者宗焉又著渾
天論以步日於黃道駮前儒之失並得其中矣
晉書卷十八

律歷志下章月二百四十五〇四十五宋書作三十五

會通七十九萬百一十〇一十宋書作二十

甲戌紀第二遲疾差率七萬三千九百六十七〇監本脫六十七三字今補入

甲午紀第四交會差率七十二萬三千七百三十九〇三十九宋書作四十九

又遲疾差率一萬三千四百七〇七宋書作九

甲辰紀第五遲疾差率一萬八千八百四十八〇一萬宋書作十萬

甲寅紀第六遲疾差率十萬八千六百六十八〇十萬宋書作七萬

求次月加大餘二十九小餘二千四百一十九〇臣永祚按小餘係二千一百四十九茲云二千四百一十九疑字有誤

小寒十二月節注限數千二百四十五〇臣龍官按此書小寒及下文立春驚蟄春分大暑霜降立冬注中數目俱與宋書小異

雨水注正月中室八太弱〇太弱宋本作太强

木合終歲數一千二百五十五〇五十五宋書作五十三又下文合月度法二
萬一千八百四十一四十二宋書作三十一度餘一百四十七萬二千八百
六十九宋書無六十九三字
餘滿日度法得一從金命之〇金應作全

晉書卷十八考證

西元二〇二〇年六月一日重製一版

晉書（附考證）冊一（唐太宗御撰　何超音義）

平裝六冊基本定價肆仟捌佰元正
（郵運匯費另加）

發行人　張敏君
發行處　中華書局
臺北市內湖區舊宗路二段一八一巷八號五樓（5FL., No. 8, Lane 181, JIOU-TZUNG Rd., Sec 2, NEI HU, TAIPEI, 11494, TAIWAN)
客服電話：886-2-8797-8396
公司傳真：886-2-8797-8909
匯款帳戶：華南商業銀行西湖分行
179100026931
印　刷：維中科技有限公司
海瑞印刷品有限公司

No. N1042-1

國家圖書館出版品預行編目(CIP)資料

晉書 / 唐太宗御撰 ; 何超音義. -- 重製一版. --
臺北市 : 中華書局, 2020.06
冊 ; 公分
ISBN 978-986-5512-16-3(全套 : 平裝)

1.晉史

623.101 109007154